基础外语教育理论与实践丛书

U0783596

教材编写与外语教师发展
——上外版普通高中教科书
《英语》编写实录

束定芳　王蓓蕾　等编著

上海外语教育出版社

外教社　SHANGHAI FOREIGN LANGUAGE EDUCATION PRESS

图书在版编目（CIP）数据

教材编写与外语教师发展：上外版普通高中教科书《英语》编写实录 / 束定芳，王蓓蕾等编著 . -- 上海：上海外语教育出版社，2023

ISBN 978-7-5446-6810-1

Ⅰ. ①教… Ⅱ. ①束… ②王… Ⅲ. ①英语课—教材—研究—高中②外语教学—师资培养—研究 Ⅳ.①G633.412②H09③G451.2

中国版本图书馆 CIP 数据核字 (2022) 第 025577 号

出版发行：上海外语教育出版社

（上海外国语大学内） 邮编：200083

电　　话：021-65425300 (总机)

电子邮箱：bookinfo@sflep.com.cn

网　　址：http://www.sflep.com

责任编辑：权锋　陈菊

印　　刷：上海信老印刷厂

开　　本：890×1240　1/32　印张 8　字数 230 千字

版　　次：2023 年 2 月第 1 版　　2023 年 2 月第 1 次印刷

书　　号：ISBN 978-7-5446-6810-1

定　　价：30.00 元

本版图书如有印装质量问题，可向本社调换

质量服务热线：4008-213-263　电子邮箱：editorial@sflep.com

目　录

编 者 的 话

2020年7月，由上海市教委组织、上海市英语教育教学研究基地主持编写的《高中英语》（上外版）（简称"上外版普通高中教科书《英语》"）通过教育部组织的专家审核，被列入"2020年全国高中英语教材推荐目录"。这一刻，所有关注和参与这次教材编写的人员都如释重负：终于，终于完成了一件大事！

此次教材编写有几个不一般：一是编写要求不一般；二是编写人员组成之多，不一般；三是各方的支持不一般；四是参与者的收获不一般。

编写要求高，反映在教育部和上海市教委对教材的要求上：国家标准、国际水平、上海特色。要求高，还反映在这次教材编写的时间上面。2018年初，教育部出台普通高中各学科新课标。上海市地方非统编教材2018年6月中旬启动，市教委的要求是争取在2020年9月使用。两年不到的时间，要编出高中三年的教材。实际上，市教委7月中旬开会，提出编写要求，组织专家讨论审核样稿，9月就要编写组拿出整套教材的编写方案和所有初稿。唯有参与了这个过程的人才知道编写组的人在这一个多月经历了什么样的日日夜夜，内心世界经历了什么样的起起伏伏，酸甜苦辣。9月之后是一轮一轮的会议、研讨、打磨、评审、修改，用"煎熬"来形容这个过程也许一点也不过分。年底左右，学生用书的修改稿刚出来，教师用书、练习册马上就启动，因为教材开始使用，这些都是必不可少的配套用书。要求高，还反映在国内已经有了6套高质量的高中英语教材，上海市同时要编两套新的，如果不能在某些方面超越其他教材，或者说没有一定的特色,如何能够符合上海作为全国基础外语教育领头羊的身份?

参与人员不一般。这次教材编写人员的组成体现了高校与中学的通力合作。英语基地的专兼职人员中有一批是专门研究外语教学理论的高校教师,有过大学和中学教材编写的经验,但是,为了教材能够真正对接上海高中英语教学的实际,能够真正受到一线教师的欢迎,服务上海贯彻落实新课标的要求,我们邀请了一批具有丰富的教学实践和理论基础的高中英语教研员、英语特级教师和一批青年骨干教师加入了我们的编写团队。编写组根据不同人员的特点,给每个人分配了最能发挥其特长的工作。事实证明,我们的判断是基本准确的:每一位参与者都表现出了很高的职业素养,每个人都尽了最大努力,做出了自己独特的贡献,经历了学习和成长。

各方对教材编写的支持不一般。教材编写凝聚了各方的心血和努力。市教委领导和主管部门的运筹帷幄,尽职尽责,全面推动与保障,国内外专家的指导与鼓励,一线教师的配合与反馈,甚至我们的高中生,也对教材的初稿提供了很好的反馈和建议。

最后,所有参与者的收获不一般。一个共同的目标把来自不同岗位的人凝聚了起来。编写团队形成了一个命运共同体、学习共同体。每一次研讨,都是一次学习和交流的机会。我们学习理论,我们研读课标,我们研究已有的教材,我们观摩课堂教学,我们讨论编写方案,我们互相批注对方的初稿,我们一起商讨改进和提升的办法,不放过一个细节,不容忍任何一个小差错或疏忽。我们体会到了什么叫作"闻过则喜",我们知道了什么叫作"精益求精",我们用实践诠释了什么叫作"没有最好,只有更好"。教材编写,是一项伟大、光荣的事业,但是需要编写者真正做到一丝不苟,需要参与者全心地投入和奉献。

我们体会到了成长。每个人都有收获。于是,我们鼓励主要的参与人员把自己的这个经历和感悟写下来,作为历史的见证,作为自己和所在集体成长的记录。我们证明了,愿意帮助别人的,愿意为大家付出的,最终他也会有收获,有时甚至是意想不到的收获。教材编写促进了教师的发展。在各个阶段各个场合的交流中,我们都感受到教材编写对每个参与者的影响,对大家专业发展的促进作用。或许本书中的文字只记录了某一个重要的时刻,某一次难忘的经历,某一句打动人心的话语,某一段心情的起伏……然而这些文字记录都可以作为教师们专业发展的证据,可以为研究者提供第一手的、可靠的研究素材。

这是我们编写此书的目的之一。编写此书,同时也是为了致敬所有的参与者,所有用不同方式关注、支持过《高中英语》(上外版)编写工作的人们。

这里,我特别要感谢的是,教材编写者的家属们。编者们可能没有在他们的文章里提到他们的家属。但是,没有家人的理解和支持,他们不可能做到如此的投入。我也曾数次鼓励我们的一些编者,"你们的孩子或许几年后也会使用这套教材。如果他们看到上面有他们妈妈或者爸爸的名字,他们会有多么自豪。"希望他们已经开始在收获喜悦。

束定芳

2022 年 6 月 6 日

《高中英语》(上外版)教材编写与教师发展

上海外国语大学　束定芳

引言

2016 年 7 月,上海市教委批准"上海市英语教育教学研究基地"(以下简称"英语基地")在上海外国语大学成立。根据市教委有关基地的管理条例,各学科基地承担三大任务:科学研究、教材编写和教师培训。英语基地成立后,立即启动了建立合作学校、上海市特级教师访谈调研、"海外专家进校园"等工作,连续举办英语教学高层论坛和国际学术研讨会,创办英文国际期刊、中文教学论文集刊等。短短几年中,英语基地取得了一系列的研究成果,举办了多次不同层次的学术交流活动,在上海和国内基础外语教育界形成了一定的影响。

2018 年初,市教委明确了英语基地负责高中新教材编写的任务。从接受任务到整个教材系列和配套资料编写基本完成,整个过程持续了两年半左右的时间。这个过程可以分成四个阶段,从前期的启动、样课编写和资料收集阶段,到中期的方案修订阶段、编写讨论阶段以及板块、册完善阶段,再到后期的教学参考资料编写阶段。

2020 年 7 月,由上海市英语教育教学研究基地主持编写、上海外语教育出版社出版的《高中英语》(上外版)通过了教育部教材局组织的专家审核,被列入教育部普通高中教材推荐目录。2020 年 9 月,上海市高中阶段开始启用英语新教材。新教材得到了专家、教研员和一线教师的认可和高度评价。在 2020 年 12 月所做的一次教材使用情况问卷调研中，90%以上的教师、学生对教材"非常满意"或"满意"。

教材编写是一个极为复杂的系统过程。期间，上海市教委课改办、上海市课程改革委员会、市教研室做了大量的组织、协调和督促工作，保证了教材编写工作的有序推进；教材编写组成员全力以赴，呕心沥血，贡献了自己的智慧与精力。编写工作得到了国内外专家、一线教师、教研员和部分学校领导的大力支持。

此次教材编写，我们构建了不同范围和层面的学习共同体。教材编写过程为所有相关人员提供了学习、交流、提升的机会，所有参与人员都得到了成长和发展。回顾、总结、提炼这一过程中积累的经验、教训和感悟，可以为今后相关的工作，特别是教材编写和教师发展，提供重要的参考，同时，也可以作为研究教材编写工作对教师发展所产生的影响的重要素材和资料。

1. 编写过程

自20世纪80年代末开始，上海的基础教育阶段课程经历了两期影响比较大的课程改革。第二期课改（1998年启动）期间，上海市教委组织编写了两套高中英语教材：上海教育出版社出版的牛津版教材和上海外语教育出版社编写出版的新世纪版教材。这两套教材主要在上海地区使用。

2017年2月，随着教育部组织修订的《普通高中英语课程标准》即将出台，上海外语教育出版社有关领导与我联系，希望我能担任《新世纪高中英语》教材的修订工作，争取修订后的教材能够通过政府有关部门的审核，在上海和全国使用。因此，2017年暑假开始，我召集上海市英语教育教学研究基地的几位专兼职人员开始着手准备修订《新世纪高中英语》教材。王蓓蕾当时是英语基地兼职研究员之一，接受了负责高中阶段英语教学研究的任务，主要负责修订方案和样课的编制。项目组其他成员主要是基地的两位专职研究人员，安琳和钱晶晶，以及英语基地的部分兼职研究员，主要是来自上海市不同学校的英语特级教师或教研员。修订工作确定了两个主要原则：

第一,保留《新世纪高中英语》受欢迎的内容,特别是语法体系部分;第二,对教材的主题和选文进行比较大的修订,特别是加大中国文化方面的内容。

为了使教材修订能够符合新课标的要求,我们做的第一件事就是组织了对《课标》修订版(征求意见稿)的研究和学习,同时每人准备了一套《新世纪高中英语》,对教材进行了分工研究。在这期间,我们还要求所有编写人员通过各种渠道、分主题和来源收集适合高中生学习英语的语言素材。

当时,为了突出新教材与其他学科内容,特别是语文课内容的呼应,同时体现对中国传统文化的重视和挖掘,我们选择了荀子的《劝学篇》英文版(Burton Watson 译)作为新教材第一单元的选题和样课来进行尝试性编写。

样课初稿完成后,我们征求了部分教研员和一线教师的意见,并在英语基地联系学校之一虹口区复兴中学,以及其他两所学校的英语课上进行了试教。大家普遍反映,所选主题积极健康,符合课标精神和中国文化进课堂的大要求,内容有新鲜感,英文翻译文字水平高。但老师们也反映,学生对文章内容理解不难,但英文译文对学生来说,词汇量比较大。材料作为高一年级的内容对大部分同学来说似乎难了一点。样课的结构和练习任课老师如果采用传统的教学方法来教还有点不太适应。

根据一线教师的反映,我们本着实事求是的原则,对原来的主题和选材的计划进行了调整,决定选择更具时代性的话题来组织语篇,编写样课。

2018 年 7 月 11 日—13 日,市教委通知各基地赴上海崇明岛参加教材编写工作会议,正式启动新教材编写工作。会上,市教委要求各编写组汇报教材编写情况。由于新样课准备时间匆忙,专家对此提出了一些比较委婉的批评意见。

当时我正在法国出差。编写组成员崇明会议后感受到了很大的压力,对下一步工作如何开展感到有点迷茫。考虑到事情的重要性和紧迫性,我立即中断了法国的行程,回到上海。我们首先做的一件事是扩充编写队伍。由于编写时间紧,任务重,一年左右的时间需要编出 7 册教材以及相关的配套用书,原来 10 余人的编写队伍人员严重不足,工作无法顺利开展。我立即联系湖南大学外国语学院院长刘正光教授和浙江师范大学外国语学院院长胡美馨教授,请求支援。湖南大学外国语学院曾经组织编写新目标大学英语《综合教程》,培养了一批优秀的中青年骨干教师,积累了一些教材编写的经验。浙江师范大学离上海近,一直重视基础外语教育研究和人才培养,我们也希望通过他们的参与,今后教材能够辐射浙江。两位院长都非常支持,立即与有关人员商量,做出决定:湖南大学派出何岚和任远,浙江师范大学派出英语系正副主任参加上海市高中英语教材的编写工作。

2018 年 1 月,在一次教材工作例行会议上,市教委表示,由于编写工作时间紧、任务重,希望各编写组争取一些学校的支持,物色优秀一线教师脱产参加教材编写工作。市教委将帮助协调。我立即与王蓓蕾所在的同济大学外国语学院院长吴赟联系,希望她能同意王蓓蕾借调英语基地参加教材编写一年。吴赟院长经与学校和院领导商量,很快同意我的请求。同时,我与上外浦东外国语学校朱建国校长取得了联系,希望他同意他们学校的刘宝莹老师借调基地一年参加教材编写工作。朱校长在学校英语教师人手本来就紧张的情况下,克服重重困难同意了我的请求。与此同时,我们与上海市高中英语教研员汤青老师协商,请她帮助推荐优秀区教研员和特级教师等加入我们的教材编写组。我也联系了多名外籍专家和高中英语教师、国内外语教学专家等参加教材编写的不同方面的工作。

崇明会议后,编写组分别在 7 月 17 日和 24 日组织了研讨。7 月 30 日—8 月 4 日,我们在崇明组织了第一次全体核心编写团队的封闭研讨。首次研讨的重要任务是确认各单元的选文。会上,刘正光教授等应邀对编写组已经收集的材料从思想性、适合性和语言质量等方面进行了点评,大部分选文得到肯定,部分选文需要更换。

这次研讨期间,确定几件重要的事情:(1)确定编写一套完全独立于《新世纪高中英语》的高中教材,完全对接《普通高中英语课程标准》(2017 年版);(2)基本确认了各册的主题和语言知识、语言技能等结构;(3)基本确定了 7 册内容和单元结构。

8月23日,编写组在崇明举行了第二次大规模的封闭研讨。针对各单元分散编写、编写人员对编写要求理解不到位导致的编写质量参差不齐、各单元间和单元板块间衔接不畅、缺乏梯度等情况,会议确定实行板块负责人制,指定了11位板块负责人,对整个7册的12个特定板块的结构、内容、梯度、一致性等负责。

另外,会议确定每册设一位负责人,即分册主编,负责整个一册的各项内容和任务的整合,同时负责协调本册与前后其他各册之间的过渡与连贯性。实践证明,这一编写机制行之有效:通过分解责任,提出具体要求,各板块和各册负责人明确了编写工作的目标和重点任务,充分发挥了协调和质量监控的作用,对后续编写工作起到了积极的效果。

根据7月崇明会议发放的各学科教材编制指引,教材编写组开始拟定教材编制方案,包括整体架构、单元构成、体例样例与结构分析、质量保障体系。参与编写方案讨论的除基地核心成员外,还有特级教师、宝山区高中英语教研员徐继田,上海外语教育出版社基础教育事业部编辑陆轶晖,英语基地行政助理司露等。王蓓蕾拟定了基本框架,徐继田主要负责指导思想部分的撰写,安琳负责整理各册的语篇类型,陆轶晖负责描述教材的版式设计,司露负责教材和单元结构图。王蓓蕾还基于编制方案拟定了教材编写说明。在听取有关专家意见后,8月25日的市教委封闭研讨上专家又提供了反馈。2019年暑假封闭期间编写组对编制方案和编写说明做了大幅修订。2019年暑期,编写组还基于前期数次专家反馈和3—6月的教材调研结果拟定了教材适宜性报告。通过编制方案、编写说明和适宜性报告的撰写和修改,主编、副主编和主要编写人员对教材的整体结构和特色也越来越明确和胸有成竹。各类方案和报告的修改也得益于已经启动的编写工作,特别是已有的内容和单元结构。上外版英语教材的编写方案从立意到完整性、科学性和可行性都得到了专家和市教委领导的高度评价。

接下来的一年左右的时间,编写组成员全力以赴,夜以继日地整理材料、撰写初稿、参加研讨、征询意见,不断修改完善教材初稿。在这期间,编写组全体封闭共11次,各册、各单元集体讨论不计其数。

各册、各板块之间的交流，主编、副主编之间的交流，主编与各册编者之间的交流几乎每天都在通过微信、电话或面对面进行，有时是全天候不间断地联系和商讨。

经过近一年的努力，7册教材初稿基本完成，进入全面打磨修改阶段。期间，由于部分单元、部分板块的选材和编写质量始终不能达到要求，编写组果断地替换了相关的编写人员和原稿，部分单元或板块重新编写，保证了教材质量的一致性。在市高中英语教研员汤青老师和各区英语教研员的大力支持和配合下，我们第一时间将各册各单元的教材初稿放到了上海市各区不同学校的课堂中进行试教，听取一线教师和学生的意见。在这一过程中，各册负责人和单元编写者也深入课堂，听课观摩并与教师和教研员交流，了解单元内容是否适合学情，是否易教易学。在获取大量一线课堂反馈后，各单元和各册编写人员进行了又一轮力度比较大的修订和打磨。

教材初稿基本成型后，我们要求各板块负责人开始撰写板块介绍文章，进一步梳理板块目标、结构和使用建议，凝练教材特色，对照课程标准进行修订。同时，我们请各板块负责人对7册教材中所有相关板块的内容、结构、文字等进行统稿和打磨，努力做到各册同一板块间的高度衔接与连贯。

教材初稿完成后，市教委组织了上海和江苏、浙江的专家和英语教师对教材进行了审读。审读专家在总体上充分肯定教材的优点的基础上，对教材存在的问题提出了修订意见和建议。

编写组根据审核意见进行了专题研讨，对相关问题反复思考和斟酌后进行了修订。举个例子，根据近年来国内外外语教学实践中倡导的"以评促学"的理念，在新教材中我们增加了一个"自我评价"的板块，落实课标中有关自主学习和学业质量标准方面的要求。但由于没有现成的经验可以借鉴，同时又要尽量弥补已有教材相似板块的不足，部分评审专家和一线教师对此提出了一些修订的建议。编写组经过多次研讨，反复论证，最终确定了相关的修订方案，获得了专家和教师的认可。

与此同时，教材编写组启动了教学参考资料和练习部分的编写工作。

　　为了使教材内容和承载的理念能够让教材使用者完全理解并创造性地落实,教材编写组对教学参考资料的方案设计和编者选择做了精心的策划。

　　首先,我们对教学参考资料进行了新的定位:突破原来的教学参考资料仅仅作为提供教材理解和参考答案的辅助工具的情况,确定了"理论驱动、分层拓展和服务教学"的编写原则,以英语学科核心素养培育为指导方向,结合课程内容六要素,建构教学参考资料的整体框架、单元结构体系和单元板块内容,以科学的语言观和教学观为顶层设计,提供分层多样的拓展教学活动。其次,请市教研室汤青老师推荐具有丰富课堂教学实践经验和一定理论水平的教研员和一线教师参加教学参考资料编写。事实证明,王蓓蕾、徐继田、何幼平老师作为教学参考资料副主编以及担任各册主编的高中英语教研员和骨干教师很好把教材理念、课标要求、教师期待和课堂教学实际结合起来,教学参考资料无论从结构设计、内容,还是从语言质量和版式都超越了传统的教学参考资料,受到了一线教师的高度评价和热烈欢迎;第三,与上海外语教育出版社之前开发的课堂教学课件 TOP (Teaching Operating Planner)进行同步设计和开发,将教材和教学参考资料的主要内容立体化地呈现在课堂的电子黑板上,节省教师大量的查找资料和备课的时间。这个 TOP 课件后来也成为上外版高中英语教材的"神秘武器"之一,受到一线教师的热烈欢迎。

　　练习部分是教材的一个重要组成部分。我们请英语基地专职研究员、外语测评研究专家潘鸣威教授组建了以教研员和一线优秀高中英语教师为主体的练习部分编写组,并确定了练习部分的编写原则:夯实基础、有效拓展、分类卓越。练习部分紧密围绕教材的有关内容,以新颖的题型、真实且贴合主题的素材、多样的练习和有趣且有意义的活动给同学们提供各种提高语言实践能力的机会。

　　练习部分努力在基础训练和适应后续学业质量评价和高考考试之间寻找一个平衡。在编者们的共同努力下,练习部分无论从主题、选材、练习设计,还是在呈现形式,与学业水平检测要求和高考题型的对接等方面都得到了一线教师和广大学生的高度认可。

　　2020 年 4 月,根据教育部教材局要求,市教委组织各学科新教材送教育部专家评审。

2020 年 6 月底,教材经教育部教材局组织的专家两轮审核,教材编写组多轮修改、完善,最终准予出版,并列入教育部 2020 年推荐教材目录。

同时,上海市教委决定,高中英语教材 2020 年 9 月正式投入使用,7 月启动新课程新教材使用教师培训工作。

至此,高中英语教材编写工作暂告一个段落。

2. 教材编写的成功要素

教材编写是一项重大的系统工程。本次《高中英语》(上外版)最终投入使用,并得到各方的一致好评,是政府组织协调,各参与方努力的结果,是集体智慧的结晶。回顾整个教材编写工作的过程,我觉得有几个关键的因素对教材编写工作高质量的完成起到了重要的作用。

2.1 政府的决策与支持

首先是上海市政府有关教材编写的重要决策,上海市教委的精心组织、协调和支持。上海市基础教育,特别是基础外语教育在全国处于领先地位,为上海市高中学生量身定做符合其实际情况的教材,同时通过新教材编写和使用培养一批优秀骨干教师,推进课堂教学改革,引领全国基础外语教育是上海市义不容辞的责任。上海市教委做出了由基地主持教材编写工作的重要决策,在组织保障、经费支持、教材编写人员的组织和审核、评审专家物色、学科交流等方面做了精心、细致的安排,3 年左右的教材编写过程,市教委课改办、市教研室持续地、高效率地推进教材编写工作,保证了教材编写过程的顺利进行,确保了教材的高品质。教材编写工作启动阶段,市教委几乎每两周就组织一次各学科编写人员、学科专家和政府有关部门的工作会议,检查各学科教材编写进展情况,交流经验,提供专家反馈和指导。到了后期教材送审阶段,市教委有关部门更是全力以赴,与时间赛跑,全方位地调动各种资源,协调各方工作,保证教材送审的各项工作及时、顺利完成。没有政府部门的组织、协调、支持,这么多学科的教材同时编写、修订、送审等工作能够在这么短的时间内高质量地完成是难以想象的,这样一种高效率充分体现了上海的水平、上海的素质和风格。

2.2 编写团队的努力、英语基地的前期准备和学术资源优势

此次参加英语学科教材,包括教材配套用书编写的人员先后有70—80人,其中有大学教师和研究人员20人左右、教研员10多人和骨干教师20多人。团队核心人员大都具有博士学位、高级职称,专业方向为外语教学理论或理论语言学。大部分编写人员有良好的专业素养和教学实践经验的积累。核心成员中大部分有过大学或中学英语教材编写的经验,发表过外语教学理论研究方面的论文或专著。

此次教材编写由上海市英语教育教学研究基地牵头负责。自2016年成立以后,基地积极推进教学理论研究,并深入上海市中小学英语教学一线,开展教学调研和教学实验。为了更好地融入上海市基础外语教育,基地与部分中小学校建立了合作关系,与教研员和特级教师建立了良好的互动关系。基地成立一周年的时候,已经完成了《特级教师风采录》《上海市特级教师访谈录》等相关成果,编辑出版了《英语教育与教学研究》第一辑。因此,教材编写核心人员对国内外外语教学理论发展的了解,对教材的关注,个人的外语教学经历,对上海市基础外语教育阶段的了解,与上海市基础外语教育领域名师和教研员等的良好互动交流等,都为这次教材编写积累了较好的基础。

另外,在教材编写工作正式启动前,基地根据基地工作的定位和计划已做了大量的相关准备工作。2017年10月,基地与"国际教材开发学会"(MATSDA)合作在上海外国语大学召开了"国际教材开发研究会议"国际研讨会,来自数十个国家的学者参加会议并交流了国际外语教材编写的最新理念和经验。2018年,《普通高中英语课程标准》(2017版)正式颁布后,英语基地与上海市英语教研室联合邀请课标组4位核心专家,包括课标组两位组长,为基地人员和上海市高中英语教研员和骨干教师进行了重点辅导。所有这些都为教材

编写工作打下了良好的基础。

在整个教材编写工作期间，基地利用其之前积累的学术和教研资源，做了大量的组织协调工作，包括人员的选拔、编写团队的建设、研讨活动的安排和时间节奏的把控。英语基地行政负责人吕晶晶副编审和行政助理司露为教材编写组的材料和档案整理、封闭编写、经费使用、各类活动的安排做了大量的工作。吕晶晶同时还担任分册主编的工作，参与教材工作各类研讨以及相关的组织工作。英语基地核心成员安琳、朱彦、田臻作为本次教材编写的核心力量，不但参与了教材编写方案的设计，样课的打磨，同时还担任分册主编、板块负责人、单元编写者的任务，而且在其他单元或板块出现问题时担任了"救火队员"或"替补"的角色，为保证整套教材的顺利编写做出了重要贡献。十几位博士生和基地聘请的研究生志愿者也作为教材编写的助手参与到了教材编写过程中，贡献了他们的时间、精力和智慧，功不可没。

编写团队严格按照市教委的要求，在教材编写过程中坚持以"国家标准""国际水平"和"上海特色"这几个标准来衡量教材的选材、结构设计和特色打造。无论是总体编写方案，还是各单元内容，无不精益求精、追求完美。在征求意见和修订阶段，教材编写组真正做到了闻过则喜，认真对待每一条反馈的意见和建议，不断完善教材的每一个细节。

所有参与教材编写的人员都表现出了为基础外语教育事业奉献的献身精神。许多参编人员克服各种困难，高质量地完成相关任务。特别令人感动的是，许多教材编写人员都处于"上有老，下有小"的特殊年龄阶段。他们的家人都对他们没有假期和休息日、夜以继日、不计报酬的工作报以最大的理解和宽容，做出了许多牺牲。没有他们的支持，教材编写工作也不会那么顺利。

2.3　各方的支持

教材编写过程中，我们得到了许多国内外专家的指导和支持。首先是国内外专家、大学和院系领导的支持。国际二语习得领域著名专家罗德·埃利斯教授，国际英语教材编写领域知名专家布里安·汤姆林森教授等,对我们编写中国特色的教材予以充分的肯定和支持,对我们最初的编写理念和设想,对教材主题、选文、单元结构和样课都予以积极的反馈,给了我们很大的支持;国内外语界专家,特别是课标组专家梅德明教授、程晓堂教授等,以及湖南大学刘正光教授、上海市高中英语特级教师吴小英、何亚男、陆跃勤等都对教材编写方案以及教材的内容和结构等提出了非常有价值的建议。

特别要提到的是,教材编写后期,我们联系到了德国 Klett 出版社出版的 *Greenline English* 主要编者之一的斯蒂芬妮·阿什福德,请她对我们的教材进行各单元的审读。她愉快答应,并以一个母语使用者(她是在德国工作的英国人)和具有丰富教材编写经验的学者对教材的每一个细节,特别是语言表达方面进行了审读,提出了非常具体的修订意见,对教材的进一步完善起到了非常积极的作用。值得一提的是,斯蒂芬妮对我们教材中有关本(中)国文化的内容和处理方式予以了高度评价,认为是许多国际教材未能处理好的一个重要特色,值得推广。同样作为母语使用者和英语作家帮助我们对教材中的英语的地道性进行把关的还有在上海外国语大学附属中学任教的加拿大籍教师马克·杨等。

上海外国语大学党委书记姜锋自始至终高度关注和支持高中英语教材的编写工作。编写工作期间曾两次亲临封闭编写现场,看望编写组人员,为大家鼓劲加油。

同样关键的是上海市英语教研员、资深英语名师和一线优秀教师对我们教材编写工作的支持和直接参与。这里特别要提到的是市教研室高中英语教研员汤青。她不但为编写组推荐了大量优秀的一线教师参加教材和教参的编写工作,而且为编写组提供了许多建设性的反馈和建议。在教材试教试用和教师培训阶段,她更是积极协调和精心策划,为保证教材贴近现实、平稳落地发挥了重要的作用。

上海外语教育出版社的全力配合也至关重要。在编辑人员紧缺、相关技术力量不能及时跟上的情况下,出版社有关领导优先安排高中英语教材编辑工作。各位责任编辑更是全力配合和支持。特别要提到的是责任编辑负责人陆轶晖,她代表出版社与编写组和市教委相关部门保持了密切的联系,协调各种关系和活动,参与教材、教参编写方案等的讨论,为保证教材编写和编辑工作对接市教委和教育部教材局评审专家的要求、按时出版做出了重要贡献。责任编辑们参加了大部分的教材编写研讨活动。尤其在后期编辑加工阶段,责任编辑和出版社其他相关工作人员加班加点,付出了艰辛的劳动。

3. 教材编写与教师发展

本次教材编写的成果,不但体现在最终呈现出来的 7 册学生用书、7 册教学参考资料和 7 册练习部分上面以及其他配套材料这些看得见的成果上面,更重要的是,教材编写过程也是一次教师发展的实践过程。每位参与者都在这个过程中得到了磨炼,收获了很多。教材编写为上海市培养了一批优秀的高中英语骨干教师,一批对中国外语教育了解更加深刻,外语教学理论和实践水平都大幅提升的大学青年教师和学者。

3.1 主编

本人作为本套教材的主编,原来的理论研究积累和教材编写经验为我主持、协调此次教材编写工作提供了重要的支撑。本人从事外语教育和研究 40 年左右。从 21 世纪初开始,我一直关注中国大中小学外语教育,在多个地区和学校做了一些外语教学调研和教学改革实验工作,对其中存在的问题有比较全面的了解,曾经撰写、发表过数十篇相关的论文和专著。2008 年,我参与了《新世纪大学英语》的编写工作,主编《快速阅读》。2015 年,我策划并主编了《新目标大学英语》教材系列,同时主编《中国文化英语教程》。《新目标大学英语》系列教材的最大特点是以研究为基础。编写工作启动前,我组织了各教程编写组对大学英语教学现状进行了分析,研究了现有的相关国内外教材,在国内核心刊物上发表了系列论文。编写工作启动后,编写组多次组织教材内容和结构的研讨。虽然本次高中英语教材编写过程与大学教材的编写有很大的不同,特别是在编写的要求和编写过程、编写人员的组成,以及教材的审核机制等方面,但本人对外语教育的理解和对中国外语教育存在问题的了解都为这次编写积累了宝贵的经验。

作为主编,此次教材编写过程给我的主要收获包括:(1)对中国基础外语教学和教研现状有了进一步的了解;更好地体会到"尊重现实"与尊重"科学"同等重要;(2)进一步形成了外语教育生态观。我越来越深刻地体会到,在中国这样一个有特色的教育体制和文化传统中,外语教育不仅仅是学校的责任,政府、家庭、社会机构等也都扮演了非常重要的角色;(3)对教材编写的流程,特别是总体安排和细节要求等有了更好的理解和把握;(4)加深了对"物尽其用、人尽其才"的感悟:每一个参与编写工作的人都有各自的长处和短处,他们的英语基本功、工作态度、对学生的了解,对教材本质的理解都是影响他们教材编写水平的重要因素,如何在实践过程中识人用人,如何发挥各人的特长是一个需要不断学习和体会的过程。

另外,作为主编,此次编写过程加深了我对我国基础教育领域相关政策与新课标的理解,加深了我对理论如何服务于实践,如何尊重实践,但又通过理论来引领实践的理解。教材编写过程让我进一步了解了理想与现实之间的差距。编写过程中,我们努力把课标的要求和课程理念体现在编写方案和教材中,但一线英语教学的实际情况促使我们不断地调整目标与现实之间的距离,使我们对教材的功能和局限有一个清醒的认识。

此次教材编写,我们收获了一个"特别能战斗"的核心编写队伍,积累了非常宝贵的中学英语教材编写的实践经验。教材编写人员构建了一个新型的学习共同体,一个不同层面、背景、角色、特长的人员构成的学习共同体:包括外语教学研究者、教研员、特级教师和一线青年教师。大家在这个学习共同体中互相学习、互相启发、互相成就。两年多的教材编写过程,我们看到了一批人的成长和发展:他们发挥了潜能、增长了才干、锻炼了意志、明确了今后发展的目标。教材编写组不同层面的参与人员在不同方面得到了成长和发展。

3.2　编写组成员

副主编王蓓蕾。她作为一名大学副教授和外语教学理论方向的博士,作为此次教材编写的主要设计者和协调者,付出了巨大的心血和努力,但也收获了很多:无论是在理论与实践、课标理解、教材研究、统筹协调能力以及教材编写实践经验方面她都有巨大的收获。

各册主编。他们不但自己主持或参与不同单元的编写,还要负责本册各单元结构和内容之间的设计与调整,负责不同编写人员之间的协调,负责试教试用、征求反馈意见的过程,负责相关内容的修改等等。他们也作为教材编写的核心组成员,参与讨论教材编写的总体方案、编写原则,参与编写活动的组织等等。因此,对他们来说,整个编写过程也促进了他们对课标的理解,对外语教学理论、教材编写理论与实践等方面的理解,锻炼了与国内外专家、教研员、一线教师以及教育行政管理部门等交流合作的能力。

各板块负责人也是我们这次教材编写过程中非常特殊的一批人。他们往往也同时担任各分册的主编。根据要求,他们要对所负责的板块进行理论上的说明,要在综合其他教材相关做法的基础上,设计符合本次教材编写目标和要求、适合教材使用对象实际情况的方案,同时要负责各单元同一板块的质量监督和通稿等任务。因此,在这个过程中,他们不但要研究课标,了解课标中相关内容和要求,还要了解与本板块有关的相关理论基础,最新的发展趋势,努力保证该板块在理论和实践上都能符合要求和预期。

为了保证教材更好地被一线教师接受,帮助他们更准确地理解和创造性地使用教材,我们在对教学参考资料编写人员的选择上也有特殊的考虑,我们选择了具有丰富实践经验,具有相当理论基础的高中英语教研员和教师担任分册主编和编者。2018 年寒假期间第一批教参编写每人分析 1—2 本国外教参,开学后分享交流并确定了教参最初的模型。在充分吸纳现有教学参考资料优点的基础上,设计出既能帮助教师准确理解教材、充分使用教材资源的教学指导手册,同时又能拓展教师思路,鼓励教师发挥自身优势,创造性地使用教材的教师发展资源。教师手册受到了教师们的高度评价,是本教材系列的亮点之一。参加教学参考资料编写的教师,特别是中青年教师在外语教育理论方面,特别是教师发展理论与实践方面收获巨大。

练习部分编写者。此次参加练习部分编写的人员有教研员,更多的是一线骨干教师。大部分是青年教师。他们的收获特别突出：对课标的理解，对教材学生用书的研读，对教学理论和测试理论的了解。这些都促进了他们对教材的了解，对课堂教学的感悟和把控能力。

参与教材编写无疑促进了所有编写者的专业发展。教材编写肯定是教师发展的一个有效方式。但是，不是每个教师都有这样的机会。但是，我们可以总结教材编写在哪些方面促进了教师的发展，然后可以设计相关的培训活动和教学要求，让教材编写中获得的经验应用到教师发展中去，例如：（1）理论学习的针对性：心理学、语言学、教育学、社会学的理论都有帮助，但重点在于：高中阶段的学生学习英语的特点是什么？什么样的材料和方式适合他们？（2）教学实践的目的性以及目标的多元性和层级性：语言学习的最终目标是什么？德育、思维能力？语言技能？主题知识？如何将阶段目标与最终目标结合起来？如何将德育目标与语言目标结合起来？（3）语言输入的多样性：如何针对不同学习者特点或教学条件选择和处理语言输入？（4）学习共同体的重要性：如何在一个团体里面互相学习、互相启发、互相帮助、互相成就？

4. 高中教材编写的经验与感悟

此次教材编写的过程也为今后的教材编写提供了许多可资借鉴的经验和启发。

第一，总体设计非常重要。教材是为实施课程目标和任务服务的。教材的定位是教学目标的载体、工具和资源，是实现课标中提出的育人目标(价值观、探索精神)、语言目标、(主题)知识目标等的载体和资源。教材要有特色，其内容、结构和呈现方式等必须符合课程标准提出的培养学生核心素养的总目标，有利于学生的全面发展和语言能力的提升。

第二，贴近现实，符合高中英语教学的实际情况。这就要求教材编写者对高中学生英语学习的现状有深入的了解，对高中英语课堂教学的实际情况，教师的语言能力和实际教学情况有所了解。对高中学生的心理特点、知识结构、学习方式和习惯等有深入的了解。

第三,教材中话题的选择既要对接课标的要求,又要与社会现实结合,与学生的心理特点和知识背景相结合,符合学生的实际情况,对学生有吸引力,能够促进其跨文化意识和综合素养的提升,设计的学习任务具有真实性,学习的目标具有可操作性。

第四,教材编写要有超前意识。不仅体现在主题内容的选择上,还应该体现在内容的呈现方式上。现代外语教学应该充分利用已有的网络和移动技术,用立体型的方式呈现教学材料和教学内容,并要具备超前意识,引导学生和教师实行教学方式的转变。

第五,学科融合。英语课程不仅仅是帮助学生掌握一种语言技能,同时也是学习和了解英语文化以及西方文化的过程,可以培养其文化包容的心态,滋养其人文精神;英语还是一种学习的工具,可以在学习语言的过程中,获得科学知识和综合素养。此次高中英语教材编写之前,编写组对高中其他相关学科的课程标准和教材,特别是语文学科,也做了比较深入的了解,因此在英语教材的单元主题和选文上能在一定程度上呼应语文和其他教材的内容。

第六,学习共同体的组建不但有利于教材编写工作,对后续的教材培训和教材使用也有非常积极的作用。教研员和一线骨干教师参与教材编写,不但提升了其理论素养和实践能力,而且他们在之后的教材使用中也可作为先行者、示范者,甚至培训师。教材编写既是目的,即为学生提供学习外语,达到课程目标的手段和载体,同时又是培养和造就一批优秀骨干教师的手段和方式。

结语

《高中英语》(上外版)编写工作能够顺利开展并结出丰硕的果实,离不开各方的支持,离不开所有参与人员的努力。我们的收获,不仅仅是教材本身,更重要的是对教材的认识,对外语教学的感悟,更重要的是构建了一个命运共同体,学习共同体,培养了一批以后可以担当更重要的外语教学理论研究和实践工作的研究者和优秀教师。

作者简介：

　　束定芳，上海外国语大学教授，博士生导师，上海市英语教育教学研究基地首席专家，国务院特殊津贴专家。2017 年入选中宣部"文化名家和四个一批"人才计划和国家第三批"万人计划"哲学社会科学领军人才；2018 年获选上海市第四期"普教系统双名工程"高峰计划主持人。主编"新世纪""新目标大学英语系列"以及《高中英语》(上外版)等教材，编著学术专著 10 余部，在国内外权威期刊发表学术论文百余篇，是我国外语界学术论文和著作被引用率最高的学者之一。曾获"全国百篇优秀博士学位论文指导教师奖"、"高等学校优秀教学成果"二等奖和"上海市高等学校优秀教学成果"一等奖等奖项。

　　《高中英语》(上外版)教材、教学参考资料和练习部分主编。

凝心聚力　共创共赢
——《高中英语》（上外版）教材编写回顾

同济大学　王蓓蕾

引言

年前，当我翻开泛黄的教材，重温第一篇课文"马克思是怎样学外语的"，不由得感慨万千。从三十年前的英语学习者到三十年后的英语教学者，从教材使用者到三十年后的教材编写者，仿佛冥冥之中早已注定了我和高中英语教材的不解之缘，历时三年多的高中英语教材编写是项系统工程，机遇和挑战并存，编写团队的不少老师在不同角色间转换，学习、思考、研究，尽心尽责打好每一场硬仗，在协作中前行，在磨砺中成长。

1. 虚心求教，发扬海派文化精神

2018年6月26日上海市教委召开"上海市基础教育课程改革领导小组会议暨高中教材编制工作推进会"，正式启动上海高中非统编教材编写工作，任命上海市英语教育教学研究基地（以下简称"英语基地"）首席专家束定芳教授为上海市普通高中英语教材主编。也正是在这次会上，时任副市长对各科教材明确提出了"国家标准、国际水平、上海特色"的编写要求。什么是上海特色？如何体现上海特色？如何平衡中国元素和上海特色？

1.1　上海特色

回想起来,当时主要从编写内容和设计理念上体现上海特色,包括选文和活动设计中的外滩、豫园、弄堂、犹太人纪念馆、上海小笼包等,以及在编写理念和板块设计上传承的上海二期课改研究性学习的特色以及近几年教研活动所倡导的单元整体教学设计等特色。更深层次的上海特色则是“海纳百川、兼容并蓄”的海派文化特点,贯穿于教材从无到有的整个过程中。早在 2017 年初出版社邀请束老师担任教材主编,着手教材修订的准备工作时,束老师就提出了“科研先导”的教材编写思路,要求“博采众家之长”,吸纳国内外教学和教材专家的理论研究成果,学习借鉴国内外优秀教材的内容、特色,将“立德树人”“核心素养”等课标理念落到实处,通过论坛、讲座、研讨、培训、邮件等多种方式向国内外专家请教,走出经验主义的老路,严格对标,接轨国际,体现特色,用新的理念来引领新教材的编写和新一轮的教学改革。他曾指出“大面积的教改需要体现新理念的新教材来实现;新教材参考国内外课标,是新理念的凝练;严格对标新课标,有助于教师对新理念进行实践”。

1.2　科研先导

为了明确教材编写的原则和流程,我反复翻看了 Cunningsworth（1995）, McGrath（2002）, Richards（2002）, McDonough（2013）, Tomlinson（2013）等教材和课程方面的专著,在束老师的指导下确定了不同阶段的工作重点,从准备阶段的编写理念、原则、流程、体系和选文到编写阶段的选文筛选、活动设计再到审读、使用、修订,各阶段循环往复,不断完善。

教材编写方案也在教材编写和实践的过程中不断完善,从 2017 年 2 月问题导向型的教材修订框架,到 2019 年 9 月的提交版,前后经过了近 10 稿的修改,教材的横向和纵向体系不断完善,在板块设计和策略技能方面吸收国内外教材 *Milestones International Student Edition*, *Unlock*, *Headway*, *Focus*, *Wonders*, *Complete First Language English for Cambridge IGCSE*, *Reading Explorer*, *World English*,

Upstream 等,以及新加坡和芬兰课标的新理念,对接我国新课标学科核心素养的理念和课程内容的六要素,根据国内外专家的特长,向不同的专家请教不同的问题。

1.3 专家指引

在教材编写的不同阶段,束老师联系了国内外多位专家通过讲座、研讨、邮件等各种方式给教材提供反馈和审校意见。这些专家来自英国、美国、德国、澳大利亚、加拿大和新西兰,有二语习得、外语教材理论方面的知名学者,也有经验丰富的外语教材编写者,还有外语作家和国外中学教师。他们从不同角度对教材语篇、活动、指令、编排、图片等提出了建议,并对教材的语言进行了全面的审校,确保语言的真实地道。国际教材专家 Brian Tomlinson 对教材每个单元进行两轮审读,在教材评价、教材编写理念和活动设计等方面都给我们提供了细致深入的建议。2017 年 3 月他基于自己多年的研究提出了一套教材评价标准,对原有教材做了全面分析,指出了选文和活动文本驱动的教材编写理论设计上的缺憾。2017 年 4 月的系列专题讲座中,他生动讲解了文本驱动的教材编写理念,诸如选文如何做到激发学生的认知共鸣和情感共鸣,以及各种不同类型的教材活动设计,并在现场组织展示和模拟活动。在 4 月的教材研讨中,当提及课标要求时,他结合以前在马来西亚封闭研讨式的教材编写经验,说明如何基于课标建设教材,如何在教材中体现本土特色。在前后两轮 233 封的往返邮件中,他对选文的点评以及对活动的建议让我们深刻领会了怎样的活动才能更好地体现真实的交际体验。在此过程中,他对我们的选文和活动设计也越来越肯定,还将一次教材公开课的活动设计作为例子放入他的专著中。

还记得 Rod Ellis 对教材的目录设计、语法、自评等方面的修改意见;Catherine Watts 关注的教材中英式英语和美式英语的混用问题以及对于不同场合的语音语调;Marc Young 对于语篇逻辑和文化背景的关注;Stephanie Ashford 对于活动设计整体性以及不同单元理解类、个性化问题以及相关指令语的关注,以及德国中学教材 *Greenline* 编写的幕后故事;唐力行教授对于语篇文化内容的建议和把握。

还记得程晓堂教授在选文阶段所说的,好的选文是成功的一半。在整个教材编写过程中,他先后四次审读反馈了我们的教材,从教材各册梯度、活动设计、指令语到图文关系。还记得程教授对图文关系深入浅出地解读,将图片分为三类:第一类是装饰性的,主要为了实现图文并茂的目的;第二类属于促进理解的图片,比如课文或练习题涉及某个概念或文化背景,提供图片以促进理解;第三类图片属于学习的对象。他指出图片使用率还不够高,特别建议我们增加第三类图片的使用。正是听了程老师的建议,我们将导入和视听的配图做了大幅调整,尽量做到图文互补,也充分体现了多模态教学的理念。

还记得刘正光教授在封闭研讨期间,和束老师搭档逐一反馈各册各单元的选文,特别是对选文标题和内容的可读性、可教性的严格把关,令人印象深刻。还记得吴小英老师对每册教材超纲词汇的统计,何亚男老师对阅读和语法活动的深入思考和反馈,汤青老师对单元内容整体性的建议,陆跃勤老师对活动和指令的细致反馈,专家们各有侧重的反馈和建议都给我们留下了深刻的印象。

为了更好地理解新课标的理念,将课标理念用于教材编写实践,2018年1月新课标刚颁布,束老师就以英语基地首席专家的身份策划组织了全国首次高中英语新课标系列专题讲座,在和梅德明、王蔷、王守仁、程晓堂教授的沟通联系过程中,我也有机会了解到专家们在课标修订中的分工和特长,有机会向他们学习和请教,每位老师对基础教育的关注和奉献让我肃然起敬:梅德明老师对各国课标的深入研究以及基础教育阶段各类教材的如数家珍源于他数十年来在英语教学一条龙建设和中小学教材审读反馈方面的坚持;王蔷老师的生动教学案例源于她几十年来的行动研究和中学教师培训的坚持;王守仁老师对中外文化育人的深入思考源于他对于国家战略的熟悉和各学段英语教学的长期指导;程晓堂老师在基础教育领域英语教材和教学方面的影响力源自他对于全国各地中小学教学情况的长期深入研究。专题培训采用互动形式,每位专家在最后环节基于讲座内容布置课后思考题,我带着研究生一起遴选一线教师的优秀反思及案例分享到基地的微信公众号,将课标理念和上海的教学实践有效结合。以此为基础,在束老师和汤老师的指导下,帮助一线教师打磨案例和反思,形成论文,并请特级教师加以点评反馈,最终形成《普通高中英语课程标准(2017版)解读:理论与实践》一书,为教材编写和教材使用做好前期准备工作。

为了提升广大教师和编写组成员的教材选用、编写和研究意识,2018年6月英语基地联合国际教材开发协会(MATSDA:Materials Development Association)举办了"国际教材开发研究会议",来自20多个国家的130多位专家参加了该会议。本次大会的主题是"外语教材开发和教师发展",会上国际教材领域的知名专家和我国知名学者共聚一堂,就教材编写和教师发展的多个主题开展深入研讨,让我们有机会了解世界各地教材编写、使用、评价等方面的研究,交流和分享教材编写体会,深入了解如何在教学编写中体现不同的教学理念和方法,如何在教学过程中创造性地使用和改编已有的教材。文秋芳老师介绍的产出教学法教材编写的理念赢得了国外专家高度认同,也让我明白中国特色的英语教材同样可以走向世界。正是教材编写使我们这些教材编写的核心人员有机会和国内外教材专家近距离沟通和交流,将书本里的静态文字转化成能感知的动态研讨和交流。

高中英语教材编写充分体现了做中学、学中做的理念,无论是前期的专题讲座、培训、会议,还是编写过程中持续的研讨、会议和反馈,我们每一次的分析研读、每一次的讲座、每一次的研讨、每一封邮件和每一次的微信交流都给我们的教材编写带来了启发、灵感,进一步明确了前进的方向,真真切切体会到"做中学,学中做"的精髓。教材体系经历了从模块到单元,从一学期一册的教材到必修+选择性必修教材的结构性变化,文本选择、策略技能、活动设计等也历经了更替变化,从编写、审读、试用、修订到再审读、再试用、再修订,在此过程中我们认真对待每一次的反馈,努力思考更好的方案,充分展现海纳百川的气度,让上海的英语教材走出上海,走向全国。

2. 多方协调，推动教材编写实践

高中英语教材编写是项系统工程，牵动着数千名上海高中英语教师和十几万高中生的教与学，是光荣的使命，也是巨大的责任。如何打造高标准严要求的上海英语教材？这是每一个人的努力和支持，是组织教材编写的、参与教材编写的、指导教材编写的、支持教材编写的、关心编写的每一位国内外专家、团队成员和使用者的投入和助力。

2.1 统筹协调

束老师作为上外版高中英语教材的主编，是教材编写排兵布阵的主帅，而我需要做的就是紧跟步伐，协助主编打好这场攻坚战，做好编写团队内外各项统筹工作，落实好具体的编写任务。通过和编写团队内部的协商研讨，不断优化教材的编写体系和方案、教材的样课设计和打磨、教材编写人员的组合分工、教材编写的时间节点和相关活动安排，正如束老师所说，"教材编写是做中学，学中做的最好方式和机会。教材编写的大小团队就是教材研究的共同体，可以有意识地进行分工，有意识地组织相关学习和研讨"。在编写过程中，我负责的联络协调工作包括：一、和市教委相关老师联系，参加各种教材相关会议，领会教育部和市教委会议精神和要求，确保教材、相关报告以及审读反馈回应等多轮稿件的顺利提交；二、和市教委教研室的汤青老师和各区的教研员老师联络倾听他们的反馈意见，组织相关的教研活动；三、在束老师联系确认好国内外审读专家后，跟专家们联络，跟进具体的研讨、审读的内容和要求；四、和出版社的负责老师，特别是陆轶晖老师联络教材编写、排版和修订、送审的各项事宜。这也意味着我必须要走出自己的舒适区，去和不同地区、不同性格的专家、老师打交道，刚开始我有顾虑，有担心，觉得自己性格内向，不善交际，然而专家们、老师们对教材编写工作的大力支持，对编写团队的信任和配合，对教材编写理念、编写方式和工作态度的肯定和认可，增强了我的信心，更重要的是团队成员们对工作的投入和付出给了我源源不断的力量。

2.2 合作创新

2021 年 1 月底教材编写总结研讨会上，编写团队深情回忆教材编写每个环节、无数个日夜共同奋战的场景，有封闭研讨时的热烈讨论，有微信群的半夜对话，不知什么时候开始，教材已经成了我们生活的高频词。我们经历了选文的纠结、样课的纠结、目录结构的纠结、板块名称的纠结、活动设计的纠结，一起面对专家审读的各种意见，一起寻求解决问题的方法和答案。从 2017 年 2 月 19 日第一次教材会议到 2020 年 6 月教材正式通过教育部审核，前后组织了百余次常规研讨，9 次大规模封闭研讨。从 2017 年 5 月开始的选文历经三个阶段的研讨和更替，第一次是 2017 年 6 月底的选文研讨，第二次是 2018 年 7 月市教委崇明会议后的选文大规模更替，第三次是 2019 年 7 月市教委专家反馈后中国元素和上海特色的凸显。而在编写过程中，通过高校和一线老师的模块或单元组合，通过责编的反馈，通过在学生中的需求分析，持续了解师生对选文的需求，有两个敏感主题的选文在 2019 年 9 月送审教育部后还进行了调整。必修第一单元的主题和选文也经历了多轮变换，考虑了各种视角，最终选用了束老师推荐的鼓励学生打破惯有思维、积极创新的一篇回忆中学生活的文章，该文后来获得了团队和国外专家的一致认可。

回想起来，我作为教材专职人员借调到英语基地的 2018 年是教材编写最困难、最具挑战的一年，当时市教委要求各学科在 9 月提交整套教材初稿，我们在打磨样课、替换选文的同时，还在完善各板块的体系、确定板块负责人、撰写详细的教材编写方案和编写说明，齐头并进。那个暑假除了研讨和封闭研讨之外，几乎天天都在英语基地的办公室，和安琳、钱晶晶等核心编写人员讨论到很晚。印象比较深的是 8 月 11 日教材会议前夕样课排版后的修改打磨，"艺术与艺术家"样课，每排一版除了教材编写团队审读之外，还即时聆听专家反馈，分板块打磨修订，一周内就改了 16 版。8 月在梳理各册各单元主题时，发现新课标的个别主题在教材中缺失，如灾难和自我防护的主题。经商讨，我们决定动用集体的力量替换重编选择性必修一个单元，以更好地对应课标要求。各板块负责人和助手们群策群力，从语篇、视频选择到活动设计,协助主课文编者田臻前后用了二周左右的时间形成了该单元初稿,此后该单元经过不断打磨,成为选择性必修的样课单元,这也是编写团队通力合作的最好的证明。教材编写方案的撰写也是大家合作完成的,在 7 月 12 日市教委崇明会议后基于市教委《学科教材编制方案》的基本要求拟定框架,然后分工合作,由徐继田老师负责指导思想和理念部分的初稿,安琳负责课程结构和各册主题语境分布的梳理,陆轶晖负责教材同步资源和版面设计部分的描述,司露负责单元结构图和课标目标图的绘制,我负责整合并补充编写安排、教材内容、策略体系、单元设计、纸质版配套资源等内容,最后由束老师审核、修改、几易其稿,该方案最终得到了各方专家的高度肯定。这次方案撰写有比较明确的框架,考虑到学科间的差异,我们做了适当的调整,但总体上时间紧、要求多、压力大,好在大家齐心协力,加班加点,顺利完成了任务,其中主题语境和文化知识等部分还请研究生助手们做了部分统计工作。

在板块设计上,无论是传统的单元导入、阅读理解、听说实践、语法使用、词汇聚焦、写作训练,还是新设的综合运用、思辨训练和项目探究,我们都力求明确定位,构建科学的体系。考虑到各册存在共性的问题,我们又请各板块负责老师基于教材初稿梳理了活动设计方面的优缺点,在 2018 年国庆封闭研讨会上进行了板块专项介绍和研讨。基于此,我重新梳理了必修和选择性必修核查表,以便分册主编和编者在自查、互查中能有据可依。在该学期两周一次的例会上,主要板块负责人逐一研讨各册教材,提出修订意见。此后,上海市教委、教育部组织专家分别进行了两轮的正式审读,束老师还主动联系国内外的其他专家审读每一轮的修改稿,编写团队整合、分析和研讨国内外审读专家的审读意见,在此基础上不断修订完善。

在一轮又一轮的修订中,我们的教材得到了越来越多专家的认可,如 Tomlinson 教授充分肯定了我们的选文,用"engaging"和"encouraging"来形容必修第一册第一单元的课文,用"variety"来肯定选择性必修第二册第四单元的文本多样性;他也肯定了活动的丰富多样,具有趣味性、交际性和思辨性,符合学生的认知水平。又如德国资深教材编者 Stephanie Ashford 充分肯定了教材的整体设计和选文,特别是教材中的中国文化特色。回想起来,正是教材编写这项光荣而艰巨的任务使我们有机会和不同部门、不同学校的老师们深度交流和合作,也让我领会到什么是"办法总比困难多",什么是上下齐心,其利断金。

3. 深入课堂,确保教材顺利落地

在教材初步成稿后,我们又要思考:如何让教材既有新理念又接地气? 如何确保教材的好学好用? 如何更好地满足上海师生的需求和教学实际? 在教材编写过程中,我们前后做了三轮的调研试用,两次全市范围的展示交流,希望打磨出既能对接课标,又能走进课堂的教学材料。

3.1 编用同步

第一轮小范围的试用安排在 2017 年下半年,试用的材料是前期试编的 4 个单元,在复兴高中和位于宝山的行知中学、宝山中学,采用学生问卷、教师座谈和课堂观摩的形式了解师生反馈,获得了教材编写的第一手资料,初步积累了高中英语教材编写经验。当时老师们反馈比较好的课文和活动,我们保留下来了,但考虑到教材选文的难度和普适性,原来第一册的选文挪到了高一第二学期和高二使用。巧的是,复兴高中三年前试用教材的备课组经过一轮的教学后又作为新教材使用示范学校使用新教材,似乎兜兜转转又回到了原地,但教材已经经过了好几轮的使用,无数次的打磨修改,编写团队和使用者也对教材有了更大的信心。

3.2 跟踪调研

第二轮教材调研安排在 2019 年的 3 月到 6 月。该调研获得了市教委教研室和各区教研员的大力支持,涉及 15 个区,28 所不同层次的学校,每个区试用两个单元的材料,教材编写团队的核心成员在各区各校的支持下深入课堂,全程跟踪调研,包括课前课后的研讨、

课堂观察,授课教师提交教学设计、反馈反思,听课教师提交听课表,学生采用问卷形式进行调研,前后共回收 2925 份和 2674 份学生问卷,各区教研员基于两所学校的调研情况形成调研报告。以我负责的杨浦和普陀区为例,3 月到 5 月期间我在四所学校听课 16 次,前后研讨 8 次。此次调研中,和教研员及一线教师的反复沟通使我对必修第一册教材的适切性和可操作性有了深入直观的了解,进而对活动设计做了优化完善,细化了教材中的策略指导和步骤化建议,特别是综合运用板块和项目探究板块,确保教材的内容能用、好用。对于教参中不适用的活动也做了标注归类,为后续的教参修改奠定了基础。2019 年 6 月,我们又组织了两次座谈,请教研员老师分享和反馈对七册教材和三册教参的使用感受和建议。老师们的报告让我们对各区各校的情况有了充分的了解,更好地理解了老师们对教材,对教参的需求,也发现了一些常态课中可能会出现的问题。基于专家审读意见、学生问卷结果和各区调研报告,我草拟了教材适宜性报告,提交束老师修改后于 2019 年 9 月和编写方案、编写说明等一起送审教育部。

3.3　点面结合

第三轮试用是由市教委教研室统一安排,于 2019 年 12 月在市教委教研室汤青老师的总负责下,在杨浦、虹口、浦东、崇明、嘉定、市教委直属学校等 6 个区的 15 所学校开展试用试教工作,共有 47 位一线教师提供审读试教意见,形成了必修三册和选择性必修四册审读意见、分册报告以及总报告。该报告对整套教材的优缺点做了非常系统的梳理和归纳,尤其是他们所罗列的优点远远超出我们的预期,特别是对于教材特色的提炼,如"教材的结构新颖,编排合理,利于教师避免课堂教学的碎片化"。在此基础上,我们根据市教委的要求,参考了"高中体育与健康教材审读与试教报告"的框架以及适宜性报告的内容,构建了审读试教报告,将审读结果与试教结果重新梳理,分类呈现,分别从教材本身的思想性、科学性、系统性和教材使用的适宜性、可操作性等方面进行分析,并从每一册的审读试教表中提取了一线教师的审读试教意见加以佐证;对于教师们的修改意见我们也做了进一步梳理和回应,从整套教材和分册的角度明确了修改的方向。

在教材编写过程中,英语基地联合市教委教研室,基于必修和选择性必修的样课单元建设教师理解的课程,分别是 2018 年 12 月在曹杨中学举行的必修样课单元展示活动和 2019 年 4 月在复兴高中举办的选择性必修样课单元的教学展示。在这两次教学展示中,授课教师的现场教学,团队的解析以及专家的点评都给我留下了非常深刻的印象。一线老师们在单元设计中所体现的全局观和团队意识,在活动设计中的独具匠心,在课堂互动中的驾驭能力,也让我思考如何帮助老师更好地理解教材,通过新教材的使用进一步优化教学设计,提升教师的专业素养。

4. 持续跟进,开展教材资源建设和使用培训

2020 年 6 月我们教材通过了教育部审定,拿到了全国使用的通行证。2020 年 7 月必修教材和配套资料第一册和第二册正式出版,2020 年 9 月正式投入使用。然而教材编写工作并没有画上句号,只能说暂告一段落,因为老师们在教材编写中的参与和付出,以及各区各校使用教材的老师们对我们教材的肯定意味着我们决不能辜负他们的期望,我们需要提供更多的资源,给予使用者更多的支持,教材配套资料和数字资源建设、教材培训规划、教材反馈调研等工作才刚刚开始,远远没有结束。

4.1 教参编写

在教材投入使用前,编写团队已经早早地开始了准备工作,致力于打造通理论、重实践、易操作的教学参考资料,助力教师发展,学生成长。记得 2018 年 2 月寒假期间就请教材编写团队的一线老师分析了国内外教参的优缺点,初步确定了方便教师理解和使用教材的板块,包括单元目标与内容、语篇分析、备选活动以及合页版面设计,5 月汇报编写方案。2018 年 9 月教材初稿基本确定后,由束老师、徐继田老师、何幼平老师和我组成的教参中心组基于前期的研究和需

求分析,确定了指导思想、编写原则和基本框架,组建编写团队,由一线教师和单元编者基于第一单元样课合作编写必修教参,并于2019年上半年调研中试用。2019年7月由于必修修订和选择性必修编写工作需要扩充了编写团队,通过推荐引荐等方式增加了6位老师,并根据试教反馈—册内/册间审读—中心组审读—外教审读等流程进行了多轮审读。在教学建议和教学活动的审读过程中,我们发现一线老师们认真负责,已经建立了单元整体设计的意识,并能创新性地使用新教材,但是在教学建议和教学活动的设计中却也暴露了一些问题。例如,语法板块的教学建议还会习惯性地使用传统PPP教学方式,从语法知识讲解到专项练习操练,再到使用该语法点开展活动,并非我们所倡导的引导学生主动寻找和发现语法规律;部分老师设计的备选活动图文并茂,非常有创意,能激发学生思考和互动,但是偏离了该单元的教学目标。为此,2018年9月到2019年编写阶段组织了多次常规研讨,2020年上半年由于疫情期间改为线上研讨,7月开始又利用假期组织了4次大规模封闭研讨,根据审读意见和编辑一起集中商议打磨具体内容。在此过程中,我们也不断更新样课,还补充了译文、单元设计表,优化自查和互查标准。各板块负责人撰写板块特点,汇总后由徐老师和束老师提炼修改,列入了教参使用说明。此外,2020年寒假期间除了教材修订和板块论文撰写之外,教参必修第一册和第二册又基于外教审读意见、自查意见做了大幅修订,徐老师和我还分工草拟了教参编写方案,其中徐老师负责总体要求、编制目标和原则,我主要负责编制安排、结构体系和单元板块内容与特点部分,并将单元设计表附在后面,帮助老师们理解各板块活动设计的目标、活动类型、建议时间,还说明了对应的学业质量水平。编制方案最后由束老师审核修改并定稿。在反复审读各册教参的过程中,我看到了一线老师们对参考答案的认真审读,对教学设计的精益求精。而在中心组轮流批注审读的过程中,束老师对单元目标和教学内容的整体把控,对译文的细致审读,徐老师对语篇分析的描述,对目标可测性的关注,何老师对教学建议和活动的精到反馈,特别是针对如何改进活动设计提供的操作性极强的反馈建议都让我受益匪浅,庆幸自己能有机会近距离向优秀的人学习请教,不断拓宽自己的视野。对此,团队成员也深有同感,教参编写的过程在某种意义上也是一种教师培训,通过审读批注以及各种研讨,帮助高校的教材编者更好地了解了高中不同学校的教学情况和师生的教学需求,也帮助参与教参编写的一线教师深入理解课标理念、教材编写目标、语篇内涵和活动设计意图,从而满足各方的需求,形成良性的教师学习氛围。

4.2 资源建设

教材和教参编写过程中的各种思考也在后续的数字资源建设中发挥了作用。在 2020 年的骨干教师培训项目中,我们和各区的教研员或骨干教师共同打磨了 8 种课型,16 个课例,12 个必修教材的单元设计和 2 个初高衔接的板块内容,并录制了必修前三个单元的完整视频,借助信息化手段实现优质资源的共享,帮助使用新教材的教师迅速熟悉教材,开展教学实践。为了帮助老师们准确把握各课型的设计要领,我和束老师、汤老师商议用关键词确定了各课型的定位,并在课型封闭研讨中邀请教材各板块负责人参与,提供建议。在打磨教材资源的过程中,一线老师们的行动力和创造力深深触动了我,例如,姜振骅老师善于举一反三,在 6 月下旬将单元设计部分的单元分课时教学目标和课型课例模板(课型说明、课例和课例解析)提供给了老师们,并如期完成了课型课例的试拍工作;陈琼老师稳扎稳打,善于思考,顶着高考压力打磨出了思辨课型说明;王宏年、李蒨老师"无中生有",创造性地开发了"补偿性衔接"和"渗透性衔接"的初高衔接说明、课例和补充资源,顺利完成了命题任务。这些课型课例比较直观地呈现了新教材在特色课型中的新理念新教法以及在传统课型中渗透的新理念。而在课型课例材料和文稿的准备过程中,和老师们共同探讨如何将教学目标、教学内容和教学活动更好地对应,如何实现教学环节的自然衔接,老师们对教学设想和教学困惑让我对教学实际有了更深层次的了解,老师们的奇思妙想也让我看到了教材创新使用的无限可能。在各板块的小群里,我也看到了板块负责老师和各课型负责人的互动协商,感受到了浓浓的教研氛围。教材单元设计文本以及课型课例、教材板块介绍视频等数字资源在上海外语教育出版社 K12 教学平台上线,给一线老师们提供了各种范例,深受老师们的欢迎。2021 年,参与教材示范校项目的 16 所学校开发的选择性必修单元设计等材料也陆续上线,供更多的新教材使用者和研究者参考借鉴。教材项目实施和资源建设的过程也见证了不少学校的英语教师和教研团队的成长,而这也是英语基地编写教材的初衷之一。

4.3 教师培训

时至今日,市教委已经组织了四次大规模市级教材培训,2020 年 7 月的培训,我们采用了讲座+工作坊的形式,邀请前期打磨课型课例的老师主持工作坊,加强和受训教师的互动,也受到了大家的好评。2021 年 1 月采用线上讲座的形式,涵盖了三个方面的内容:一是针对必修一、二册教材的教研实践总结和使用反馈调研;二是针对必修第三册的学生用书、教参、练习部分的介绍,对其中的文化内容和课程育人也提供了教学建议;三是区教研员、特级教师和青年骨干教师分享新教材的教学内容选用、校本课程开发和 TOP 课件使用的心得和经验。从培训反馈来看,这种理论与实践相结合的方式能"对新教材理念、功能有了更全面的了解","培训内容能够很好结合实际的教学案例"。2021 年 6 月师资培训中心又邀请我们录制了新高一和新高二新教材培训讲座。此次培训,我们在介绍教材及配套资源的基础上,还从使用者的角度请教研员和一线教师介绍了传统课型和特色课型的实践,资源使用和整合以及基于新教材的深度教研经验和体会。2021 年 12 月编写组和教材使用者又从文化、思辨等核心素养的发展、选择性必修和必修教材的异同以及写作、视听说、多模态教学等视角分享了教材编写的理念和使用建议。我们希望每一次的教材培训都有一线老师的参与和展示,鼓励更多的老师分享好经验、好方法,通过新教材的编写和使用实现多方共赢。

教材的配套资料、资源建设、培训工作和教材使用反馈还在持续中,在市教委教研室的支持下,今年英语基地的教材示范校项目已经结题,我们欣喜地看到优质的资源和师资辐射到了更多的学校,形成了项目报告、论文、案例和展示资料等一系列的成果。我们也将及时总结经验,继续支持各区各校开展基于新教材的特色教学教研活动和项目,构建上海高中英语教学的新生态。

结语

回顾三年多的编写历程,一项接一项的任务,一个又一个的微信群,一轮又一轮的研讨,一次又一次的修订,教材仿佛已成了我人生中不可或缺的一部分。三年多的教材编写拓宽了我的人生道路,从大学拓展到中学,从高等教育到基础教育,从教学的单行道延伸到了双行道。我所遇见的每一个人,或多或少都是我的老师,从他们身上我感受到了情怀、格局和视野,深刻地理解了能力、知识和人品的重要性,更好地体会到分享、分担、互助和互帮这些生命中的加减法。高中英语教材编写于我是一场际遇,遇见机会、遇见挑战,遇见了前行的引路人和同行者,走进了一片新天地,开拓了研究的新方向,发现了努力的新目标,经历了更充实的生活。相信编写团队的每一位老师在砥砺同行,守正创新的过程中都有收获、有成长,更有期待、有努力,努力成就更好的教材、更好的教学、更精彩的人生。

作者简介:

王蓓蕾,同济大学副教授、硕士生导师。上海市英语教育教学研究基地兼职研究员。先后参与"新世纪"、"新目标大学英语系列"以及《高中英语》(上外版)等教材编写工作,参与编著应用语言学专著5部,基础外语教育理论与实践丛书2部。在外语类期刊发表论文近20篇。主持国家社会科学基金项目、教育部人文社科项目等项目10余项。曾荣获"教育部基础教学成果"二等奖、"上海市基础教育教学成果"二等奖、"上海市教委教育科学成果"二等奖、"同济大学优秀硕士论文指导教师"等荣誉。

《高中英语》(上外版)教材学生用书、教学参考资料和练习部分副主编,兼任学生用书必修第一册分册主编和综合运用板块负责人。

学习体验　用心成就
——《高中英语》(上外版)教材编写经验总结

上海外国语大学　安　琳

引言

　　《高中英语》(上外版)的教材编写工作自 2017 年 5 月启动,前后历时 3 年多,我有幸参与了全程,承担了学生用书必修二分册主编和板块负责人(思辨训练 Critical Thinking 板块)的工作,负责了学生用书三个单元的编写以及教师用书部分单元(5 个单元)的编写等工作。整个过程于我而言可以用八个字来概括:"学习体验,用心成就"。

　　以下是我参与这一教材编写项目的感想体会和作为板块负责人的经验总结。

1. 体会：难能可贵的学习机会、全面提升的工作体验

　　能参与这个教材项目,并成功坚持到了最后,我想我是幸运的。感谢束定芳教授和上海市英语教育教学研究基地给我这个机会,能参加国字号的教材编写项目,这本身就是一次难能可贵的机会。一个教材项目的顺利推进离不开像教材总主编束定芳教授这样定海神针般的总指挥,总是能在我们摇摆不定或遇到困难的时候力挽狂澜,重整士气,为我们指明方向,拨云见日。在这个过程中,我们能够与国内外顶尖的英语教材编写者和研究专家展开思维的碰撞,向他们学习新的理念和方法,置身理论与实践交融的绝佳应用场景。在这

样一个庞大的项目中,和优秀的同事一起,可以互相启发、互相学习、共同进步、彼此成就。

经过这一项目的洗礼,我个人在项目规划、组织协调、合作沟通方面,以及信息资源检索、收集整合、教材编排、活动设计等方面的能力都有了很大的提升和进步。

1.1 深刻认识:课标引领、专家指点、研究先导、顺畅沟通、相互促进

在此次高中英语教材编写之前,我曾参与过多项大学英语教材编写工作和一次项目式初中英语教材编写的工作。较前几次教材编写工作的体会而言,此次教材编写让我对课标的重要性及其内容的理解和把握达到了前所未有的高度。在这次教材编写的全过程中,我们对课标真正做到了逐字逐句反复研读、提炼、把握。我也深刻认识到,只有吃透课标,才能找准教材的定位,才能编写出严格对标的课程教材。

同时,英语为母语的专家学者和教材编写者的介入对于英语教材编写而言不可或缺。此次教材编写过程中,我们先后请到了国际知名英语教材研究专家、英国利物浦大学的布里安·汤姆林森教授,经验丰富的中学英语教材编写专家斯蒂芬妮·阿什福德博士,熟悉中国中学英语教学现状且长期在中学任教的马克·杨博士等参与编写研讨、教材的文本改写、单元审读、全文校对的工作。从与专家们的交流中,我不仅提升了教材编写与研究方面的理论素养,而且还学到了不少教材编写实践经验,对英语语言的把握和活动设计也更精准了。

教材编写的过程中,我们也应该学会借力。就像制作一部情景喜剧,我们有大纲、有剧本、有演员、有目标受众是不够的,还需要确保灯光布景、服装道具、配乐声效、剪辑特效等等都到位。同样,要编写出广受欢迎的优秀教材,光靠核心团队的力量是远远不够的,我们需要吸收来自不同领域、有不同专长的人才参与其中,发挥各自优势,分工协作,倾注心血共同打造出一部优秀的作品。在此次教材编写过程中,我们就先后邀请了各个领域的专家为我们提供政策解读、

前沿理论梳理、编写经验分享、教学实践分析等,甚至听取跨领域专家的反馈和建议,突破学科壁垒,打造精品教材。

再者,这一次的教材编写经验让我充分认识到了研究的重要性。教材编写应当反映出最新的语言学及外语教学理论研究的成果,所以,编写者同时也是研究者。研究的对象不仅仅局限于相关领域的理论和文献,还应该研究课程标准,研究优秀的教材,研究教材使用者(教师、学生)和教学实际。只有把这些研究成果都切实反映在教材编写中,教材才能站得住脚。

此外,教材编写组内部顺畅的沟通和充分的信任,也是编写出一套好教材必不可少的一环。参与此次教材编写的多名骨干成员都和主编束定芳教授以及副主编王蓓蕾老师有过多次项目合作,大家知根知底、配合默契、齐心协力、目标一致。即使是团队中初次合作的老师,也是在前期的磨合中获得认可,一步步深入其中的。从我的角度来看,能够随时与主编和团队老师交流想法,了解把握整体布局方向和教材编写思路,并进行思维的碰撞,可以帮助我在这个项目中更好地完成自己负责的工作,发挥自己的优势,贡献自己的智慧,体现自己的价值。

同时,在这个教材编写项目中,能够和不同性格、背景、专长的人交流,并负责一两块主要工作,对我的个人成长影响非常大。在这个项目中,我们接触到的有来自市教委等部门的人员(任务下达方),来自世界各地的各领域专家学者(智库),来自出版团队的编辑老师(实现者),来自高校和高中的一线教师和研究者(实践者和使用者)等,在时间节点、任务分工等各种头绪中握好手头的几根线,不仅要做好上情下达,还要有效协调,非常考验一个人的能力。我在这个过程中,就像海绵汲水一样不断在汲取新的技能,迅速地成长。

在这个教材项目中,有很多优秀的编者、编辑和一线老师,他们认真负责、吃苦耐劳、甘于奉献、才华横溢,他们优秀的个人品质和工作能力让我钦佩,值得我学习。以教材副主编王蓓蕾老师为例,她的工作能力、协调能力、抗压能力以及责任心和执行力等出众的个人品质都为我树立了榜样,是我努力学习和追随的目标。整个团队合作过程中,大家取长补短,向优秀看齐,相互促进,组成了一个非常棒的学习共同体。而经过这个项目的锻炼,我最大的一个收获就是看到了自己的短板和不足。从研读不同老师的"作品"和团队研讨交流中发现新颖的设计思路,发现自己没有考虑周全的地方,发现使用材料的不同视角,发现自己可以继续努力进步的空间,发现团队的力量。

1.2 关键事件:集中封闭

编写组的几次集中封闭是令我印象最为深刻的。2018 年 7 月 11—13 日,市教委组织了一次崇明封闭会议,正式将编写任务、要求和时间节点下达至各个编写组。会议期间,市教委组织专家(梅德明教授、吴小英老师、邹一斌老师、刘嘉秋老师)对我们的样课进行了集中反馈。由于会前对会议要求预估不足,大家有一些措手不及,当时压力非常大。面对这些情况,我们在同年 7 月底、8 月下旬、十一国庆期间先后又组织了几次比较密集的封闭。

在 8 月底的那次封闭会上,我们提出了几个新的想法,其中就包括现在教材中 Moving Forward 板块的雏形。教材的副主编王蓓蕾老师首先提出了设计这一板块的想法,会前我们一起进行了多次头脑风暴,考虑在一个单元中,继视听读的主要输入活动后,在一个板块中设计真实任务场景,将说和写的技能融合。讨论过后,大家都很欣喜,认为这个设计在其他教材中并不多见,但是非常符合新课标理念。可是会上,这个提案的草稿却被主编毫不留情地否定了。当时就像兜头冷水,让我们感到十分委屈难过。好在后续经过大家的精打细磨,这个提案的改进稿终于通过了主编的审核。这种情绪的大起大落让人印象深刻。但也正因为有主编这样的高标准严要求,有这样一次次的雕琢打磨,所以才有最终教材的过审和好评。

前后几次集中封闭会议,对教材编写工作的顺利完成具有里程碑式的推动作用。在集中封闭期间,所有编写团队成员都全身心地投入在教材编写这一件事当中,一些关键问题能够得到彻底的讨论,一些样稿也可以在"车轮战"式的讨论研磨中得到质的提升。交流、反馈非常及时,灵感、思考能够立时得到落地。高效的凝结对于教材编写工作而言至关重要,效果毋庸置疑。

1.3 连线织网、见树见林：分册负责人及板块负责人工作

这次高中教材编写，自 2017 年 5 月启动，2018 年 1 月市教改工作委组织召开高中教材编制培训会议之后正式进入了紧锣密鼓的进程中。团队最初是按照分册分单元责任制开展的，按照主题、选材、大板块思路一步步推进，我负责必修二整个分册的工作。经过一年多的摸索，我们在 2018 年 7 月 24 日的高中英语教材编制工作研讨会上，进一步优化了教材单元板块设计思路，随后在崇明的封闭工作会议上，明确了板块负责人的分工，我又承担了教材思辨训练板块的整体设计和统整工作。

为了让整套教材的内容编排层次清晰、体系明朗、螺旋推进、科学合理，我们最终采用了单元负责人负责单元编写、板块负责人统筹板块纵向体系和编写设计、分册负责人统筹整册的方式，多维度把握教材的科学性。我个人的角色不仅仅是教材工作中的一个点，而且手中牵着不止一条线，因此职责所在，就要求我时刻关注全局，见树见林。从而深刻体会到教材编写是一件"牵一发而动全身"的精细活儿。

以分册负责人的工作为例，单元负责人提交单元编写稿之后，我会从整册的编排布局来看前后单元之间的关联与推进，不仅仅是技能体系与语言知识之间，还要涉及单元容量、语言难度、任务复杂度等多重要素。同时，我还负责前后两册的审读与反馈，这也更加有利于我把握册与册之间各条线的合理展开。最后，还要重新审视单元内部的逻辑推进，从单元整体教学理念的角度考查各单元编排设计的合理性。因此，面对经过单元负责人、板块负责人等反复打磨修改过后的分册内部的各个单元提交稿，我要结合分册之间、单元之间、单元内部等多条线索，反复对其进行打磨调整，个别单元会经历大改。这要求我们在编写教材时，牢牢把握大局观，让教材充分体现整体性、系统性和关联性。

2. 经验总结：思辨训练板块的设计与编写

思辨训练板块是本套高中英语教材的一个特色板块，当时提出

要编写这样一个板块,是源于多方面的考虑:主要是根据高中英语新课标的理念,教材应体现对学生英语学科核心素养的培养(语言能力、文化意识、思维品质和学习能力),其中思维品质是非常关键的一项。另外也是基于我自己高校教学的经验、教材编写研究的发现和思考,以及对教材作为教师培训的抓手这一作用的确信,希望能够通过这样一个板块的设计带动教师在课堂上对学生思维品质的培养和有意识的系统训练。

这一板块的编写工作首先是基于课标。此次教材编写要求做到严格对接课程标准,要尽可能做到严丝合缝,而且还面临诸多条条框框的限制,绝对不能踩线。

在编写思辨训练板块的时候,我们反反复复仔细研读了课标,尤其是课标对"思维品质"的定义、目标设定、实施建议、英语学科核心素养水平划分等内容。不仅要提炼、铺设思维品质在教材中的体现路径,还要考虑核心素养四个维度之间的有机融合、相互渗透。

《普通高中英语课程标准(2017年版,2020年修订)》提出,课程标准力求把对学生思维品质和文化意识的发展要求有机融入语言知识和文化知识的学习中。在教学中,教师要引导学生感知、理解、整合、内化语言和文化知识,获取信息、分析问题、解决问题、鉴赏评价、自主表达,使这一过程成为学生语言能力的发展过程、思维品质的提升过程、文化意识的建构过程和学习能力的形成过程。课程标准关注学生在语言能力、文化意识、思维品质、学习能力等维度的整体表现与协同发展。语言能力、文化意识、思维品质和学习能力等方面的内容和目标要相互融合渗透、相互支持促进,使英语学科核心素养的培养有机地体现在学习活动的设计之中。

课标给出的"思维品质"的定义比较宽泛:思维品质指思维在逻辑性、批判性、创新性等方面所表现的能力和水平。思维品质体现英语学科核心素养的心智特征。思维品质的发展有助于提升学生分析和解决问题的能力,使他们能够从跨文化视角观察和认识世界,对事物作出正确的价值判断。核心素养发展目标中对"思维品质目标"的描述凸显了一系列关键动词:能辨析语言和文化中的具体现象,梳理、概括信息,建构新概念,分析、推断信息的逻辑关系,正确评判各种思想观点,创造性地表达自己的观点,具备多元思维的意识和创新思维的能力。

这与布鲁姆认知目标维度分类的动词有所对应:识记(Remember)、领会(Understand)、运用(Apply)、分析(Analyze)、评价(Evaluate)和创造(Create)。相关研究和报告(详见安琳,2021)也指出,英语教学中可融入对学生高阶思维品质的训练。

一边对照课标,一边研读文献,我感觉这些理念不谋而合:教材中应体现对学生高阶思维技能的训练,不仅仅要有,还应该体现系统性,帮助教师提高这方面的教学意识,做好课标的落地。

我们认为,教材编写应尝试做一些突破:除了在教材的"家常板块"(听说读写等技能板块)中活动、练习、任务的设计要保证诸如分析、评价和创造这类中高阶思维训练活动的比重,也可以尝试单独创设一个板块,一方面显性地、系统地训练学生的高阶思维技能,另一方面也帮助老师强化单元整体教学理念,通过这个板块梳理单元所有语篇之间的信息关联,同时也有机融合英语学科核心素养的四大维度。

这一考虑也得益于我之前的高校英语教学经验,我教授的课程是通用学术英语(English for General Academic Purposes,简称EGAP)课程,课上强调培养学生的学术素养,其中就包括概括总结(summarizing)的能力和信息整合(synthesizing)的能力。在学完一个单元之后,我习惯在课件上绘制整个单元的信息结构关联图(SmartArt+图片等)给学生,帮助他们梳理回顾所学,再在这个基础上拓展。我发现,这样做对学生识别和提炼语篇信息要点、整体建构单元意义很有帮助。

我在博士学习期间专攻英语教材研究,收集了不少英语教材,英语基地也建设有世界各地英语教材资源库。在编写高中英语教材的过程中,我翻看了很多国内外的英语教材,尝试发现在critical thinking方面值得借鉴的设计案例。在这些教材中,培生出版社出版的NorthStar Reading and Writing教材系列值得一提。这套教材有一个突出的特点,就是非常注重培养学生跨语篇的信息整合能力,该教材的Connect the Readings板块设计了两个步骤:第一步梳理单元阅读语篇的信息,第二步在第一步整理的信息基础上再做口语或写作的拓展训练,值得借鉴。

当然,我们还必须考虑本土特色和上海市高中英语教研实际,这一点涉及教材到了课堂中能不能用、能用到什么程度。近年来,上海市中小学英语教研也一直围绕"单元整体教学"这一主题在做深入探索,鼓励实践中以单元为线索,有机整合知识学习、技能运用、文化体验、学习发展等活动,设计综合实践活动。我们也和编写组的高中一线老师交流了思辨训练板块编写的设计思路,得到他们的认可后开始编写样课。

于是,我们在课标引领、理论支撑、本土教学实际为依托的基础上,结合编写者自身的实践经验,参考了优秀教材的做法,反复研讨打磨做出了这一全新板块。

新教材中的思维训练板块不仅将整个单元的主要文本所承载的知识和信息串联起来,帮助学生回顾、整合所学内容,而且在复习梳理单元内容的基础上,引导学生展开批判性和创新性思考,进一步完成一系列分析、评价、运用和创造等活动,内化所学,提升学生思维品质。我们用三个词组来定义这个板块的作用和特点:串联单元、分析整合、应用评价。

该板块的第一个活动,都是以串联整合本单元所学文本信息为主设计的,在运用思辨技能的同时,提炼单元学习主线,将整个单元的内容融会贯通,强调语篇之间的关联,注重知识的整体建构、思维训练的高阶培养以及学习技能的综合锻炼。教材提供了多种信息整合的工具和模板,包括思维导图、T形图、表格、流程关系图等。第二个活动则是第一个活动的延伸,强调与学生自身的联系以及更高阶思维技能的运用,且适当融合单元的语言、思维与文化目标。

在整个编写过程中,这一板块前后经历了不断的打磨、修正、调整,最终收获了满满的成就感。

结语

我非常喜欢我们这套高中英语教材必修三第一单元选用的主课

文史蒂夫·乔布斯的演讲"Stay Hungry, Stay Foolish"中提到的第一个故事 connecting the dots。乔布斯说:"You have to trust that the dots will somehow connect in your future"。我觉得这对教材编写也适用,我本人以前的教学经验、教材编写经验、文献学习和教材阅读、所思所想等等都在这次教材编写工作中得到了充分的体现。而这一次教材编写工作经验的累积和提升必然会为我今后的职业生涯和学术生涯带来巨大的积极影响。

梅德明教授曾说过一句很经典的话:"爱一个人,就让他去编写教材;恨一个人,也让他去编写教材,编写教材是一件让人爱恨交加的工作"。梅老师所说的"编写教材"主要是国家课程教学用书的编写工作。对于我来说,这个过程确实非常辛苦,压力很大,永远做不到完美,理想的丰满(完美)和现实的骨感(无奈)让人不断在自我肯定与自我否定、妥协与突破的尝试中打磨、蜕变,最后脱胎换骨、破茧成蝶。但是最终随着教材的推出,成就感也是无与伦比的。我想这也就是为什么,我能够苦中作乐,乐在其中。在一次次的教材编写实践中脱皮掉肉,却一次次地义无反顾。

通过参与这次的教材编写项目,也让我对"优秀的英语教材编写者"所具备的特质有了更清晰的认识:首先是过硬的基本素质(包括英语语言综合素养、信息素养、科研能力、理论素养、英语教学能力、思辨意识等),其次要有强烈的责任心、投入度和抗压能力,再者需要有很强的团队合作意识和沟通能力,需要能吃苦耐劳,积极主动,有强烈的求知欲和进取心。希望自己努力向这个标准更加靠近。

经过此次教材编写,我对已经启动的初中英语教材编写工作的整体布局、编写方案、人员协调、团队建设等各方面都有了更加清晰的认识和新的想法,也有了很多基于高中英语教材编写的经验、教训和反思,希望能在下阶段的工作中扬长避短,更圆满地完成新的任务。

参考文献

[1] 安琳. 串联单元文本、引导逻辑思考、提升思维品质——《高中英语》(上外

版)教材思辨训练板块的编写理念与特色[A].束定芳(主编).英语教育与教学研究(第四辑)[C](pp. 93－109).上海:上海外语教育出版社,2021.

[2]束定芳,王蓓蕾.搭语言之桥,扬思维之帆,载文化之道,育全面发展之人——《高中英语》(上外版)之结构与特色[A].束定芳(主编).英语教育与教学研究(第四辑)[C](pp. 1－10).上海:上海外语教育出版社,2021.

[3]教育部.普通高中英语课程标准(2017年版)[M].北京:人民教育出版社,2018.

作者简介:

安琳,上海外国语大学上海市英语教育教学研究基地专职研究人员,博士,讲师。参与编写多套大学英语教材,在外语类核心期刊上发表论文数篇。曾获教育部、上海市"基础教育教学成果奖"。

《高中英语》(上外版)教材编写中心组成员,担任学生用书必修第二册分册主编,思辨训练板块负责人。主要承担学生用书三个单元的编写,参与必修第二册和选择性必修第三册教师用书编写。

山重水复疑无路，柳暗花明又一村

——《高中英语》(上外版)教材编后感

上海体育学院　钱晶晶

引言

2017 年，我加入了上海市英语教育教学研究基地，开启了包括《高中英语》(上外版)编写工作在内的各项重要工作。从 2017 至 2021 年，历经五载，《高中英语》(上外版)及其配套材料的编写工作终于基本完成。作为编写组核心成员之一，我见证并参与了本套教材的整个诞生过程：从最初的筹备、规划、调研，到编写、实践、讨论、修改，到不断循环重复以上工作，直至最后出版。具体工作方面，我担任了必修第三册的分册主编及整套教材项目探究板块的板块负责人这两项任务，并负责编写了必修第三册第四单元、选择性必修第一册第四单元和选择性必修第二册第一单元。此外，作为学生用书的编者，我也参与编写了跟学生用书相应单元对应的教师用书相关内容。

作为一名大学教师，这是我第一次参与编写中小学教材，其中的压力、磨砺、成长和收获难以尽述。回首来时路，仍觉得难以置信，这项重大而艰辛的任务居然真的基本完成了。这套教材从一粒小小的种子开始萌芽，在众多专家、编者、教研员、一线教师和学生，以及出版工作者的共同努力下，终于成长为一棵小树。教材的编写过程，同时也是我们所有参与到教材编写工作人员的成长过程。于我个人而言，这是人生中难以忘怀的一段宝贵经历，它使我无论在对教材和教学工作的认知方面,还是对个人身份的理解方面,甚至在人生观和价值观方面,都经历了一次大的洗礼。下面我简单地谈一下自己的感悟和收获。

1. 只有民族的,才是世界的

鲁迅先生曾说过:"只有民族的,才是世界的。"高中英语教材编写的经历,使我对这句话有了更为切身的体会。过去的英语教材,存在英美文化取向突出、中国文化和非英语国家文化边缘化的情况。这与现今的英语全球化环境,与立德树人指导思想,与我国学生的跨文化交际的实际需求,是不匹配的。英语作为全球通用语言,已经不再仅仅是非英语国家与英语国家的人们进行交流的工具,同时也是非英语国家人们之间交流的工具;英语不仅仅是传播英美文化的有效媒介,也是传播世界任一民族、任一国家优秀文化的有效媒介。跨文化交际是一种双向的交际,既包括外国文化的输入,也包括本国文化的输出。英语教育兼具工具性和人文性,不仅要提高学生的语言知识和技能,还肩负着培养学生文化意识和思维品质的重任。

1.1 确立编写理念:民族性和世界性相融合

在编写教材的过程中,我们对新时代背景下高中英语教材的编写理念有了全新的理解:新版高中英语教材应落实立德树人根本任务,结合学科实际,在英语全球化背景下体现中国优秀文化;教材文化内容应朝着多元化的方向发展,合理配置中国文化、英语文化、世界文化。理念的更新带来了教材编写工作的新思路,新探索。我们力图在编写工作中,以润物细无声的方式,将优秀的本土文化、中国文化融入教材中去,培养学生的家国情怀和文化自信,以及用英语讲好家乡故事、中国故事的能力。这一教材编写理念,也符合教材编写领域的前沿理论:国际知名教材研发专家布里安·汤姆林森一直强调本土化(localization)在教材编写工作中的重要性,因为只有本土化才符合学习者的实际交际需求。在实际编写工作中,我们一直以此为努力方向,力争完成一套适合中国学习者的、兼顾中国文化特色和国际视野的英语教材,这一实践也在一次一次与国际教材专家的合作与沟通中,得到了专家的肯定和支持。

1.2　实践与探索

知易行难。将中华优秀文化融入英语教材,培养学生用英语讲家乡故事、中国故事的能力,这是一个创新的、高瞻远瞩的引领性的目标,同时也是一个全新的实践,鲜有前人的经验可遵循。在过去的教材编写工作中,在国内外现有教材和国内外教材理论著作中,少有相关经验和案例可循。

为了确立正确的编写理念,落实立德树人根本任务,主编束定芳教授为我们请来了高中英语课程标准的专家,开展多次讲座培训,使我们对高中英语教材编写的定位有了更清楚的认识。在这之后,我们组织了无数次的课标研读讨论会,大家各抒己见,交流对课程标准的理解,探索如何依据课程标准来夯实教材的育人价值。在这个过程中,我和我的同事们经历了无数次思想观念的洗礼和理论实践知识的更新。对于我个人而言,是一次全新的思想方面的洗礼:十几年来,在高校英语专业教学工作中,我接触和使用的英语教材,基本内容都以英美文化为主。这使我第一次认真地反思这些教材中的文化和育人元素:这些教材是否立足于中国国情、是否适合中国英语学习者使用? 这些教材在学生的价值观塑造方面,会起到什么样的作用?

在明确了教材的育人价值这一重要衡量标准之后,我们在编写工作中一直将此作为重中之重。但是,我们遇到了重重困难。在选材方面,我们能找到的材料基本上都是关于英美等英语本族语国家的语料。英语材料中,涉及有关中国的风土人情或者中国故事的材料不仅少见,且内容质量往往过于简单或粗糙,甚至多有误解或偏见。另外,关于中国文化的英语语料,特别是有关优秀传统中国文化的英语语料,比如对中国古代典籍的英语翻译、对中国古代名人的翻译、对中国传统习俗的专有名词翻译,版本多样,且语言难度往往较大,对高中生来说挑战较大。我还记得,我们为了找到《论语》中相关句子的英文翻译,寻找各个不同的译本,从翻译文本的信、达、雅方面反复推敲,力图选出最适合的版本。还有很多很多类似的例子,比如在一篇关于屠呦呦的文章的注释中,如何解释屠呦呦名字的由来,如何翻译屠呦呦在研究工作中所参考的古代中医药典籍的名称。我们不断地搜索资料,反复讨论,且一次次请国内外专家帮忙把关,力图做到既忠实展现中国文化,又能做到通俗易懂,容易为读者所理解。在这过程中,上海市教委的专家也为我们提供了很多指导和帮助。教委专家一次次对我们的相关内容进行审阅,提出意见。我们根据专家的意见对编写内容进行增删、调整、修改,在一遍遍的修改打磨中提高编写质量。

功夫不负有心人。我们的教材编写工作,不仅努力做到了本土化,而且在本土化中融入了育人目标,且育人元素贯穿整套教材始终,渗透每个板块。一位来自德国的专家在审阅了本套教材后,也对其中的民族文化内容表达了极高的赞许,她认为这是本套教材的一大特色,是外语教材编写领域值得借鉴的可贵经验。

2. 凡事豫则立,不豫则废

五年来编写教材的经历,使我深刻地意识到"凡事豫则立,不豫则废"的道理。中小学教材编写工作,直接影响到一代人的成长,其重要性不言而喻。从主编、副主编、各册负责人、各板块负责人到每个单元的编者,每个人都意识到肩上沉甸甸的担子。现在回想起来,之所以能在时间紧、压力大的情况下最终顺利完成整套教材的编写工作,可能要归功于以下两方面的举措:一是主编提早一年启动了预备工作,为编写工作争取了宝贵的时间;二是充分重视前期调查研究工作。

2.1 提早启动教材预备工作

在接到上海市教委的正式委托之前,主编束定芳教授就非常具有前瞻性地提前一年多就启动了教材编写的相关准备工作,这个决定至关重要:一是教材编写工作本身就是时间紧、任务重,这个决定使得我们团队多了一年多的时间,以确保更好地完成任务;二是留出了充分的前期准备工作的时间,以用于计划制定、团队成员的相互磨合了解,以及最重要的一环:充分的调查研究,为教材工作的顺利展开定下了科学的基础和方向。

2.2 重视前期调查研究工作

在编写工作前期,我们主要进行了两方面的调研:一是理论和重要文件资料的研究;二是对一线课堂的实地调研。

我们首先进行的是理论和重要文件资料的研究,包括教材编写工作相关的理论学习、课程标准研究和国内外英语教材研读。在主编束定芳教授的科学规划和副主编王蓓蕾教授的认真部署之下,我们团队在理论学习和文件研读方面做了大量工作。我们听取了国内外教材专家和课程标准专家的多次讲座,研读了外语教学领域和教材编写领域的专业著作和论文报告。此外,搜集整理、汇总国内外一些具有较大影响力的语言教学标准,如《欧洲语言教学共同参考框架:学习、教学、评估》(简称"欧框")(2001)、美国 *Standard for Foreign Language Learning in the 21st Century* (1999)、《普通高中英语课程标准(2017年版)》。同时,也搜集整理了国内外一批高质量的英语教材,分工对这些教材进行研读和归纳总结,比较和分析其编写理念、框架和编写特色,提炼其经验和闪光点,并在此基础上思考我们教材的立足点和可进取之处。通过种种努力,使得我们所有团队成员对英语教学前沿的理论体系和实践经验,对外语的课程标准有了更系统的认知和更深入的思考,也使得我们保持了与国内外专家的密切沟通与交流,为后面正式开展教材编写工作打好了坚实的基础。

前期调研的另一项重要工作是走访学校,尤其是进入一线课堂听课,这给我留下了很深的印象。在调查中,我们发现不同的学校、不同的教学团队、不同的学生群体,在教材观上具有很大差异。有的教师把教材当作"圣经",过于将教材神化,在教学中难以发挥能动性和主动性;也有的教师把教材当成简单的教学资源,将之拆解成一项项教学任务,而缺少对教材体系、教学目标和教学理念的解读。其次,学校和师生对教材中同一内容可能有截然不同的反馈。一是在难度上存在感知差异。同样的选材，有的学校试用下来，师生们反馈难度太高，词汇量太大；有的学校则认为，难度适中，甚至老师们可能还需要自己再补充拓展材料给一些学有余力的学生。这使我回想起小时候听过的小马过河的故事，同一条河，不同的动物对河水深浅的感知却大相径庭。二是在内容和话题的喜好程度上也各有不同。同一个内容，有的教师觉得无法引起学生的兴趣，而有的教师却觉得非常适合学生；有的教师觉得内容非常经典，而有的教师则认为时代性不强。学生方面也是如此：有的学生觉得话题很有共鸣，而有的学生则觉得无话可讲。

的确，不同地区、不同学校、不同班级，甚至同一学校的不同老师，同一班级的不同学生，对教材的观感都是不一样的，甚至在难度等方面的判断是相反的。充分的调研工作，使我们意识到了教材编写难度之大，对难度、词汇量、教材容量等各方面的把握更是反复斟酌，综合考虑各方面因素，倾听各方面的声音，尽最大努力编出适合大多数学校师生的教材。我们也很庆幸，由于留出了必要的时间和精力，进行充分的调研工作，使我们对教材工作的复杂性有了思想上的准备，掌握了一手的调研反馈资料，并在此过程中，及时吸纳优秀一线骨干老师参与教材编写工作中来，充实教材编写团队的力量。

3. 在学中做，在做中学，以学促做，知行合一

从教材的理论研究和探索，到教材编写工作的具体方式方法，都体现了"在学中做，在做中学"的理念。在学中做，体现的是一种学习能力。无论是在理论学习上，比如学习理论专著、钻研课程标准、请教教材和教学法专家，还是在实践学习上，比如与教研员和一线师生的不断交流与研讨，抑或是分析钻研国内外优秀英语教材的特点，整个编写团队都倾尽全力，废寝忘食，提升自我。在做中学，体现的是一种执行能力和勇于实践的精神，在实践中观察和思考，以悟得新知。"在做中学"是美国教育家杜威提出的，杜威认为，"所有的学习都是行动的副产品"。陶行知先生提出了"教学做合一"，指出"在做中学才是真学，在做中教才是真教"，这同样适用于我们的教材编写

工作。

犹记得,在教材编写工作中,每次遭遇彷徨、茫然,每次不知择何路而行之时,主编总是强调"在做中学"的理念,鼓励大家通过不断尝试、实践,来一步步理清思路。这一理念,在副主编王蓓蕾老师身上得到了最好的体现和贯彻:无论是在前期计划和调研,还是编写初期的理念和框架制定,抑或是编写过程中的各项繁杂事项的组织上,王老师总是身先士卒,带头迈出每一个第一步,勇于实践,根据实践结果一次次修正原定计划和方案,直至完成每一项任务。

整个教材编写工作的过程,是不断学习、实践和提高的过程。它让我深深体会到,永远不能停止学习的脚步,永远不能停止实践探索的脚步。任何事情,只有秉持"在学中做,在做中学,以学促做,知行合一",才能把好工作方向之舵,精进自己的专业能力和综合素养,磨炼精神,实现自我价值。

4. 一人不为众,独木不成林

一人不为众,独木不成林。一个人的力量非常有限,集体成员之间的相互合作是必不可少的,团队合作精神在教材编写工作中尤其重要。我们的编写团队,是一个拥有几十位编者的大团队,包含了高校教师、优秀骨干中学教师、教研员等。此外,在编写工作中,我们还邀请教委专家、国内外教材专家、课标组专家、语言文字专家、外教团队等专家和专业人士为我们提出宝贵的审阅修改意见。

回顾编写组织工作,我觉得有四点经验值得肯定。一是充分利用了专家资源;二是充分调动了一线教师的力量;三是编写团队进行了明确分工;四是重视集体协作。

4.1 利用好专家力量

本套教材在编写工作中,非常重视专家的力量。我们的专家团队既包含国内外外语教学领域的学者、国内外教材研究专家、国内外教材编写专家,也包含了国内的高中课标组专家、教育部和教委的专家、英语语言文字专家、外教团队等。

专家的工作,主要集中于三个方面。第一,对教材编写理念和总体编写思路的指导和把控。在编写前期准备工作中,专家给编写团队进行讲座培训,为编写团队答疑解惑,为编写工作提供了正确的方向引导。第二,对教材实践过程提供方法论指导。在编写过程中,对教材的结构、梯度、框架、单元结构等进行指导,对一些重难点问题提出意见,对教材与教学理论、政策和重要文件的匹配度和完成度进行提醒和方向把握。第三,对教材具体内容进行意见反馈。教材从样课的初稿打磨,到每本教材成型后的第一稿到后续的无数版本稿件,专家都提供了全方位、全过程的具体反馈,从最大程度上确保了教材质量。

4.2 利用好一线教师的力量

一线教师全面参与了本套教材的编写工作。他们的工作主要体现在以下几个方面。一是调研工作。从前期教师访谈(对教材的理解,对教材的需求等)、到教材选文的反馈、再到教材内容的试用,一线教师都给出了一手的调研材料,以确保教材的内容适合实际教学需求。二是编写工作。每一册学生用书的编写成员中都包含了教研员和一线骨干教师,一些教师还挑大梁,担任了整套教材若干板块的板块负责人。另外,教师用书和练习册的编写成员基本上以教研员和一线教师为主,以确保教师用书的实用性和练习册的可操作性。

4.3 团队成员分工明确

教材工作的分工是明确的,每个环节、每个阶段,每册书、每个单元、每个板块的负责人,每个人都有具体的分工和职责。然而,仅仅分工明确是不够的。教材的主编和副主编在工作方法的制定上,还开展了充分的讨论,集合团队力量办大事、办好事。在工作过程中,环节与环节之间、单元与单元之间、板块与板块之间,均采取了"负责人+团队合作"的讨论模式,这最终成为确保教材编写质量的重要保障。

4.4 重视集体协作

整个编写团队,在工作上展现了强大的集体协作精神。其中,最令我印象深刻的是在崇明岛的封闭编写工作的日日夜夜。为了确保编写团队能心无旁骛地投入到编写工作中,教材组在暑假期间,数次奔赴崇明岛,封闭在一个安静的酒店内工作。大家从早上九点开始开会,除了午餐和晚餐时间以外,每天一直工作到晚上九十点,甚至深夜。会议安排得很满,往往是每册,每个单元,或每个板块的相关负责人逐一汇报,然后"过堂"、讨论、再修改。每次汇报后的"过堂",讨论总是异常热烈。有时候,是负责人对编写工作中的一些疑惑或者难处进行一一阐述,征求大家建议;也有时候,是大家对发现的问题进行一一指出,并提出修改意见。有时候为了一个棘手的问题,一直讨论数个小时,一直到找到可行的方案为止;有时候为了争论哪个方案更好,大家会各抒己见、激烈讨论,碰撞出无数思想的火花。许多个这样的日日夜夜,大家全身心地投入到讨论中去,才最终形成了一个个凝聚了团队的智慧和力量方案,打磨出了一份份令人满意的修改稿。

结语

古人云:行百里者半九十。这句话用来形容教材编写工作非常贴切。教材编写是一个不断探索和完善的过程。"兢兢业业、如履薄冰",这是整个编写团队的工作态度。整套教材编写历经五载,将在2021年完成出版发行。当出版社一次次把印好的教材发到我们手里,我们都无法肯定,这是不是最终稿,或者说,永远没有最终稿。因为教材的打磨永无止境,无论历经多少次的修改完善,没有人会觉得,这一稿终于可以了。历经一次次的磨砺,我们总有一种感觉:我们一直在路上,教材编写没有彻底完成的一天。所以,每当家人和朋友问起我,"你的教材编写工作完成了吧?",我都不敢轻易地回答:"是。"而事实也的确如此,无论在哪个阶段,总会有新的任务,新的挑战。甚至可以说,教材编写工作真正的考验,才刚刚开始:2020年秋季学期,必修第一册、第二册正式出版发行,进入高中课堂;2021 年春季和秋季学期,必修第三册和选择性必修一至四册陆续进入高中课堂。尽管在编写期间,教材的内容已经进行了很多次的课堂实践,不断打磨完善,但真实的考验必定来自大规模、正式的课堂教学。和其他编写成员一样,我的内心也时刻准备着迎接新的任务,新的挑战。在一线课堂教学工作中,必然会产生对教材内容的种种疑问、争论、意见和建议,我们将博采众长,精益求精,为教材工作站好最后一班岗。

参考文献

[1] *Standard for Foreign Language Learning in the 21ˢᵗ Century* (3ʳᵈ ed.)[M]. Lawrence KS:Allen Press, 1999.

[2] 欧洲理事会:欧洲语言共同参考框架:学习、教学、评估[M]. 刘俊、傅荣主译. 北京:外语教学与研究出版社,2008.

[3] 教育部. 普通高中英语课程标准(2017 年版)[M]. 北京:人民教育出版社,2017.

作者简介:

钱晶晶,博士,上海体育学院英语专业讲师。研究方向:二语习得、心理语言学。在 *Language、Cognition and Neuroscience*、《现代外语》、《外语与外语教学》等国内外重要外语学术期刊上发表论文多篇。

高中英语(上外版)项目组核心成员,担任必修第三册分册主编,项目探究板块负责人,选择性必修第一册、第二册编者。

惟其磨砺,始得玉成

——《高中英语》(上外版)编写感悟

复旦大学　朱　彦

引言

2018 年至 2021 年,应上海市英语教育教学研究基地的邀请,我有幸参与《高中英语(上外版)》教材的编写,担任选择性必修第一册的分册主编,负责整套教材目标和自评板块的设计,参与编写必修第一册、第二册和选择性必修第二册,也参与了教师用书和配套阅读的编写工作。我对这次参与教材编写的经历感触良多,现择其要记下,留作回忆。

1. 西澳篇

2018 年 7 月初,我利用暑假的时间赴澳大利亚科廷大学短期访学,在新加坡转机的途中接到要求参与编写《高中英语(上外版)》的通知。这项工作时间紧、任务重,要求编写团队在当年的中秋节前后提交教材初稿。不巧的是,接到通知的不久前我刚与科廷大学教育学院签好两个月访学期间的工作安排协议,包括完成论文写作、做学术报告、指导研究生等一系列任务,整个安排得满满当当。当时我也没有多想,抵达住处后简单地收拾一下,顾不得一路旅途疲惫便投入到紧张的教材编写工作中。

1.1 创设语境

在国外参与教材编写项目有三大优势：语境、资料和专家。高中英语新课标的理念的发展学科核心素养，究其根本就是要培养学生面对复杂、不确定的问题时利用资源分析问题、解决问题的综合能力，具体到外语学科来说，这些问题就是学生在具体语言情境需要完成的任务。因此，当我带着教材编写任务在国外工作和生活时，便能时刻考虑自己正在经历的某个交际场景也许是学生在今后的生活中会体验的，这样就自然而然地生发出许多设计教学任务和选文的灵感。例如那段时间我居住的小镇上有个邮局，每次经过那里我总想着给家人寄张明信片。我在编写必修第一册 Travel 这个单元时就设计了写明信片的任务。再如，那年 8 月底我 11 岁的女儿只身一人从上海乘飞机经香港转机到科廷来看我，在上海的时候她可是连独自上学放学都没有尝试过，我记得那天清早六点多在机场接女儿的时候看到她满是倦容又无比兴奋的样子，就感慨现在的孩子光顾着读万卷书，真该多行万里路才是！于是在这个单元的 Reading B 板块选用了一篇题为"Travel Young, Travel Far"的文章。另一个例子是在必修第二册的 Animal 这个单元，我在国外的时候看到一些称之为保护区（Sanctuary）的动物园，里面那些没有攻击性的动物都是散养的，游客可以给它们喂食，和它们互动，一切都十分和谐自然。这让我反思"人与自然"这个主题的深刻意义，让我思考在教材中应该传达怎样的理念。于是我选用了一篇题为"Zoo：Cruel or Caring？"的选文，启发使用教材的师生在学习外语的同时思考人与自然和谐共生的意义。

1.2 收集资料

在国外参与教材编写的第二个优势是方便收集资料。束老师曾经多次跟我们强调编写教材的关键在于选材。这次颁布的英语新课标中明确指出语篇类型是课程六要素之一，包括口头和书目语篇，连续性和非连续性等多种文本形式。这意味着我们应当在教材中为语言学习提供多样化的文本素材。在繁忙的学术工作之余，我一有时间就去大学图书馆、社区图书馆或书店寻找能够用于编写教材的文本材料;偶尔看看当地的电视节目也会想着是否能够找到合适的视听材料;平时和同事或者朋友聊天或者听到别人聊天会想到这样的对话是否能放在教材中的某个单元;有时候到咖啡店里坐坐也会把那里提供给客人免费阅读的报纸和杂志全部翻一遍,看到合适的材料就赶紧用手机拍下来;甚至看到街头的海报和广告也会想着教材中是否还缺类似的材料。因为坚持这样的习惯,我回国的时候带回来很多素材,不仅能用于自己负责的单元,还能时不时"支援"编写其他单元的同事。

1.3　联系专家

在国外的第三个优势是联系专家。这一次市教委给编写高中教材的各个项目组提出的目标是教材要体现"国际前沿,上海特色",非常强调国际化。束老师也多次指出我们要积极和国外专家交流,在教材编写中发挥他们的积极作用。科廷大学教育学院的办公空间是开放式的,我有幸被安排在跟罗德·埃利斯、朗达·奥利弗两位教授和克雷格·兰伯特副教授同一个办公区域。特别巧的是,罗德、克雷格和我所住的地方就在同一个小镇相隔不远的地方。这样一来,我和这些国际同行专家们在工作时间之外还有很多机会可以交流,很多教材编写中遇到的问题,特别是涉及应用语言学理论原理的问题往往就在一同上下班的路上,或者在小镇的咖啡店里得以解决。

上海的盛夏正值科廷的隆冬,回忆起那两个月的经历,虽然在异国他乡投入教材编写工作需要克服种种困难,但是那些日子在我的记忆中却是发光温润的,大概这就是心有所信的魔力吧。8月底的西澳已是初春,终于到了返程的时候,我圆满地完成了在科廷大学的访学科研工作,教材编写的工作居然也跟上了上海主力部队的进度。

2.　上海篇

如果说在澳洲的编写教材工作是运动前的热身,回到上海才是马拉松的开始。回忆起这段经历,我印象最深刻的有四件事情:组织领导、封闭研讨、反复修改和专家咨询。

2.1　组织领导

　　这一次上海市高中英语各学科教材的编写是在市教委的组织领导下,由各个学科基地以承接项目的形式推进完成的。这样的组织形式有利于准确传达课改理念,有利于充分发挥和调动高校学科专家的力量,也有利于新教材的落地实施。

　　上海市教委对这一轮教材编写工作做了十分周密的部署,在每个重要的时间节点上都安排了项目推进会,组织专家就关键问题进行集中指导,也会组织教材编写组就教材使用的设备设施要求等和一线学校进行沟通。很多重要的会议都需要教材编写组和出版社共同参加。我参加过几次相关会议,印象很深刻的是这些会议非常务实,会针对一些棘手的问题给我们提出具体的建议,指导性很强。比如有一次大家谈到教材编写中如何达到编者意见统一,教研室的徐淀芳主任结合上海上一轮教材编写的经验体会来跟我们传授经验,教我们如何在充分深入讨论的前提下求同存异、搁置争议、保障教材编写工作的顺利推进。由于很多参与教材编写的老师单兵、小团队作战能力很强,但是在系统性、整体性的项目管理上相对比较缺乏经验,市教委的集中统一领导正好起到扬长避短的作用。

　　值得一提的是,市教委为各学科的教材编写提供了专项经费支持,为项目的顺利进行给予了充分保障。我们能够利用这些经费组织会议、购买资料、邀请国内外专家开展项目咨询、聘请外教进行文字把关等。这些都有力保障了教材编写工作的顺利进行。

　　市教委在教材的使用推广上也做了精心安排。市教研室组织了一月一研的活动,专门针对新教材开展教学研讨和教师培训;市师资培训中心也在全市范围内组织了好几轮公开培训。组织这样的活动本来就十分不易,新冠疫情的影响更是让这些教研活动的组织举步维艰,所幸这些活动的组织方都做了十分细致充分的预案,及时引入线上培训等模式,教师培训得以顺利开展。记得 2021 年 1 月的一次市级培训,我一早正准备出门去师资培训中心现场授课,临时得知我女儿和一例确诊病例有行动轨迹交集,我们一家人都需要在家健康观察。当时我非常着急，生怕耽误了培训，赶紧跟师资培训中心的万立荣老师联系。万老师一边安慰我，一边指导我用家里的设备录制培训视频，在她的指导下，我顺利完成了这场培训，还收到了不错的反馈。

可以说，上海市的这轮高中新教材编写在组织管理上充分体现了上海作为全国领先的国际化大都市的水平、特色和突出的示范作用。

2.2　封闭研讨

因为参与教材编写任务的老师来自不同的工作单位，平日里很难安排集中研讨，老师们认领任务后回家埋头苦干，组内充分交流的机会并不多。英语基地就利用国庆节、寒假等时间段组织大家住在郊区的酒店里封闭编写。这样一方面可以方便老师们充分交流、攻坚克难，另一方面也可以让我们从琐碎的家务中解脱出来，集中精力编写教材。

封闭编写是高中英语教材项目在工作机制上的创新之举，事实证明这样的机制对教材编写工作起到了十分突出的推动作用。项目组的老师非常珍惜每一次封闭的机会，记得有一次在松江的封闭会议开了整整三天，其中大家讨论一个关于 2A 册写作板块的问题，束老师、王蓓蕾老师、负责写作板块设计的徐继田老师和我一遍又一遍地论证编写方案，从晚上 9 点讨论到深夜 12 点多，第二天早晨 7 点多吃早饭的时候又继续讨论，大家不知疲倦，一定要改到满意为止。如此这般的交流和讨论不仅是交换见解、求同存异，更重要的是彼此间的精神感染，坚定了排除万难打磨一套好教材的决心。

这次教材编写采用高校教师、高中教研员和高中教师合作的模式，封闭研讨也为大家深入交流提供了很好的机会。对我个人而言，虽然之前参与过丹阳华南实验学校的初中英语教改项目和海桐小学的英语教改项目，与高中阶段的教师和教研员合作还是头一次，难能可贵的是，参与项目的都是上海及其周边城市最优秀的教师，例如复旦附中的何幼平老师、宝山区的徐继田老师、浦外附中的沈华老师等,这次经历也让我从他(她)们身上学到了很多。例如,和我合作编写 Animal 和 Language and Mind 两个单元的王琳艺老师就给我留下了极其深刻的印象。王老师是上外附中的骨干教师,参与教材编写项目后没多久就被上外派到嘉定的一所中学担任副校长,工作的忙碌程度可想而知,但是她特别敬业,不管工作多忙永远能准点完成项目的任务;王老师的业务能力很强,曾经参加过上海市初中英语教材的编写,自身的语言水平和教材设计能力都属上乘,但是总能虚心听取我的建议;王老师还是个热爱生活的人,我们在松江开封闭会议的时候还看到她在宾馆附近慢跑,工作锻炼两不误。

特别值得一提的是,教材编写组的老师既能毫无保留地贡献,也能毫无怨言地舍弃。例如徐继田老师曾经搭建负责全册教材的写作板块框架,在时间很紧的情况下,非常辛苦地做出了全部框架。但是在一次讨论中,根据编写老师提出的反馈建议,大家决定其中一册的写作板块需要整体重做。因为徐老师是德高望重的特级教师,本来我们还担心他会对这样的修改返工有情绪,没想到徐老师完全尊重集体讨论的决议,非常乐意改动。

于我个人而言,和这些优秀的老师合作是学习、是滋养、更是激励。

2.3　反复修改

我们编写组如期提交教材学生用书的初稿后,不仅收到了市教委专家组反馈的评审意见,也收到了基地组织国内外专家审读后的意见。这些意见有涉及学科思想性的,有涉及教材整体编排布局的,有涉及选文和任务设计的,有涉及具体语言表述的,也有涉及插图和版式的。一开始收到这些意见的时候,我们感觉压力很大,甚至有些沮丧,觉得我们精心打磨的成果没有得到认可。针对这些反馈意见,基地专门组织了多轮研讨,召集编写组成员集中分析专家指出的问题,商量修改方案。这样的会议往往特别"烧脑",有时候大家会对一条修改意见提出好几个解决办法,当场改出来再反复比对,选取大家一致认为效果最优的版本。

有时候遇到特别棘手的修改意见,我们没法在集中开会的时候形成一致的解决方案,就只好带着问题回家,几番冥思苦想之后拿出修改办法来在线上讨论。有时候隔了几天突然想到某个办法也许更好,也会及时在线上提出来讨论。那段时间大家的项目工作微信群总是没日没夜地有消息进来,凌晨还在讨论,假期还在交流的情况完全是工作的常态。

2019年春天,教材的初稿已经基本成型,项目组决定在全市进行大规模的调研,在各区选取办学层次有代表性的学校分头试教试用教材中的代表单元,在市教研员汤青老师的支持下,全市16个区县的近50所学校参与到这次调研中来。我被分配到浦东和奉贤两个区的调研任务,和教研员老师一起驱车40多公里到承接调研任务的学校去听课、座谈,通过观察上课的效果、听取授课教师的反馈、听取教研员的建议等方式进一步收集各方面对教材的反馈,然后把这些反馈意见带回项目组,及时修改调整。

有趣的是,我们这群编教材的人,很快就从最初畏惧意见的状态变成特别欢迎有人来"找茬",真正是从善如流、来者不拒。那段时间,束老师经常告诫我们"好的教材是打磨出来的",劝我们要多听意见,虚心求教。现在回忆起来,教材中多处广受赞誉的亮点都是在一轮轮修改的过程中打磨成型的。

2.4 专家咨询

为了给教材编写工作保驾护航,项目组前后聘请了近十名国内外专家参与项目的论证和审读,包括刘正光、程晓堂、布里安·汤姆林森、罗德·埃利斯、凯瑟琳·沃茨教授等。每位专家都能在通读稿件的基础上与编写团队面对面交流,就具体的问题深入沟通。例如,刘正光教授在项目组成立之初就从国外赶到上海参加项目组封闭会议,帮助编写组成员一篇一篇地审读选文,确定教材样板单元的体例和结构,后来又多次专程来上海参与项目组讨论,有效保障了项目的顺利推进。

罗德·埃利斯教授每次到上外讲学,都会专门留出时间做高中教材的专项研讨,教材中 Personal Touch、Culture Link 等板块的命名就是在一次研讨的过程中由埃利斯教授决定的,还有 Viewing 板块根据静音视频让学生完成预测任务的设计,也是埃利斯教授给我们的金点子。

令我印象特别深的还有凯瑟琳·沃茨博士,她专程从英国来上海待了一周,在上外做了三场关于教材编写的学术讲座,对教材的每个单元都做了非常细致的审读反馈,也和我们编写组的成员做了很多深入的交流。凯瑟琳给教材提出了很多有价值的建议,特别是对改编后选文的质量做了严格把关。这期间我曾经陪同凯瑟琳到朱家角古镇参观,她对江南水乡的精美绝伦赞不绝口,在课植园,凯瑟琳跟我说她特别喜欢安静的花园,还给我看手机里她家中花园的照片,邀请我有机会去她家做客。

国内外专家的点评和反馈在很大程度上保障了教材项目的顺利推进,增进了我们编写组成员与国内外专家之间的沟通合作。更重要的是,通过对教材编写中一些具体问题的探讨,特别是对一些基于经验而非实证结论的讨论,让我们能够真切地认识到我国的外语教学的基础研究应该聚焦哪些问题,应该如何通过科学研究来助力教学实践。

3. 项目反思

参与《高中英语(上外版)》教材的编写对我个人而言是非常难得的学习机会,回忆这三年的经历,我体会最为深刻的有如下三点。

3.1 理论与实践的交汇和转化

首先是理论与实践的交汇和转化。此轮教材编写工作不同于以往做法的一个突出特点是由人文社科重点研究基地承接编写任务,充分调动高校力量的参与。此举意在推动高校的人文社科研究成果运用于基础教育教学实践。具体到我们的编写团队来说,学生用书的 7 位分册主编均为研究语言学、应用语言学或外语教学理论与实践的,拥有博士学位的高校教学科研人员。拿我个人的背景来说,这些年我的研究方向主要集中在外语课程改革、教师教育和课堂教学任务,主持和参与过不少高水平的科研项目,研究成果在国内外顶尖期刊上发表。但是当我试图将自己的科研成果与教材编写的实践相结合时,我感觉寻找理论与实践的交汇点并非易事。坚持与妥协、实证与经验、聚敛与发散是需要我不断调和的三对主要矛盾。

科研工作需要对理论立场的坚持,强调用实证数据说话,因此在很多问题上的结论是有前提、有界限的,很难定论。比如传统的 PPP 教学法和交际型教学法之间的效果差别取决于教学目标、教学对象、教学内容等多个因素,不能一概而论。然而教材编写工作中的很多决策不能模棱两可,必须要旗帜鲜明,因此要结合实践经验来确定编写思路,也就是说需要重视经验,需要做出妥协。此外,科研工作特别强调聚敛思维,往往在一个项目中需要紧盯着研究问题深挖,可以两耳不闻窗外事;而编写教材则需要发散思维,需要随时关注国家大事和身边小事,需要突破自身的年龄层去了解中学生喜闻乐见的内容。这三对矛盾不断交织、贯穿整个教材编写项目。

这样的实践范式不断冲击着我长期在科研工作中训练出来的思维方式,一度让我感到沮丧和无所适从。但是随着教材编写工作的推进,我逐渐能够完成"教材编写者"的新身份建构,也能够适应和接受在教材编写这个特殊任务场域中的实践范式。不得不说,这样的蜕变是十分艰辛的。我们团队中有个别老师因为种种原因而中途退出项目,但是我想其中最重要的原因是没能成功建构"教材编写者"的新身份。在这个问题上,我没有展开深入研究,但是从我的观察来看,新身份建构比较顺利的编写者一般具备三个特征:第一,认同教材编写项目的意义;第二,有丰富的教学经验或教材编写经验;第三,研究领域与教学实践相关。这三个特征缺一不可。其中第一个特征涉及高校教学科研人员的价值取向,国家需要我们做什么,我们就做什么,而不是躲进象牙塔固守自己的研究方向,对国家的需要充耳不闻,视而不见。第二个特征涉及教材编写的特定知识和技能,能够编写教材的人首先应该是教学设计的能手。第三个特征涉及人才培养,纯理论的研究固然重要,但更重要的是,关乎"立德树人"教育根本任务的问题在于根据国家和社会发展需要发展新文科,培养服务于教学实践的科研人才。

从研究者到教材编写者的身份嬗变十分艰辛,但是仅仅迈出这一步是不够的,更重要的是能够在反思教材编写中问题的基础上明晰外语教学理论研究中的真问题,能够以更高的视野回归到研究者的身份中,开展高质量的研究,产出有意义的研究成果,反哺教材编写实践。例如,我在参与教材编写的过程中发现教材中的价值观、图像、歌谣等重要内容在研究领域受到的关注较少,对国内外教材的比较研究也做得不够深入,所以在束老师的支持下,我们组织了一个 20 多人的研究团队,从 17 个角度对 32 套国内外教材开展系统比较研究。其中每一个角度的研究都能对教材编写提供有力的参考,比如陈佳老师做了关于教材中策略使用的研究,她发现目前的教材特别注重认知策略和交际策略的融入,但是忽视了情感策略和元认知策略的培养;再比如袁赞老师和我一起做的关于教材中价值观融入的研究,我们发现社会主义核心价值观在现有教材特别是国外教材中的覆盖面和融入度都是不够的。这些研究发现都能够为我们编写指向实现"立德树人"教育根本任务的英语教材提供切实的指导。

3.2　编写教材与教师发展

第二是编写教材与教师发展。前面我谈到科研人员和教材编写者的身份建构与转换,通俗地说就是理论与实践相结合。亲历这次教材编写项目,我深深体会到这样的结合是多么不容易。特别是2019 年底我接任学院党委副书记的工作之后,我常常会考虑在组织管理上应该如何激励和保障参与编写教材教师的专业发展。教材编写,特别是国家级基础教育阶段的教材编写工作需要高水平的人员参与,需要他们投入大量的时间和精力。同时,由于教材编写工作的特殊性质,教材编写者往往面临专业发展中,特别是职称评审上的种种尴尬局面,具体包括:第一,编写基础教育阶段教材的工作量得不到认可;第二,编写基础教育阶段教材不如编写高等教育阶段教材有分量;第三,缺乏对不同重要性等级的教材的分级认定;第四,对参与教材编写工作的老师没有明确的工作量认定标准。

值得欣喜的是,教育部十分重视教材编写的机制保障,2019 年12 月 19 日,教育部印发《中小学教材管理办法》《职业院校教材管理办法》和《普通高等学校教材管理办法》的通知,其中明确规定"承担国家统编教材编写修订任务,主编和核心编者视同承担国家级科研课题;承担国家课程非统编教材编写修订任务,主编和核心编者视同承省部级科研课题,享受相应政策待遇。"这三个重要文件的颁布无疑是国家"为担当者担当,为干事者撑腰"的强有力之举,让人倍感振奋!

然而,从实际操作来看,教育部三个文件的落地还是存在一定障碍。具体来说主要体现在两个方面:一是在政策落实上,随着职称评审权限的下移,有关单位的职称评审条例未能及时更新以落实教育部文件的精神,有可能导致参与编写教材人员的政策待遇未得到落实。二是在转变观念上,在"破五唯"的大环境下,不少高校的政策制定者对于"破五唯"之后"立什么"的问题缺乏清醒的认识,潜意识里还是存在发论文比编教材"高级"的执念,在选送和激励优秀青年教师参与国家级教材编写项目上缺乏积极性。

如何扫清这两个障碍?我认为其实不难。第一个问题靠教育巡察,在全面从严治党的大背景下,单位涉及教师切身利益的制度和条例应该在阳光下接受群众监督,发现问题应该及时整改。第二个问题靠学科建设,教育的使命是"为党育人,为国育才",高校的学科发展必然是朝着国家需要的方向转型和调整,教材是国家事权,教材编写,特别是国家级教材的编写需要高校培养高水平的专业人才,需要高水平的学科支撑。毫无疑问,只有及早转变观念,储备人才,学科转型,才能在教育改革的浪潮中占得先机。

3.3　一纲多本的未来?

我体会特别深的第三个问题是"一纲两本"。"一纲多本"是指在一套教学大纲或课程标准的指导下,允许使用两套以上与该大纲或标准理念契合的教材。从理论上讲,一纲多本符合现代教学的客观规律;从实践上看,一纲多本在世界上很多国家和地区都有成功的实践先例。这次上海组织编写了两套高中英语教材:上外版和上教版,属于"一纲两本"的模式。客观地说,两套教材能为师生提供丰富的教学资源和多元化的选择,两套教材之间的良性竞争也有利于提升上海市英语教育教学的整体水平。但是两套教材的编写和实施同时推进也带来了一些现实的问题,比如在有些使用两套教材的区,教研员需要安排两套教材的教师培训,在全区统考的命题上要综合考虑两套教材的教学内容,工作量比较大。

针对这些问题,我在想,有没有可能创新"一纲两本"的模式,优化资源配置,在充分调研的基础上,根据课程标准的要求和各级各类学校的实际情况,由学科基地牵头开发"一本一库",也就是说在国家课程标准的指导下,集中力量开发一套教材,同时建设一个超大的、智能化的教学资源库,对教材中的每个单元都在资源库中提供适应不同程度学生和不同需求的教学资源包,通过对资源包定级来帮助教师确定教学内容的难度水平。通过运用信息化技术,能够通过师生利用资源库的情况描绘学生个体和班级群体的英语学习画像,辅助教师及时评估学生的学习动态,从而有针对性地改进教学。这样既保障课程标准的基本要求落地实施,又满足国际化大都市较高水平孩子的个性化发展需求。

当然,"一纲多本"实施多年,不是一朝一夕能够改变的,但是需要明确方向和思路,需要迈出关键的第一步。

4. 结语

三年多的时间匆匆而过,我受到的触动太多太多,忙忙碌碌之中有些人有些事也许来不及被记下已被淡忘了。匆匆记下这些随感,以保存那些珍贵的记忆和感触。2021年是我们国家的"十四五"开局之年,今年教育部会颁布新版的义务教育英语课程标准,新的教材编写任务为期不远。愿我们使命常新,初心依旧。

作者简介:

朱彦,博士,副教授,复旦大学外文学院分党委副书记。研究方向包括英语课程改革、任务型语言教学和教师教育。主持国家社科基金一般项目,参与多项国际合作、国家级和省部级项目。曾赴新西兰奥克兰大学、澳大利亚科廷大学开展合作研究。著有 *Language*

Curriculum Innovation in a Chinese Secondary School（Springer 出版）、《基础教育阶段英语课程标准国别研究报告》等，在 *Language Teaching*、*System*、*The Modern Language Journal* 等国内外顶尖外语类学术期刊发表论文多篇。担任英文国际期刊 *Language Teaching for Young Learners* 副主编。曾荣获"上海市基础教育教学成果"一等奖、二等奖，复旦大学五四青年奖章，"复旦大学'钟扬式'教学团队"等荣誉。

《高中英语(上外版)》项目组核心成员,担任《高中英语》(上外版)学生用书选择性必修第一册分册主编,参编必修第一、二册,选择性必修第三册,负责学生用书目标和自评板块的设计。

教材编写在教师专业能力提升中的重要作用

——以《高中英语》(上外版)教材编写为例

上海外国语大学　田　臻

引言

　　2018 年我有幸到基地工作,加入了《高中英语》(上外版)(以下简称为"教材")的编写团队。这一经历与在高校做语言学研究完全不同,对我来说是新鲜而充满挑战的。回首两年多来的编写工作,一路上有很多收获和感悟,也经历了很多令人感动的时刻,感恩能有机会在一个团结互助的团队中完成这件非常有意义的工作。

1. 教材编写经历

　　在我加入团队之前,主编束定芳教授已带领团队成员攻坚克难,从课标学习和研究、语言素材的收集、样课的打磨、编写理念和框架的确定、板块分析到教材编写实践,完成了大量的工作。当时教材编写的开展已有坚实的基础。2018 年 10 月,我第一次参加了教材编写封闭会议,正式承担教材编写工作。当时团队正准备替换必修第一册第四单元(以下称 1AU4),仅主题的确定就经历了多轮讨论,不仅要考虑课标主题要求和教材主题分布,还要思考选文范围、学生对话题的熟悉度、学习策略及语法知识等相关知识体系等诸多因素。这些讨论使我逐渐体会到,教材编写是一个系统性的大工程,各册之间、各板块之间、各种知识和技能之间存在千丝万缕的关系,实是牵一发而动全身,必须做系统分析和严密论证。这种认识是很震撼的,也使我初步感受到了教材编写任务的挑战性和压力。所幸团队的同事都特别给力,特别是副主编王蓓蕾老师,核心成员吕晶晶老师、安琳老师和朱彦老师等,不仅耐心地向我解释编写的理念、流程和框架,也给了我很多支持和鼓励。也因如此,我鼓起勇气承担了该单元负责人的任务,在板块协调、题目设计等方面做了一些工作。秉承着"在做中学"的态度,我对教材编写理念和方法的认识在实践中逐渐加深,通过一些比较具体的工作,如文章选材、阅读题目设计等来理解编写理念,体会课标要求在教材编写中如何实现,并在此过程中积累了一定的编写经验。

在 1AU4 的编写过程中我学到了很多。以选材为例,我首先注意到语篇文本类型的多样性。教材中的文本除了记叙文,还有小说节选、新闻、经典语篇等。在此过程中,一方面要注意所选文章的语言难度是否符合学生的认知水平和语言知识水平,另一方面要有单元整体思想,注意文章与主题的相关度及其与其他板块内容的匹配。选文的过程在一定程度上反映出单元设计的原则,需要考虑单元的整体性和知识的体系性。文本选择、学习策略的设计、题目的导向等方面都要相互协调。印象比较深刻的还有阅读题目的设计。这一单元主题是传统习俗,语篇内容是关于成人礼的。题目设计的时候,我开始设计的是一些表格题,主要是对于细节提问的题目。王琳艺老师看了以后建议设计一个 APP 的题目让学生根据不同国家的情况选择并且讲出理由。我觉得很有创意,设计阅读第三题时就采纳她的这种思路,去找了旅游、阅读、烹饪等方面的一些跟学生生活特别相关的 APP,让学生根据文章的内容来判断,不同国家的年轻人经过了成人礼之后,大概会选择或比较会关注哪些类型的 APP。这个思路给了我一个很好的启发,关注点也从文章的细节扩展到对认知拓展活动。这个团队确实给了我很多特别好的思路,帮助我在教材编写方面快速成长。

有了 1AU4 的经历,随后我又承担了选择性必修第二册第四单元(以下称 2BU4)的编写和协调工作。这个单元是重建起来的,在负责各板块的老师都有丰富的经验，通过讨论一直不断地在调整这个单元的思想导向、知识体系、学习策略、活动设计、板块关联等方面的设计。即使在着手撰写初稿之前已有了不计其数的讨论，在初稿完成后到提交正式版本之前，也至少修改了十几版。在修改的过程中，我的认识也在慢慢地进行调整，更加关注到学习策略的重点、阅读题目的层次等。在2BU4的阅读题目设计中我有了更多的体会，在阅读题目的层次方面，既注意考察课前知识或者语篇大意，也注意文章细节，并在此基础上设计在思维上有一定延伸性的题目。用什么样的方式延伸，其实是挺考验编者的创造性的。从语篇主人公的心情变化的发掘，到事件发生的时间线梳理及其与主人公心理的对应，每道题目都经历了大量的思考和修改，凝聚着集体智慧。积累了这些经验，我又担任了选择性必修第二册的分册主编，在各单元目标的确定和重点区分、格式内容的统一、学习策略的安排、文化元素的分布等各方面做了一些整体协调，并与各单元编者密切合作做了一些前期修改。教材送审后又根据教育部意见对整册做了整体修改。担任分册主编的经历给了我教材编写的大局观和整体观，使我更加关注各册之间的内容衔接，各种知识、技巧、策略的平衡分布，与团队成员的交流和协作也更多更紧密。这一时期我也承担了板块负责人的工作，负责研究和协调文化链接（Culture Link）板块的内容，将课标对文化意识的要求与教材中该板块的内容紧密结合。教材包含丰富的文化要素和活动，文化链接板块的位置比较灵活，根据其与每单元其他板块的内容结合情况来设定位置，与单元的其他文化元素互为补充，构建完善的文化体系。该板块的设计注重中国传统文化知识的阐释和世界文化的多样性，并遵循学生的认知和思维规律，具有主题性、互补性、体系性、多样性、平衡性等特点。对该板块的研究和协调使我更加深入地理解了课标的文化意识的要求，进一步促进了后续的编写实践。

后期我也参与了选择性必修第二册第四单元（以下称2DU4）的修改，这个单元面向高二下的高中生，因为是最后一册，学生即将升入大学，希望学生对于这个学科知识有个对接，所以设计的主题是沟通、经贸、历史和经典阅读。我负责的2DU4的主题是经贸，在设计活动的时候,感觉有了前面 1A 和 2B 题目设计的经验,就这一主题进行题目设计时就有一些灵感了。2DU4 涉及经济的运行方式、货币的流通等。我们口语活动的主题就设定为春游预算的制定,通过组织学生讨论预算,包括预算总额、具体活动等,引导学生思考如何按照重要性程度安排活动并做出相应的预算。在这个过程中学生要不断做经济决策。在 2D 活动设计的时候,我感觉到自己对这些活动的内核、理念、原则的理解就比以前有进步。对学生会关注的一些话题也更有把握,所以在教材编写的过程中,通过"在实践中做"填补了我很多的知识空缺,也给了我很多的启发。

2. 教材编写工作的收获

两年多的教材编写实践,给我带来了很多收获。收获是多方面的,主要体现在教材编写能力提升、团队合作意识增强以及对理论知识和自身教学能力的反思等方面。

2.1 教材编写能力的提升

在此次编写的过程中,我不但提升了自身的教材编写能力,也增强了团队合作意识和协作能力。前面回顾教材编写工作时已经提到了很多收获。两年多来,我从开始对教材编写工作并不熟悉,到随着编写工作的深入而不断积累经验,对教材编写理念的理解和掌握有了一些进步,再到对单元整体设计方法、各知识体系之间的结合、融合活动的设计等问题较为准确的把握,在教材编写方面积累了宝贵的经验。另外,通过教材试用和调研,我对高中学生的特点和认知能力有了直观的了解,包括他们对学习的期望、关注点,对教材内容的接受程度、学习能力等,这也是教材编写工作方面的收获。有了这些经历,相信我以后再承担教材编写时可以更好地把握编写原则、理念等,更加顺利地开展板块和活动设计等工作。如前所述,教材编写是个系统性的大工程,编写过程需要多方紧密合作,因此也增强了我的团队合作意识和协作能力。我从一名教材编写的新手到逐步承担了分册和板块负责人,各方面的成长都得益于团队老师们的帮助。在各种编写会议和日常交流中,我跟板块负责老师、其他册的主编老师、编辑老师都有很多沟通,他们在各册的编排流程,文章的选材、题目的设计方面都给了我很大的帮助,让我感受到了团队的力量。

2.2 语言学理论的深入理解

经历了此次教材编写过程,我也更加直观地了解了语言学知识的应用情况,并加深了对语言学理论的理解。认知语言学采用基于使用的语言观,主要关注人们的认知能力和语言使用之间的关系。人的认知能力包含很多方面,例如概念的形成、知识网的建构、对事物的认知方式和思维规律等。我觉得我们教材做得比较好的一点,就是特别关注语言使用者的知识积累和认知特点,从话题的选择到活动的设计都是与学生的认知能力和学习规律相匹配的,既能够引发学生的共鸣,又有思维容量和挑战性,调动学生的学习积极性。其实我们的教材体现了很多认知语言学的观点,例如图形-背景理论。这个理论涉及完型心理学,主要观点是,我们的认知能力能帮助我们把零散的、不完整的经验整合成完整的经验。在这个过程中,我们会通过对关注点的选取,将特定的事物分离出来进行观察,这样的事物被称为图形,而事物背后庞大的知识体系就是背景。我们的教材编写也采用了这样的理念,图形部分就是教材中明示的部分,不仅包括语言知识和策略、文化信息,也包含要学生通过语言实践去完成的各种活动。实际上,学生要完成这些扩展活动,其背后是需要丰富的知识库来支撑的。知识库中相关的语言知识和百科知识就构成了背景。正是由于有这些理念支撑,在接触我们这套教材时,我觉得各方面都是很契合的,非常符合我所了解的各种认知理念和使用者的认知特点。在教材编写的过程中,我感觉到认知语言学中的很多知识都潜移默化地运用到了教材中。教材编写实践也加深了我对语言学理论的理解,扩展了我对理论应用的认识。

2.3 课堂教学能力的提高

在这次教材编写的过程中我也不断反思自己的课堂教学。教材编写经历促使我在备课中更多地关注学习者的认知特点,根据他们的需求不断地调整授课方式。比如,我在上海外国语大学国际教育学院承担了少数民族预科生的英语教学,这些学生虽然已经成年,但是入学前没有接触过英语。他们比较特殊的一点是他们的认知能力是很强的,但是语言表达能力跟认知能力无法匹配,所以在开始授课时,我选择的是国外原版的小学教材。由于经历了教材编写的过程,我在教学过程中根据他们的反应一直在揣测,像他们这个类型的学生需要什么,他们的认知特点应该是什么样的,他们的语言特点和认知特点之间存在什么矛盾,以及我可以用什么样的方式去化解这些矛盾。教学中很重要的一点是内容要讲得生动清楚,但是不能幼稚化。我印象比较深刻的是在开展一个故事续写的写作任务时,我发现他们的作文真是超乎我的意想之外,所写的故事都包含很多有意思的情节和扭转。他们的积极性也很高,会争着在课堂上朗读自己的作文,在下节课上课之前还会主动跟我分享他们想到的故事。由此我了解到,这样的活动是符合他们认知水平的,让他们觉得很有成就感,所以之后在设计活动的时候我就尽量使用一些涉及高阶认知能力的任务。他们反而会更开心、更积极地去完成这些活动。另外,在教材编写的时候,我们也需要看学生其他学科知识和能力,所以我也经常去了解他们其他课程都在学什么,然后再看给他们设计什么类型的任务比较合适。总体来说,教材编写和教学是紧密相关的,在编写的过程中我们需要一直考虑各个板块要怎么去教,不同类型的学生可以采用什么样的方法来学习。所以说教材编写促使我进行了教学反思,客观上也促进了我自身教学能力的进步。

3. 教材编写工作与个人专业发展

作为高校语言研究者,这次教材编写经历开阔了我的视野,也拓展了我的研究领域。教材编写涉及的因素方方面面,很多地方都是值得深入研究的。例如,教材中的配图如何与教材内容有机结合,起到解释、补充或启发的作用。在教材编写的过程中,如何选择配图是我们一直在讨论的问题。在请专家指导时得到的反馈意见中有一条,就是我们有些配图仅具有装饰功能,与教材内容结合得不够紧密。比如科学家单元,配图就是科学家在实验室里或者在野外收集数据的场景。当然配图对于科学家的工作环境、所执行的任务等是起到说明作用的,但是还达不到与扩展活动紧密相关的程度。如何设计配图是我一直在思考的问题。编写教材时我也做过两次国际教材的审查,发现有些教材不仅配图和排版特别优美,在视觉上让人赏心悦目,而且每一张图都有不可或缺的作用,对教材内容的理解是很有帮助的。比如生物学教材,几乎每张图片都是对内容的说明,比如讲到植物的根茎的特点时,使用图片或是简笔画描写植物的根茎形态,注明其组成部分或特征,或是给出植物真实的照片,帮助学生建立直观的认识。再如知识论的教材,也会根据教材的内容放置不同类型的思维导图,帮助学生梳理文章信息,将例子和思维方法结合起来。我一方面思考配图的方式,另一方面考虑如何验证配图的有效性,是否可以使用眼动实验的方式,记录学生在阅读教材时看到不同配图时的眼动轨迹是什么样的,对图片和文字的相对关注度如何,来检测图片是否对阅读起到了辅助的作用。这项工作属于教材本身的研究。

教材编写也拉近了我与英语学习者之间的距离,使我萌生了研究外语习得过程和规律的想法。2020年4月教材试用的过程中,我得以到课堂上听课,观察学生在课堂中的反映,对他们的语言水平、课堂讨论和展示情况、与老师的互动有了直观的了解。我当时既了解了高中生普遍关注的兴趣点和学习规律,也意识到高中生之间存在巨大的个性化差异。教材和配套资源应提供适于各层次学生的设计,使不同层次的学生都有提升的空间。那么教材会对英语学习者产生哪些显著影响?具体来说,不同类型的学习策略会对学生的学习效果产生怎样的影响?不同层次的英语学习者所受到的教材影响有哪些差异?不同阶段的外语学习者在认知加工方面有什么规律?这些问题都是我现阶段非常感兴趣的问题。英语学习者的认知规律研究将成为我未来几年的研究重点之一。

如上所述,教材编写给了我很多研究的灵感。整个过程对我个人的专业发展是至关重要的。我们所有的经历都影响着将来发生的事情乃至我们的整个人生。对我个人而言,教材编写帮我打开了一扇窗,让我看到了其他领域更加丰富的世界。这促使我去思考,帮助我在专业研究上做一些扩展。这段经历是非常难能可贵的。

结语

《高中英语》(上外版)编写工作虽已告一段落,但我们仍旧根据教材使用反馈不断思考今后的修改方案,其配套资源也在持续建设之中,基于教材编写和使用问题的相关研究也在逐步展开。期待在今后开展这些工作的过程中,我对教材和教学的认识能不断加深,专业研究领域也会进一步得到扩展。

参考文献

[1]束定芳.以教师发展为抓手推动中小学英语教学改革[J].现代教学,2016(17):1.

[2]王玉萍.论外语教师 PCK 发展路径[J].外语界,2013(02):69-75.

[3]文秋芳.熟手型外语教师运用新教学理论的发展阶段与决定因素[J].中国外语,2020,17(01):50-59.

[4]徐锦芬,雷鹏飞.大学英语教师教学科研融合发展的叙事研究[J].中国外语,2020,17(06):62-68.

[5]章艳乐,束定芳.大学英语教师自主现状分析及建议[J].英语研究,2014,12(03):57-61.

[6]赵连杰.概念转变弥合外语教师信念与教学行为的中介机理[J].外语界,2020(05):89-96.

[7]邹为诚.把握外语教学的发展方向,提升外语教师的教学实践能力[J].中国外语,2019,16(06):1+10-11.

作者简介

田臻,教授,博士生导师,上海市英语教育教学研究基地研究员,2016—2017 年美国普林斯顿大学访问学者,主要研究方向为认知语言学、语义学,著有《汉英存在构式与动词语义互动的实证研究》(2014)、《英语动词短语——基于认知理论的英语学习丛书》

（2019），合著《语义学十讲》（2020）、《认知语言学研究方法》（2013）等，主编国际论文集 *Language, Culture and Identity-Signs of Life* （2020）。主持国家优博专项基金项目 1 项，国家社会科学基金 1 项，教育部人文社科项目 1 项。

　　在《高中英语》（上外版）教材编写中，田臻担任了选择性必修第二册分册主编和文化链接板块负责人，以及 1AU4 和 2BU4 的单元负责人，并参与修改了 2DU4 单元。

学习、适应、合作、进步

——《高中英语》(上外版)教材编写经历、收获与感悟

上海外国语大学　　吕晶晶

引言

　　教材编写是一项艰苦而复杂的系统工程。教材编写组成员需要团结一心、不畏困难、全力以赴,凭着强烈的使命感和扎实的专业功底,以确保教材编写任务的顺利完成。从 2015 年底至今的教材编写过程对我而言就是学习、适应、合作和进步的过程。

1. 启动

　　2015 年底,根据上海市教委申报上海市中小学学科教育教学研究基地的通知,束定芳教授邀请我和复旦大学的朱彦老师、同济大学的王蓓蕾老师、当时还在上海对外贸易大学工作的安琳老师等一起参与上海市英语教育教学研究基地的筹建工作和申报工作。当时,我还不太了解英语基地的性质和面临的工作任务,只是直觉上感到,这是上海市政府推动上海中小学外语教育发展的一个非常有远见的重要举措,必将对上海乃至全国的基础外语教育产生重大的影响。同时,我也觉得,作为全国外语教学和研究的一所重点高校,上海外国语大学应该对上海的基础外语教育做出应有的贡献,应有相应的社会担当,应有相应的话语权。而且,我的两个女儿,正好一个在中

学,一个在小学读书,我本人也一直比较关注中小学的英语教育,如果在工作中有机会更多地接触英语教学第一线和了解基础英语教育现状,并做点力所能及的工作,也是件挺有趣、挺有益的事情。

经过各项紧张的准备工作和一系列的申报程序,最终上海外国语大学在激烈的竞争中脱颖而出,获准成立上海市"立德树人"人文社科重点研究基地——上海市英语教育教学研究基地。英语基地成立之初,市教委就明确了研究基地需要承担的三项重要任务:课标研究、教材编写和教师培训。英语基地成立后,由于暂时没有专职人员,基地的工作主要由《外国语》编辑部和校内外研究人员兼任,我主要负责英语基地的行政事务,协助英语基地首席专家组织安排各项学术活动,并负责处理英语基地的财务工作。

2. 使命

2.1 挑战

2018 年 6 月,英语基地就迎来了一项充满挑战、光荣且艰巨的任务:根据《普通高中英语课程标准》(2017 年版),主持编写上海市的《高中英语》新教材。使命光荣,这是由于此次教材编写是政府交给学科基地的一项重要任务,有别于之前出版机构或教材编写团队自行组织的普通教材编写工作。任务艰巨且充满挑战,这是因为在新课标颁布的背景下,政府、社会和学校对新高中英语教材有很高的期待和要求。而此时的英语基地刚成立不久,要在短时间内组织完成编写任务,面临具有教材编写经验的专业人员缺乏、编写工作程序复杂而严格、工作机制尚未完全建立起来等种种困难。

2018 年 6 月 26 日,上海市教委在华东师范大学逸夫会堂召开了"上海市基础教育课程改革领导小组会议暨高中教材编制工作推进会",这标志着国家新课标颁布后,上海市正式启动非统编教材编写工作。时任上海市副市长翁铁慧出席会议并讲话。市教委副主任贾炜明确了上海市新一轮非通用高中教材编写工作由各高校"立德树人"学科基地承担,并且指出教材编写是一项国家事权,将由市教委、市教研室共同指导和协调。在这次会议上,上海市政府还为各学科教材主编颁发了聘书。

2018 年 7 月 11—13 日,上海市教委在崇明桃源水乡大酒店召集各"立德树人"学科基地代表召开"上海市普通高中教材编制工作研讨会"。我作为英语基地的代表之一出席了会议。令我印象最深刻的是,12 日那天,会议从上午 8 点一直进行到晚上 10 点。会后参会者都感觉到压力非常大,因为市教委提出,各学科需要在 8 月底就拿出教材初稿。而我们编写组的编写工作基本上是白手起家、新起炉灶。同时,由于前期的样稿在试用反馈中被认为太难,编写组仓促准备的另一样课初稿受到了崇明会议审核专家的质疑。编写组成员的信心受到了打击,一时陷入了迷茫之中。

2.2 团队

为了尽快拿出符合新课标要求,同时又符合上海市高中英语教学实际情况,并能得到评审专家和一线教师认可的编写方案和教材样课,英语基地编写组迅速采取了几项重要措施:(1)扩大教材编写队伍,吸纳上海市部分英语教研员、优秀一线教师和外省市兄弟院校的英语专业教师参加教材编写;(2)组建核心团队,指定专人负责教材的不同板块;(3)在对已有教材样课继续打磨的基础上,从其他单元初稿中选择编写基础较好的作为新的样课备选;(4)果断替换一批词汇量和内容超出课标要求或学生实际语言水平的选文;(5)在各单元编者加班加点编写初稿的基础上,采用封闭研讨的方式,对编写方案、样课和各单元初稿进行集中讨论和修改。

2018 年 7 月底和 8 月底,以及国庆假期,教材编写组根据市教委的要求和教材编制工作需要,分别在崇明和松江安排全体编写人员和编辑 30 余人,集中封闭三次进行编制研讨。每次安排三至五天时间,封闭研讨期间,大家集中精力、废寝忘食、全力以赴。通过这样三次高强度的封闭编写和研讨,又经过全体编写人员全情投入地加班加点工作,《高中英语》(上外版)七册学生用书 28 个单元初步成形。接下来,我们继续步入更艰巨的工作阶段:修改、协调、统筹和打磨。

为了保证七册教材各册的内容结构和整体质量水平平衡,以及各册之间的有机衔接与应有的梯度,束定芳主编决定设立各册分主编一名,由教材编写核心成员负责,统筹协调各册编写中的各项相关工作。我被指派为第七册的分册主编。

随后近一年的时间里,各册编写人员克服种种困难,在繁重的本职工作之余进行编写工作(绝大部分教材编写人员是兼职参与的),他们不计得失、夜以继日地投入到教材初稿的修订和完善工作中。在此期间,编写组全体人员参加的封闭研讨会议又安排了十余次,分册、分板块、分单元的研讨会更是不计其数。各册、各单元的内容和结构在编写过程中都经历了大幅度的调整和修改,其中的艰辛和收获只有参与其中的人才能体会。

2.3 同舟共济

以我负责的第七册为例。由于是最后一册,我接手时四个单元的主题尚未最后确认。经过册内外编写人员的多次研讨,最后确定要以人际沟通、历史、经济和文学经典等作为不同单元主题。但同时,这些主题的选文确定也几费周折,并经历了多次的更换和修订。册内编写人员前后也进行了几次调整。第七册教材编写之初,要特别感谢远道而来支援编写工作的湖南大学任远老师、浙江师范大学的骆传伟老师和张亚萍老师,他们接受任务时克服种种困难,在最初的任务分工中各自完成了第七册三个单元的初步内容编写。还要感谢上海对外经济贸易大学的唐树华老师、浦东外国语学校的刘宝莹老师和责编陈菊老师,在第七册全册的编写过程中,从主题筛选到选文搜集,从板块设计到内容编写,不知经历了多少个来来回回,从肯定到否定,从否定到再否定,直到最后主编和评审专家认可,可谓是殚精竭虑,大家从不同的角度、在不同程度上贡献了自己的精力和智慧。第七册的所有编写成员在编写过程中也结下了深厚的战友情谊。

2020 年 6 月底,新教材七册学生用书经过多轮修改和打磨,终于顺利通过教育部教材局组织的专家两轮审核,被列入教育部 2020 年推荐教材目录。同时,上海市教委决定,高中英语和高中数学新教材于 2020 年 9 月正式投入使用,7 月初各教材编写组启动了新教材使用教师培训工作。与此同时,教学参考资料也在学生用书编写的后半程阶段开始,同步进行。

3. 收获

3.1 高瞻远瞩、严格标准

此次高中新教材编写最大的特点之一是严格对标。这个"标"就是国家课程标准。为此,英语基地在教材编写启动之前,就邀请了高中英语课程标准编制组的两位组长和两位核心成员前来上海为英语基地和上海市教研员、骨干教师进行课标解读。编写过程中,市教委和英语教材编写组还多次邀请高中课程标准编制组组长、上海外国语大学梅德明教授做专题报告,并为编写工作提供了很有帮助的政策、理论和课程标准等方面的指导。此次参加教材编写,不但加深了我对高中英语课标的理解,还使我对高中阶段各学科的总体要求和核心素养等概念有了较多的了解。

此外,这次参与教材编写工作,使我这位从事学术刊物编辑20多年的编辑对教材编写实践和外语课堂教学的要求等有了比较深刻的认识。之前,我的主要工作是学术论文的审读与编辑工作。我多年的学术刊物经验使得我在教材编写过程中对语言的准确程度和相关细节十分敏感。但是,教材评审专家、海外教材专家和一线教师对教材中每一个用词的挑剔和精益求精,给我留下了深刻的印象,也使我对文字编辑、刊物审稿工作有了更深刻的理解和感悟。

针对此次教材编写工作,市教委提出了"国家标准、国际水平、上海特色"的要求。编写过程中,为了解国际外语教材编写的最新理论和实践,我翻阅了大量的国外教材,一方面对国外教材编写的理念和特色有了比较多的了解,另一方面也借鉴了其中的一些做法和活动设计,为我负责的相关单元或板块的设计与编写提供了参考。同时,我也利用对上海市文化特色方面的知识对教材中反映上海的区域文化和特色提出了建议,为编写组收集和提供了相关的资料。

这次新教材编写任务能够顺利圆满完成离不开上海市教委、市教研室、上海市课程改革委员会、高校、教研员、一线教师、出版社编辑的共同努力。上海市教委教研室为此做了大量的组织和协调,及时督促,定期审核,有序地推进编写工作。

3.2 领导力与凝聚力

回顾我参加教材编写两年半左右的经历,真是感慨万千。

我能够有机会参与到这项工作中,于我而言是很幸运的一段经历。教材编写团队中有来自高校的外语教学理论研究者,有上海市优秀教研员、特级教师和一线骨干教师,他们个个都很优秀,大家一起形成了一个互帮互学的学习和研究的共同体,在学中做,在做中学。我也在这一过程中经历了学习、适应和收获等不同的阶段。从编写组不同的人身上学到了许多东西,对基础教育和外语教学等有了更多感悟。

主编束定芳教授是此次教材编写的总负责人。他多年耕耘外语教育理论和实践,面对时间紧、要求高、人手短缺等复杂情况,他沉着冷静,做了大量的组织、协调工作。他充分利用其长期积累的外语教学理论研究成果、教材编写经验和国内外各种学术资源,集思广益,调动每位参与者的积极性、能动性,发挥集体智慧,使整个教材编写工作能够按照市教委的安排和要求有条不紊地推进。

副主编王蓓蕾博士是这次教材编写工作中的顶梁柱和具体工作负责人。她在整个教材编写过程中承受了巨大的压力,但始终任劳任怨、韧性十足。她严谨务实、周到细心,在具体工作和细节方面不厌其烦,几乎 24 小时永远在线。她不但自己承担了繁重的编写任务,还随时随地为编写组和其他编写人员提供咨询,帮助解决各种疑难杂症。教材编写工作千头万绪,既需要制定框架、搜寻素材、查找资料、伏案编写,又需要协调沟通各册、各单元、各层面的工作安排,这些工作都汇集在她一处,再与主编确认,无论多么繁重复杂,她从无怨言,没有推诿,尽心尽力。

英语基地有一支特别能战斗的团队,而且凝聚力强、团队成员无私互助,携手共进,经过这次教材编写任务的磨炼,更是积累了宝贵的中学英语教材编写的实践经验。在此过程中,我结识了一批优秀的一线教师,了解了上海基础英语教育教学的实际情况。特别是教材试教试用期间,我走进了青浦区和虹口区几所高中学校的英语课堂,参与了他们的备课和研讨活动,观摩了他们的课堂教学。教材编写使得基地的工作人员与教研员、一线教师和高校教师构建了一个学习共同体。我能与他们一起完成编写高中英语新教材任务,既感到光荣又充满成就感,这段一起体味酸甜苦辣的日子,人生值得。

3.3 交流与成长

此次教材编写过程中,我还目睹了许多中学一线青年骨干教师的风采和成长过程,分享了与她们一起交流和成长的快乐。例如,上外附中的王琳艺老师、复兴中学的楼蕾老师、浦东外国语学校的刘宝莹老师等。她们都是在繁重的教学工作之余利用休息时间参加教材编写工作的。她们几乎把课外的大部分时间花在了教材编写工作上。她们不但承担了相关单元的编写工作,还负责教材中的某一板块,对整个板块系列进行整体设计、审核,甚至编写。例如,刘宝莹老师不但负责了 Getting Started 板块的总体设计和协调,还负责了必选四册教材中 Literature Corner 中大部分选文的背景注释和练习编写工作。在此过程中,她们认真学习、虚心请教、反复修改。她们的付出也得到了回报。王琳艺老师作为新教材编者之一,2020 年评上了正高职称,成为上外附中唯一的一位具有正高职称的英语老师。刘宝莹老师也因为参与教材编写工作所撰写的学术论文等业绩顺利评上了高级教师职称。

除此之外,通过全程参与高中英语新教材编写的各项工作,我对中国基础教育,特别是上海的基础教育情况有了更多的了解。

上海市教委为本次新教材编写组织了多次专项活动,特别是安排专家讲座,为教材编写提供政策和理论指导,我多次参加学习,获益良多。其中,市教委组织国家教材局一级巡视员申继亮的"新时代教材建设面临的挑战、问题和趋势"主题报告,还有华东师范大学教育学部主任袁振国教授、华东师范大学课程研究所所长崔允漷教授等专家的相关报告,为我们了解新时代中国教材建设面临的机遇和挑战、教育部新课程方案、新课程标准的主要目标和内容等提供了有益的学习机会。

4. 带着使命感相互成就

参加此次教材编写,我还有另外一个重要的人生感悟:人生中充满了许多不确定的因素,没有什么事是不可能的。虽然我学的是英语专业,但从来没想到我自己会成为一个英语教材编写者,从来没想到会为自己的女儿,还有朋友的孩子们编写英语教材。这是一件真正的"利国利民"的好事。正如主编束定芳教授经常说的,作为一名外语教师,能够为社会,为别人,特别是为学生的进步和发展做一点事,是一件快乐的事。教材编写是一件"互相成就"的事情,教材成就千千万万的学生和老师,参加教材编写也成就了包括我在内的许多从事外语教育与研究的老师和研究者。

作者简介:

吕晶晶,博士,上海外国语大学《外国语》副编审,上海市英语教育教学研究基地副主任。研究领域:语用学、修辞学、话语分析、英语教学。参与编写《认知语言学手册》、"新目标大学英语系列"《中国文化英语教程》和《阅读教程》。

担任《高中英语》(上外版)选择性必修第四册分册主编,并参与该册教学参考资料和练习部分编写。

在编写中学习，在学习中成长
——《高中英语》(上外版)教材编写体会

中国地质大学(武汉)　杨红燕

引言

　　我从 2017 年暑假开始参与《高中英语》(上外版)教材的编写工作。由于我的工作地点不在上海，教材编写期间的部分集体活动我没有到现场参加，但作为学生用书三个单元的核心编写人员，我经历和见证了教材的整个编写过程，这个过程是付出与收获的循环往复，也是学习和成长的过程。在此，我很乐意分享我自己的一些心得体会与感悟。

1. 开端

1.1　机缘巧合中找到坚持的初心

　　作为一名高校英语教师，平时接触的主要是大学阶段的教材，对中小学教材的体验还停留在自己的学生时代，以及偶尔给亲戚朋友的孩子解答一些英语学习的难题。最先接触到基础教育的英语教材编写大约是 2015 或 2016 年左右，记得当时束老师希望对丹阳华南实验学校英语教改项目中编写的初中英语实验教材进行修订，为以后公开出版做些准备。借着这个机会，束老师组织曾经参与项目的几位骨干成员王蓓蕾、安琳、朱彦等老师进行讨论，我也有幸参与其中。在此之前，为了能够尽快熟悉了解初中教材，在束老师的推荐下，我浏览过一些初中的教材，除了丹阳项目的实验教材，还有人教版初中英语教材、德国的 *Greenline* 等。在讨论过程中大家谈到初中教材编写的一些经验和思路，特别是前面提到的几位老师，因为全程参与了丹阳的教改实验和实验教材编写，对初中教材编写很有心得，给了我很多启示。虽然，那次的初中教材修订计划暂且搁置了，但通过那次讨论，我感觉作为教材的编者，在内容选择和活动设计上可以充分发挥自己的自主性和能动性，将自己的专业知识和对外语教育的观点体现在教材中，服务于基础教育，是件很有意义的事。所以后来当我有机会参与高中教材编写的时候，很自然地就答应了，而源于这次讨论的初心也成为自己坚持下去的理由。

1.2 积极准备中找到开始的信心

由于此前并没有教材编写的经历和经验，在接收教材编写的邀约之后，并不是很坚信自己一定能够胜任这份编写工作，但凭借着自己有多年的教学经历，倒也没有觉得自己可能无法胜任这份英语教材编写的工作。不过，我意识到提前做一些准备来让自己尽快了解和熟悉教材编写还是相当必要的。就我自己的经验来看，比较快捷地了解教材编写的方式是和有教材编写经历的老师进行交流，正如前文所述，我在与参加丹阳华南实验学校教改项目实验教材编写的老师的交流中获得了许多启示。其次，阅读其他高中教材也是熟悉教材编写的快捷方式。我记得当时浏览了国内的人教版、外研版，国外的 *Headway* 等教材，通过浏览这些同学段的英语教材，一方面在教材的主题、框架、难度上给我非常直观的感受，另一方面通过教材的比较，可以发现和记录一些值得借鉴的活动设计思路。此外，我搜集了一些有关教材编写的专著和论文集来丰富自己的理论视角，帮助自己找到一些教材活动设计的理论依据，也方便更好地完成教材编写工作。在准备工作中，非常关键的一步是阅读和分析高中英语课标，在阅读课标的同时，还到"中国知网"上搜集了几篇专家解读课标的论文，方便自己更加全面深入了解课标设计的依据和目的。除了自己阅读和领会课标，教材编写中心组对课标进行了非常细致的分解，帮助所有参与编写的老师快速领会与教材编写相关的内容。在后来的教材编写中,我深刻认识到,即便作为普通的编写人员也要吃透课标,这样才能找准教材的定位,编写出严格对标的教材内容。

1.3 在否定中找到做好教材的恒心

2017年暑假,我从武汉来到上海参加第一次高中英语资源库建设会议,想着能够见到一段时间不见的老师和同门,内心洋溢着期待和快乐。等到会议现场一看,除了束老师和同门的几位老师,还有程晓堂老师,多位高中优秀教师,以及外教社的领导和编辑老师们,是包含专家、大学老师、中学老师和编辑老师的一个团队,这样的团队配备有其特定的意义:专家为教材编写提供理论和方法的指导,大学老师充分利用自己的专业能力负责学生用书的编写,而对于难度的把握,还有高中学生对教材内容可能产生的反应,高中老师是最有发言权的。看到这样的团队构成,我这样一个没有教材编写经验的人的信心也增长了几分。置身于这样强大的团队之中,我想在场的每一位老师都会和我一样,期待编写出一套高质量的教材,但也正是从这一次会议开始,我逐渐感受到编好教材实属不易。

会议之前,基地的教材编写中心组已经给大家分配了搜集教材选文的任务,此次会议的一个重要议题是对选文进行梳理审核。我当时搜集的主题有好几个,包括动植物、旅游等,我开始选文的方法主要是在网络上输入相关主题的关键词,如 animal, plant, tourism, travel 等,然后在网络列出的文章中进行筛选。从网络上的内容来看,对于动植物、旅游这样的主题,通过关键词检索出来的文章许多都是说明文或描述文文体,不太容易调动学生的阅读兴趣,不太适合做主课文。在会议的选文讨论环节,中学的老师们提出了许多评价选文的标准,比如,文章内容是否积极阳光,是否接近学生的日常生活,语言是否规范等等,有些因素是我在最初的选文中没有考虑到的。在这样的标准下对选文一一过筛,绝大部分的选文也都被筛出去了,内心难免有些挫败感。但通过这次选文筛选的受挫,我意识到编写教材会是一个充满挑战的过程,同时也认识到编写一套好的教材,选文至关重要。英语教材也要承担育人的功能,选文是重中之重,需要兼顾内容、思想和语言,绝对不可以马虎。

那次会议的选文讨论只是教材编写之旅的开始,教材编写的酸甜苦辣刚刚拉开了序幕。会议中,程晓堂老师从自己编写教材的经历谈到教材编写是个很折磨人但又有成就感的过程,记得他当时说要是跟谁有仇,就请他去编教材。虽说是一句玩笑,但也道出了教材编写的辛苦。这必将是一个充满挑战的过程,从我参与整个教材编写的情况来看,的确是个屡屡受挫又继续奋战再到收获的过程,可谓是苦并快乐着。

2. 编写

2.1　在团队交流中碰撞智慧

2017 年暑假那次会议之后,教材编写中心组做好了一个单元的样课,然后由大学老师和高中教师或高中教研员组成编写小组,开展第一册的编写工作。王蓓蕾老师、徐继田老师和我在一个小组,负责一个模块的编写,包含两个单元。我负责的单元主题是 Success,这个单元的名称后来经过几次修改,最终定为 Road to Success。也就是说,一个单元的确定是从主题语境入手的,具体的单元名称需要根据选文以及整套教材的编排来确定。单元大致主题定下后,便是选文工作,参照样课的大致思路和框架,我开始着手选文。选文前期完全可以用“广撒网多捞鱼”来形容,之后要从语言质量、内容和思维等多方面对选文进行筛选,确定用以编写的文章。确定选文时,其他老师的建议非常重要,因为自己考虑的角度比较有限,往往会忽略一些影响选文质量的因素。比如,在确定 Success 单元选文时,我和徐老师、王老师进行过多次选文讨论,最终,将单元的主课文定为乔布斯在斯坦福大学毕业典礼的演讲。后来的几个单元的选文也几乎都是遵循这样的路线。当然编写组确定的选文后期还有可能被专家否定,这样的情况在每一轮专家审查中都有可能发生。当已经完成的单元选文被专家否定了,意味着这个单元就要重新来过,作为编者,难免会有点茫然和失落。但每每遇到这种情况,编写团队的许多老师都热心地帮忙推荐选文,我们根据专家的意见再次一起讨论合适的选文,通过团队的力量来提高解决问题的效率。

　　定好选文素材后,因为一般选文都很难刚好符合高中教材的难度和字数要求,接下来的一项重要工作是根据难度检测结果和中心组对每一册选文的字数要求进行改写。改写主要是需要对原文进行一些删减和超纲词替换。然而删减和替换也是一项比较具有挑战性的工作。一方面,删减可能把一篇完好的文章改得七零八落,破坏文章原有的连贯。特别是遇到语言已经很精炼的选文,仿佛删掉哪一句都不合适。我记忆较深刻的一次改写是在我编写的选择性必修2C 的 Cherishing Friendship 单元。这个单元选用了欧·亨利的 *The Last Leaf* 作为 Reading B,欧·亨利的语言风格简洁紧凑,每一句都恰到好处,但原文又大大超出了字数要求,不得不进行适当删减,删减过程中,有时还需要自己添加过渡句,避免上下文脱节,如何保持与原文语言风格的一致性是一个很大的考验。为了保证改写的质量,每一轮改写后都要找几位读者,帮忙看小说的关键信息是否缺失,哪些信息还可以删除,补充的过渡句是否合适,如此与分册负责人、其他编写老师、编辑老师经过多轮讨论后,方才能够确定一个缩减版,既将文章压缩到要求的字数范围内,又保留关键信息,不太影响小说情节的完整性。所以,选文的删减压缩工作也需要集体智慧,要请同一册的其他老师来帮忙审读改写后文章的信息或内容的完整性、语言的连贯等是否存在问题,请他们从读者角度来把关。

　　一旦确定了课文、听力材料等语篇,就可以结合选材进行活动设计了,此时,编者完全可以脑洞大开,但为了保持整套教材的统一风格,编者需要在中心组确定的框架下,以丰富的形式体现编写理念。与版块负责人、其他编者、分册编辑的交流可以加深我对编写理念的理解和把握,他们的一些建议还可以让我获得活动设计的灵感。我印象比较深刻的是在设计必修三第一单元 Road to Success 的探究活动的过程中,我的思维禁锢在探寻成功的理解或秘诀。考虑到探究性项目操作性要强,方便学生课后开展活动,所以开始尝试让学生课下调查自己身边朋友对成功的理解。事实上,本单元的多个语篇已经提供了对成功的不同理解和方法路径,如果继续设计为对成功要素的探究与单元语篇重复性较大,可能会让学生失去兴趣。在封闭讨论期间,我跟不同的老师交流这个活动的设计,老师们都会热心地给我一些建议,渐渐让我产生了设计成功公式的活动设计思路。事实上,在教材编写过程中,许多活动设计都有改善的空间,而自己因为"身在此山中"难以发现,往往都是在与其他老师的交流中发现的。可见,教材编写非常需要团队成员的碰撞,由此产生的火花是对提高教材质量至关重要的集体智慧。

2.2 在反复修改中螺旋式提升

教材编写过程中,给我留下深刻印象的还有多次封闭编写和一次次修改反馈。我因为不在上海,没有参加所有的封闭编写,但参加的每一次封闭编写都是难忘的。平时的编写工作虽然可以通过网络跟中心组、版块负责人等进行讨论,但与编写团队的其他成员不能面对面交流终归有点影响效率,主要编写工作还是"单打独斗"完成的。封闭期间大家聚到一起,专家和编写团队成员之间的交流更加直接,效率自然要高得多。面对面提出的修改建议更加清晰,有不清楚或不一致的地方也方便及时沟通。

封闭的经历也未必都是愉快的,专家有时会提出比较大的改动建议,特别是已经编写完成的主课文(Reading A)选文被"枪毙",整个单元的大部分编写工作都要重新来过。这时,封闭期间团队的帮助会大大慰藉因为选文被否带来的内心"伤痛",也会大大提高选文和修改的效率。当然,被"枪毙"的选文千万不要丢弃,因为能够被确定为主课文的选文已经经过了筛选和打磨,保存好,在以后的练习和教师用书编写中都可能用到。我关于选文另一个感受是,跟主题相关的选文尽量多保存,越多越好,即便是跟自己主题不相关的好文章,如果看到了也不妨保存下来,推荐给编写相关主题的小组。不可否认,已经完成编写的主课文被否定,多少都有点失落,一方面前期的大量投入白费了,另一方面,已经投入了较大精力来筛选和修改的主课文,一时之间也很难找到另一篇更高质量的替换文章,但选文被否也是教材编写中很正常的一件事,专家的意见不是针对某个人而提出的,通常是从主题意义出发,希望能够找到更能体现主题意义,语言尽可能规范的主课文,一切都是从"做好教材"的理念出发,编者要以积极的心态去修改。

当然,即便是课文及视听材料都确定了,活动设计完成了,并不意味着编写工作的结束,后期会有大量的修改。中心组的编写框架和思路也在不断完善和调整,编写好的单元会经过小组成员、主编、专家、高中教研员等一轮又一轮的审阅,大家会不断提出修改建议,从活动的设计到语言到排版,事无巨细,整个编写团队会非常细致地反馈问题。我个人是非常喜欢这个环节的,特别是当审阅的老师给你提出非常具体的修改建议,能够给我很多启发。当然有时候可能审阅的老师并不清楚编者的思路,提出的建议不一定特别有建设性,但也为我的修改提供了考虑的视角,通过这一视角反思可以改进的方法。这也意味着编者在此过程中需要付出大量的时间和精力去一轮一轮地修改,最后呈现出来的单元内容可能和最初完成的编写内容大相径庭,可以确定的是,经历一轮一轮修改后,自己也会看到所编写的内容一步步提升,还是很有成就感的。

3. 后续:在反思中促进自己成长

《高中英语》(上外版)的编写在经历几年后,终于出版了,整个过程就像养育一个孩子。回顾起来,我个人还是挺感激这个过程的,毕竟,作为一个外语教学方向的博士,如果能够将自己对外语教育教学的理念和观点付诸实践,能用自己的专业为基础教育做一点贡献,一定是件快乐的事。

在整个编写工作结束后,基地的教材中心组组织了一系列经验分享活动,给了我一个回顾和反思的契机。反观整个教材编写过程,自己的确收获和成长了许多。收获之一是积累了一些教材编写的经验。简单概括一下,作为编写人员,要想编好自己负责的内容,有几点是必备的。首先,需要熟悉课标,特别是通过研读课标,发现其对自己编写内容的指导意义;其次,尽量多了解几本国内外同学段教材的编写思路,跟中心组及自己的编写理念进行比较,取长补短;第三,用发散性的思维去选文,结合单元主题,尽可能多列举出一些关键词,循着不同的关键词去查找选文,扩充选文的视角;第四,有认真和坚持的态度以及为基础教育服务的信念。教材编写其实不是什么高深困难的任务,但细节的编写和修改需要投入很多精力,为基础教育服务的信念对我而言是很好的内驱力;第五,以开放的心态对待审读反馈意见。我们编写的每一稿都要给国内外专家学者审核并反馈修改建议,然后编者要根据反馈意见来做修改。有时候反馈的建议还比较犀利,我会觉得专家似乎是有意刁难,有些意见的提出可能是审读专家没有完全了解编者的设计意图。但仔细看看这些建议,我发现这些都是不同的视角,慢慢地,我知道了怎样合理地去处理这些修改建议。

对于我个人来说,教材编写过程中比较难的地方在于不好把握高中阶段学生的实际学情。因为我不是高中老师,确实不太了解高中生的认知水平、语言能力等。加上学生本身的个体差异,很难决定应该以什么样的水平作为基准。对于这个问题,我的感受是可以找找身边朋友或亲戚中高中学段的孩子去交流了解。另外,因为每一册的编写组里都有很多经验丰富的一线高中老师和教研员老师参与,多和他们交流,慢慢地,我自己对高中学情有了更准确的认识。这些交流和建议为后期的修改提供了很大帮助,对反馈意见的消化带来活动设计修改思路的升级。

另一收获是对我自己教学的帮助。首先,通过高中教材编写的锻炼,我尝试去探索我所使用的教材内容背后的编写理念。作为教材使用者,也许我们对理念的理解与编者不完全一致,但我们对编写理念的挖掘往往是基于自己学生的实际,可以促进我们更好地发挥教材的效果。通过此次教材编写,我的视野变得更宽了一些。加入编写团队后,我在给学生上课的时候,教学材料会不断更新。我还常常提醒自己要尽可能地站在教材编者的角度挖掘教材内容,满足学生的需求。在我面对大学生开展英语教学时,我也会自然地在脑海里构思面对不同程度的学生该如何设计、呈现活动。其次,参编教材极大地提升了我的素材搜集能力,在这个过程中我也积累了一定的教学资源,提升了我的课外知识储备。因为教材编写中一个非常重要、且任务量相对较重的工作就是选文,选文工作做得扎实编写会顺利很多。在我自己的教学中,我也充分利用找选文的方法,发散性地找很多补充材料,类似于就是把在编教材时用到的一些选材的方法,运用到我平常教学过程当中去。

此外，参与教材编写磨炼了我的意志。如前面所说，编教材其实真的是挺苦挺累的活。在我们这套教材的编写过程中，也有一些老师因为种种原因，中途退出了编写工作。我想这跟人生路上的很多事情一样，都是在中间会有一个比较辛苦的阶段，如果我们比别人多坚持一下，可能就会有不一样的结果。

虽然《高中英语》(上外版)的编写暂且告一段落，但在我以后的教学和学习中都还会不断回忆起这段经历，感恩于这段经历带给我的坚持与成长。

作者简介

杨红燕，英语语言文学专业博士毕业，中国地质大学(武汉)外国语学院副教授。教授《综合英语》《高级英语》《基础英语视听说》《高级英语视听说》《跨文化交际》等多门课程，曾获中国地质大学(武汉)"教学优秀奖""优秀学务指导老师""青年教师讲课比赛优秀奖"等荣誉称号。研究兴趣为外语教育和社会语言学，在《外语界》《语言战略研究》*Current Issues in Language Planning* 等国内外期刊发表论文10余篇，参加多本词典教辅的编写，主持各级教学科研项目5项。

作为核心编者参与《高中英语》(上外版)教材编写工作，独立承担了三个单元(必修三1个单元、选择性必修二1个单元、选择性必修三1个单元)学生用书的编写工作，并参与相应单元教师用书的部分编写工作。

忆往昔峥嵘岁月，看今朝未负所托

——《高中英语》（上外版）编写之路

上海对外经贸大学　唐树华

引言

　　2018 年的夏天，室外知了声声，室内或寂静或激烈……整整四天的封闭会议，唯一的"放风"，仅仅是短暂匆忙的晚饭后，三三两两绕附近小路不到半小时的行进中继续讨论。历经三年，这样的会议不记得有多少次了，会议前后和"战友"们经历的希望、纠结、沮丧、再希望、再纠结、再激动的情绪也似乎还并不久远，团队核心给我们的密密麻麻的批语，我们面对批语内心的嘶吼和看着团队核心顶着黑眼圈倦容的心疼……似乎都不太久远。但是，我们做到了！

　　这次刻骨铭心的参编教材之路，每一位领路人都是明灯，每一位战友都是良师益友。从课堂设计、团队精神、教学理念到科研都给予了我深远的影响和深刻的启发。

1. 心无旁骛，只争朝夕——团队工作的美好体验

　　这次编书的过程是艰苦的，甚至可以说是异常艰苦。从第一稿到最后一稿，经历多次封闭讨论修改，期间更经历无数次反复退回和推倒重来。退回的原因可能是不符合整册的编写理念，或者无法达到课标的要求。每次重构都是呕心沥血不眠不休的努力，充满希望地提交得到修改意见，再修改提交，但是仍可能因为上述原因再次推

翻。我深感自己和我们团队的成员都时常在崩溃的边缘徘徊,不是不想努力,而是感到用尽了脑力和潜力,走不动了。这时候的力量源泉主要来自两方面:1)对编写核心团队的理念和能力及品质的信任;2)团队成员彼此之间不离不弃的支撑。

1.1 核心团队的历练和专业素养是一面旗帜——旗帜不倒,信念同在

回忆第一次在崇明封闭的情形,一切历历在目。在那个知了喳喳的夏日黄昏,我们在宾馆房间里工作了一天之后,沿着一个湖走了半圈。那时候我是第一次参与教材编写,我感到焦虑不安,我的"战友们"好像也是同样的感受。我们请来的刘正光老师,一个接一个的"砖头"拍得我"原地乱转"。

这时候,只有一个人没有倒,他淡定地笑着,听着,所有的崩溃到了他那里,他都会陪你谈谈,但是一如既往,标准没变,不行,还是不行,就是不行。

这个人就是总主编束定芳老师,我不知道他是否崩溃过,但是在我们面前,从来没有,我感觉我就是倒地打滚撒泼,都无法动摇他的标准和信念。

我特别感恩有这次经历,虽然我不一定还有勇气再来一次,我感恩束老师和分册主编吕晶晶老师作为我们整个教材的老大和我这册的老大,他们的知识面、理论修养、坚持、涵养和包容都给予我莫大的支持和鼓舞;我感恩也心疼中心组的所有成员(蓓蕾、安琳、司露……),她们的努力、无私、担当、承受……她们都是我的榜样,虽然我永不可能达到她们的程度;我感恩我们团队的成员和我在整个过程中遇到的一线老师和编书过程中给我们的语法词汇阅读等等把关的老师们,谢谢你们,让自以为老的我,还能成长,并看到自己的极限。

我们的核心团队以认知语言学基于使用的语言观为指导思想,这是编写过程中除了对标之外的重要原则。我本人作为认知语言学方向的博士毕业生和从业者,也同样坚信认知语言学这一核心假设对于我国外语学习会带来新的启发,使它有别于传统的结构主义和后来的交际法教学等理念。

从理论到实践的落实并不容易。这一理念要求选文的延展性、地道性、经典性以及基于选文展开批判思考的逻辑性和连续性。这一点似乎在我所负责的单元"走近经典"（Approaching Classics）中，显得尤为艰难。

无数次的推翻和重构，无论我如何努力，都达不到核心团队成员的要求，在濒临崩溃的情况下，最终我的批判思考（Critical Thinking）部分，是安琳老师设计的终稿，拓展（Further Exploration）部分是集体头脑风暴，教材主编束定芳教授口述设计终稿，本册负责人吕晶晶老师联系外教修改完善语言表达的。

核心团队的专业素养、理论水平、奉献精神和对团队成员的困难随时施以援手的态度，是这个项目得以进展的首要因素，也是我作为团队成员在经历困难之后不是放弃，而是坚守并得以进步的前提。

1.2 团队成员中的"机动部队"——有他们陪伴，再难的冲锋陷阵都会过去

同时，我们的分册团队成员之间的互相协助和不分彼此的帮助也是教材编写顺利完成并成为艰难但美好回忆的主要原因之一。

我们团队有几位老师不自觉成了机动部队，遇到困难他们随时都在。事实上，他们都有自己的分工——吕晶晶（分册主编）、陈菊（本册责编）、刘宝莹（文学角负责人）。每一次各个单元拿到反馈，或者遇到困难，这几位老师都冲在前面，给出一轮又一轮的建议和备案。这给了我两点启发：1）这几位老师是无意中因为无私热心成了我们的"机动部队"，如果在实际团队工作中，专门设计这样几位老师，他们就承担协助、协商、协调的工作，或许有助于团队的凝聚力和扩大进步空间；2）在一个团队中，要成为一个怎样的人，才是真正带来正能量和形成团队良好氛围的人，如果我再年轻一些，在这样的团队磨炼几次，我感觉对于我如何成为一个更好的人，更好的团队成员，可能有不同的思考。

举例来说，本册历史单元是最困难的单元之一。因为"历史"这

个主题决定了对标对本的框架要尤为厚重,选文也要尤其谨慎。从我们的大编写团队到审校的外国编者,大家的主观立场也显得尤为强烈,很难达成一致,导致编写半成品反复遭到推翻。这个时候,如果将这一次次的推翻都交给单元编写老师自己,大家不闻不问,可以想见结果和"伤害"。但幸运的是,并没有。

单元负责编者任远博士在不懈努力,找到历史领域学者请教,去图书馆翻阅资料的同时,整个分册的每一个成员甚至大编写团队的成员,都在为她想办法。一篇又一篇的选文,一次又一次的推翻虽然煎熬,但是过程中犹如战友同甘共苦的感觉也特别美好。受到大家的激励和感染,我仍然记得当大家都认同拓展部分设计景点介绍宣传册的时候,我立刻骑上自行车去了上海犹太难民纪念馆。我顶着毛毛细雨,宣传册拿到手里,拍出的照片图片都有些湿润。发到团队群里的时候,战友们的欢呼让人顿时产生一种好莱坞大片的错觉——历经磨难,英雄归来,抱得宝物归。

2. 教材和课堂的亲历,让我看到了英语教学理想的样子

2.1 戴着镣铐跳国标——高中外语教学课堂观摩感悟

作为编写教材的一个环节,编者旁听了青浦一中、青浦高中、华师大一附中、北虹中学老师对本册两个单元的试教。高中教学的章法感,老师们教学目的之明确,教学思路之清晰,教学设计之新颖都给我耳目一新的感受。他们制定教学目的,兼顾教学大纲的态度和大学不太一样——因为他们是真的要时时问纲,处处对标,不敢浪费学生一点点宝贵的时间。和他们相比,大学的教学相对较为松散,目的的达成和手段的呼应没有这么紧密。

参与了教材编写和相关的各个环节,尤其是我个人遭遇修改和返工最多的环节,给了我最大的收获,分别是:教材编写的批判思考部分、拓展部分和一线教师试教过程中对我各个版块设计不合理或不成熟的反复追问。

这些经历迫使我思考理想的英语课堂是怎样的。首先,课程环节的设置是完整的,每一个步骤的设计是有目的和规划的;其次,课

程的环节之间是层层递进的,输入的环节是服务于输出环节的,而输出环节又能够反过来促进输入的有效吸收。同时,输出的环节要实现学生认知、百科、学科等方向的知识延展和语言应用能力的提高。也就是说,真正实现语言的工具价值的同时,反思怎样的语言可以更好地服务于其工具价值。

这些理念并不难理解,可是在执行的过程中要真正做到位,非常困难。这也是亲历者会感到瓶颈和压力的主要原因。但是压力过程中不断强化的概念和不曾让步的标准,也让人受益匪浅。比如说,本学期我所在的学院有老师参加教学比赛,作为团队成员,当我听完她的教学设计,立刻发现了一个需要完善的关键点:你的教学目的是什么?是否你所有的输入都服务于你的输出?你的复合式听写和快速阅读设计导向是什么?它们能服务于你的最终输出目的吗?以此为纲要,不断追问教学设计的步骤,离理想的英语课堂就更近了一步。

经历这次磨炼,在我自己的教学中,也会时常反思如上的问题,力求教学处处有深意,步步有目的,设计过程不断自我追问,实现教学环节的完整性和目的明确性。

2.2 就算是鸡蛋,我也要找到骨头——教研员是神一样的存在

在参与一线老师试教的过程中,我第一次知道了"教研员"这个岗位。他们在高中课程质量的总体把握,各个学校之间的平衡衔接,和老师沟通方面起到了极大的提纲挈领又雕琢细节的作用。

在和两位教研员(王林虎、陆佳一)听完华师大一附中和北虹高中的试教之后,旁听了他们的评教过程。大到课堂环节的设置,课堂内容的思辨性,小到某个句子和某个语法现象,他们都能给出准确的建议。客观地说,作为一起听课的观众,我其实也在心里不断评估老师们的试教,我的感触有两点:1. 课堂组织在我眼里已经接近完美;2. 在这样完美的课堂上,还能找到问题,提出建议,堪比鸡蛋里挑出骨头,真的是功力了得。这样的岗位,对于提高上海高中英语教学定能发挥巨大的作用。

3. 迎风起舞——在教材编写整个大统筹的平台上,看到了英语教学实践和应用的前沿

我执教的课程除了大学英语相关课程,也包括两门硕士课程《应用语言学》和《认知语言学》。

浏览近三年的核心期刊文献,"产出导向法"和"英语能力等级量表"是教学领域讨论的两个热点。这两点正是我们教材编写过程反复践行的内容,当然也是最挑战的内容——批判思考和深度拓展部分最主要的理念,就是整合输入信息,促进输出,且输出要有明确的继承性和延展性。整个编写的过程,步步对标,时时进行思考和调整以实现服务于全国高中生,做到有的放矢,心有"诗和远方",细节上脚踏实地不虚浮。

以写作为例,本册作为较高年级分册,写作的要求自然是重点和亮点之一。客观地说,在过去的学习和教学过程中,跟着感觉走的时候较多。但这次编写团队从大局入手规划,徐继田老师和王蓓蕾老师分别从对标、框架结构到输入信息在写作中的体现,经过反复的退回重做和完善使得作为编者的我本人深受启发。

本册第四单元的写作要求是读后续写,它的输入点主要包括 A 篇阅读和续写部分前半的阅读信息,其中涵盖了叙事框架五要素:开篇(the beginning)引入故事背景和角色,发展/起势(rising action)事件发生、矛盾伊始,高潮(climax)事件进一步发展、矛盾白热化,落势(falling action)理清矛盾、着手解决问题,结局(resolution)矛盾消除、问题解决。这五要素理解起来并不难,但是落实到续写框架中,从词汇到故事内容的伏笔和呼应,到紧密关联到每一步的切割和解构,到如何给学生充分的有力支撑又不限制学生的发挥,都是需要落到实处的问题。

这里尤为感慨的是,两位老师给出建议的方式,这也是本次编写教材团队合作的良好体验来源之一。他们给意见的模式永远是:我觉得这里问题是什么,我的建议是什么。不管多少次返工,他们的意见都是这样耐心和建设性。这一点真的令人感动。通常情况下,一

个团队成员做事不完美并被指出来的时候,心里会忍不住默默地想,"我只能做到这样了,你行你上吧"。或者会在崩溃中想,"天啊,我做不下去了,谁救救我啊!"。这时候能顶上的就是偶像,能施以援手的就是天使。这样来说,徐老师和王蓓蕾老师都是我的偶像和天使。

4. 结语

回忆第一次参与崇明封闭的情形,一切历历在目。从湖南飞来的刘正光老师毫不客气地一个接一个的"砖头"砸向我们,至今那一批文件夹的名称叫作"让砖头来得更猛烈些吧"。

"砖头"飞来的时候,感到自己缩小了身形,成了天塌下来的"矮个子";任务繁重,困难重重,好像谁都可以成为那个"矮个子",只有一个人不可以,他就是主编束定芳老师。

他没有倒,他总是那么云淡风轻地微笑,我们的选材被砍,会在早餐桌上,会议间隙"揪住"他请教,他都耐心细致地支招,但是如果心怀侥幸希望自己的选文思路"僵尸复活",也别指望他退步。本单元的 B 篇选文,华兹华斯的诗歌"写在三月"(Written in March)就是束老师提供的素材。相比最初的"谷歌式"搜索选文,这篇丰富了本册的体裁,增强了"经典性"的主题和原则,并为语言学习提供了丰富的修辞手段素材。

回忆第一次参与试教的情形,同样历历在目。在听完青浦一中课题组精心设计安排的一堂课之后,我们开启了"头脑风暴"。我们素不相识,心无旁骛,只有一个心愿——怎么让高中的同学们受益于这套教材,受益于这套教材基础上的课堂。食堂午饭后,蔡璐老师陪我在青浦一中的操场上一圈一圈地走路,讨论高中英语教学的方方面面,和她作为一线教师希望看到的教材和教学资源的模样。

忆往昔峥嵘岁月,看今朝未负所托。一切的美好,只源于所有人的志同道合:大家心里,只有中国基础教育,纯粹,无它。

作者简介:

唐树华,教授,上海外国语大学博士毕业,复旦大学外国语言文学博士后流动站博士后。2005 年于美国内华达州立大学短训,2006 年受国家留学基金委资助,于新加坡南洋理工大学国立教育学院进修,2012 年至今多次赴澳大利亚昆士兰大学,英国中兰开夏大学等进修。主攻认知语言学及其应用研究,研究方向涉及认知语言学、汉英对比、语料库相关研究、翻译研究等。在《外国语》《外语教学与研究》《外语教学》等刊物上发表学术论文多篇,主持教育部人文社科项目、上海市科研创新项目、上海市高校 085 项目子项目、上海外国语大学研究生课题等,参与国家社科项目若干项。被《中国应用语言学》(*Chinese Journal of Applied Linguistics*)等刊物聘为外审。

《高中英语》(上外版)教材编者,主要负责选择性必修第四册"走近经典"(Approaching Classics)单元,以及该册其他单元的选文练习设计等。

忆我与《高中英语》(上外版)教材建设

上海市宝山区教育学院　徐继田

1. 编写缘起

回想起来,我与高中英语教材编写结缘已有多年了。2015 年 9 月我承担了上海市《高中英语(新世纪版)》教材使用意见征集项目,对上海市宝山区高中 7 所公办学校 100 名英语教师进行教材使用情况调查与意见征集工作,历时一年。期间我对六册教材分别撰写了使用意见汇总分析报告和该项目的《高中英语教材(新世纪版)征集意见报告》,分册报告和项目总报告约十万字。2016 年应上海市教研室的邀请,担任《高中英语(新世纪版)》教材评价专家,主持科研课题《语篇分析与英语教材编写》研究工作,并撰写开题报告和研究论文,参与撰写了《高中英语(新世纪版)教材评价报告》。2016 年 9 月应上海市教研室汤青老师的邀请,我审读了教育部《普通高中英语课程标准》征求意见稿,2017 年 8 月中国社会科学院委托上海市特级教师协会审读课程标准,我应上海市特级教师协会的邀请(每学科由一位特级教师承担),我再次审读了国家英语课程标准征求意见稿,并独立完成了审读报告。

基于上述经历,当《高中英语教材》(上外版)副主编王蓓蕾副教授邀请我参与教材编写时,我欣然接受了这一工作。起初的想法是,我有几十年的教学经历、研究过教材、评价过教材、撰写过《英语教学论》、参与过课程标准的修订与审读,但是我对高中教材的编写要求,过程之漫长、工作之艰辛,思之甚少,仅仅带着对教材美好的愿景,我便踏上了《高中英语》(上外版)教材(以下简称教材)和教学参考资料(以下简称教参)编写的艰苦征程。《教材》编写始于 2017 年,教学参考资料于 2018 年启动,至今《教参》还在审读过程中。

2. 承担任务

我是《教材》的核心作者,《教参》的副主编,承担的工作主要有教材选材、撰写《教材》编写方案、设计教材写作板块、制定《教参》编写方案和审读《教参》等。

2.1. 教材选材

起初我做的工作是负责为《教材》课文编写选素材,具体围绕两个单元的主题语境搜集恰当的语篇,其主题语境分别是"学校生活"和"成功"。这两个单元分别由王蓓蕾老师和杨红燕老师负责,我帮着他们选材、研讨与审读。2017 年 7 月 1 号《教材》编写工作正式启动后,我与王蓓蕾老师一起编写《教材》的样课,也就是现在的必修教材第一册第一单元,当然在此过程中,还有教材的主编束定芳教授和其他老师也参与其中,几易其稿,不断完善,直至定稿,然后发给编者们作编写参考。

2.2 制定《教材》编写方案

2018 年 6 月上海市教委正式启动各科教材编写(语文、政治、历史除外)。之后,我的任务又发生了变化,就是让我来撰写《教材》的编写方案。起初是我一个人做,后来由于离市教委上交编写方案时间较为紧迫,我又与王老师联系,她又让其他老师也加入了这项工作。在暑假里我封闭在办公室,夜以继日地工作,参阅了大量教材编写的文献,用了大约两周时间,完成了编写方案的编写原则、理念和选材思路等,然后再由束教授修改,最后由王蓓蕾教授整合,形成了《教材》编写方案和编写说明。该方案体现了"国家标准""国际视野"和"上海特色"。

2.3 设计《教材》写作板块

　　此后,我又承担了这套教材的写作板块设计。就写作板块的设计,我首先研读了《普通高中英语课程标准》(2017 版)(以下简称《课标》),尤其是语言表达技能要求。我还研究了国外写作教材的编写体系与内容安排特点,这些国外相关书籍主要有 *First Step in Academic Writing*、*Introduction to Academic Writing*、*Writing Academic English*、*Sentence Skills with Reading*、*College Writing Skills with Reading*、*College Writing Skills* 等专业写作教材和国内外写作文献。此外,我还阅读了德国、法国和新加坡等国外英语教材的写作编排体系与内容。初步形成《教材》的写作编写体系后,我与王老师再共同研究,再由束教授做决定,此后再听取参编教师的意见。因为考虑的角度不同,观点有异,但是最终求同存异,达成共识,因此,"绳墨以外,美材既斫"的遗憾也在所难免。这期间我们协商这套教材安排哪些写作策略,并将这些策略有机地建立起内在的联系,力求形成完备的写作体系,如我们的技能与策略是从写句子到写段落,再到成篇,突出了写作过程设计和写作策略指导,在继承传统的基础上融入语篇分析的理念与策略。同时为了回应时代需求,我们还编入了概要写作和读后续写两项写作技能,侧重常用语篇模式分析策略的运用。我们力图建构完善的动态生成写作体系,创建有效的写作能力发展机制与培育路径。最终形成了具有特色鲜明的写作编排体系,其突出特点是,以语篇生成为导向,注重语篇思维、关注语篇类型;创建真实语境、注重读写循环、关注活动设计;依据语篇结构、设计写作过程,培养学生的写作技能与策略(徐继田,2020)。

　　围绕写作板块,我的后续任务是与各册各单元编者共同研讨编写中遇到的问题,尤其是选择性必修第四册中的概要写作和读后续写,主要涉及如何利用语篇模式获取文章大意和记叙文的语篇成分等。此后我与王老师一起审读与修改写作板块的设计,并将修改建议反馈给编者,直至形成完善的单元写作设计。

2.4 编写《教参》

我承担的第四项就是《教参》的编写,此项工作涉及《教参》的编写方案、样课设计、撰写板块设计说明和审读与修改单元教学设计等。有关《教参》编写方案,我负责撰写了引言、指导思想、编制目标、编制理念与原则部分,王老师完成了该方案的其余部分。对于各板块设计,我撰写了板块的教学内容和目标。后来,我又撰写了各板块教学设计说明,主要涉及板块内容、功能以及设计思路与教学策略,即板块是什么、为什么和如何设计等,这部分内容目前已经呈现在《教参》中。对于样课制作,我与王老师、何幼平老师和编者们共同协商,广泛征求意见,多次修改,再由束教授审定,然后再与其他编者分享。进入审稿阶段,我与两位老师负责审读、修改、批注,对疑难问题,查阅文献,苦思冥想,绞尽脑汁。每个单元审读量超万字,每个单元审阅耗时半天或一天,且每个单元都要经过三个人轮流审阅,任务繁重,再加上日常工作,总感觉压力很大,应接不暇。在编写过程中对于出现的问题,根据我、王老师和何幼平三人的分工,我曾多次做专题讲座,旨在矫正思路、明确途径、掌握教学策略。这些讲座包括:《环球英语教程教师用书的特色》《高中英语教师用书编写说明——样课介绍》《上外版高中英语教师用书编写——问题与对策》等。

3. 印象深刻的经历

3.1. 外出选材

令我印象深刻的事情很多,其中选素材工作给我留下了深刻印象。教材编选用即典型的话语事件(discursive event)与社会结构相互塑性:教材使用者会内化这些社会产物,并将其作为意义资源带入他们未来的社会实践(Van Dijk,1993, p. 258;Fairclough&Wodak,1997; Gray & Block,2014,pp 45 - 46)。由此可见,好的教材,首先是内容丰富、有意义,以及具有可理解性输入的特点,素材是制约教材编写质量的一个重要因素。因此搜集素材是一个极具挑战性的工作。由于选材要求高，获取素材途径也受限，寻找理想的素材绝非易事。为此，我专门乘车到福州路上的外文书店，在那里查阅了一天，主要看了国外的原版教材，我对部分单元的课文和相关活动设计还拍了照，直至书店打烊，我才恋恋不舍地回家。在公交车上，我查看拍摄的图片，理解与揣摩文章的内涵，领会编者的意图，欣赏经典的活动设计，尤其是语法和词汇与课文的互联互通式设计给我留下了深刻印象，到家后再与编者交流选材心得。另一次是我专门坐地铁到上海图书馆，在这里我花了一天时间。坦率地说，这是我第一次到上海图书馆，里面琳琅满目，书刊丰富。由于教材编写是国家事权，意识形态属性较强，我按图索骥，翻阅了一些国外教材和期刊，力图找到我心仪的语篇。

令人遗憾的是，中意素材没有找到多少，但是却有了意外收获。我发现这些教材除了具有上述特点之外，还能密切联系学生的生活，这一点给我留下深刻印象。其次，国外教材中的文章多以反映社会、文化与生活的语篇为主。我感到这些教材寿命不会短，因为无论你何时阅读，这些文章都没有滞后或落伍的感觉，也就是说，它的选材不过度关注时代性。我们原来的教材更强调时代性，注重与时俱进的内容，如原来的教材编入了新闻，时效性过强，因此，其寿命就有限。如何能够让我们编写的教材成为不朽之作应该是我们选材的标准。对此，我想到的是一定要摒弃时代特征过于明显的材料。我当时给编者们提出的建议是，一定要摆脱这种束缚，我觉得反映时代特征可能更多的是反映社会现象，社会的发展进步上。材料内容应具有典型性、前瞻性和经典性等。国外教材还有一个特点，是我们在编写教材中要跨过的一个鸿沟，那就是教材的关联性强。从教材中的文章到活动设计，注重内容的衔接、语法、词汇以及各项技能训练均与语篇关联，整个单元设计体现了整合性、融合性和逻辑性等特点。当前一些教材编写的离散度较高，关联度低，存在貌合神离的现象。当然，另外一种情况就是，国外教材语言表达的地道性、规范性，这是我查阅一些国外教材给我留下的又一深刻印象。

除了外出选素材，我还下载了几十篇有关教材编写的论文。其中有一篇论文打动了我,就是教材编写的教师队伍应该如何构成。其观点是,教材的编写一定有国外专家。由于英语不是我们的母语,中国学者编教材就会遇到语言表达的问题,语言的地道与规范对编者而言是个巨大挑战。

3.2. 制定编写方案

　　《教材》编写方案的制定正值夏天,是暑假期间。我工作在办公室,之所以在办公室工作是因为家里不方便查找相关信息。在办公室里我花了近两周时间,中间风雨无阻,通宵达旦。每天一早到办公室,中午 12 点钟回到家吃饭,午休半个小时左右再回到办公室,回家吃晚饭后,再次返回,一直工作到晚上 11 点或 12 点。此时单位的门卫已近进入梦乡,我叫醒他们,让他们给我开门。如果遇到棘手问题,我往往与王老师联系,有时王老师也会主动联系我,大多是她催促进度。后来由于时间所限,我与王老师商议,她又找了两位教师,让他们分模块续写。这期间感觉工作要求高、任务繁重、挑战性强。

　　《教参》编写方案的撰写是在寒假,当时正值新冠疫情暴发,工作只能在家里。由于我没有参加此次市教委召开的专门会议,我只能反复研究市教委下发的编写要求,并多次与王老师电话联系,领会其具体操作要求。之后我开始查找相关文献,了解教师用书的编写理念与编写原则;依据已编写好的《教材》,撰写《教参》的指导思想和编制目标等。由于时间紧迫,我一般工作到凌晨一两点钟。冬天的凌晨,天气特别冷,尽管房间里开着空调,我的腿都是冷冰冰的,睡下之后一个小时感到还是冰凉的,这样工作一周之后,我的腿疼痛难忍,行动不便,上下楼都十分困难。不得已,我到医院检查,拍片后,经过医生诊断,我患了骨质增生这种疾病。之后,我多次往返医院,吃药、贴膏药,两周后我的症状减轻。像其他编者一样,我感觉对《教材》和《教参》,尽心尽责,全身心投入,我做了力所能及的工作。当有人说,你这都是正高级了,还在做这么繁重的工作,的确是奉献。我觉得人生有好多事情,可能一辈子一个人都做不了,但是,我参与了《教材》和《教参》的编写,我感觉虽然痛苦与艰辛,但是当我们的

《教材》和《教参》受到专家和一线教师的普遍认可后，我也像其他编者一样，心情愉快，也收获了成功的喜悦。后来，上海外国语大学的吕辰明博士参访我，与我交流后不无感慨地说，这是默默地奉献，默默地付出，是在做功在千秋的大好事。但是我感到与其他编者相比，尤其是王老师，我做的工作又是微不足道的。

4. 收获

在《教材》和《教参》期间，我研究相关编写文献，坚持听了全国知名学者的线上学术讲座三百余场。这些文献和讲座内容涉及教材研究、教材比较、教材设计、教学方法等。在此期间，我发表了四篇论文，涉及《教材》编写的论文是"基于语篇，以读促写，提升思维品质与写作能力"；有关《教参》的论文，我与王蓓蕾和何幼平合作撰写了"理论驱动　分层拓展　服务教学——《高中英语》(上外版）教师用书的编写原则与教学建议"；有关教学设计的方法，我发表了"基于语篇分析的读后输出设计"和"基于语篇分析的思维可视化英语教学策略行动研究"。其中"基于语篇分析的思维可视化英语教学策略行动研究"一文，荣获 2020 年《基础外语教育》期刊年度论文评选一等奖（当年获此奖项的论文共 7 篇）。

我坚持编写即研究，研究即编写的原则。编写工作拓展了我的教材"视域"，助力构建《教材》编写体系；明晰了教学"场域"，创建了《教参》新样态；研读了写作"论域"，形成了语篇产出新思维。

4.1　拓展了教材"视域"，助力构建《教材》编写体系

在制定《教材》编写方案时，我研读了有关文件、教材和教师用书编写专业论文，提高了我对教材和教师用书的认识，尺寸教材，悠悠国事。我深刻领会了教材的内涵与外延，"教材建设是育人育才的重要依托，建设什么样的教材体系，核心教材传授什么内容、倡导什么价值，体现国家意志，是国家事权（习近平，2016）。"从专业的角度，我理解了"教材的基本功能包括信息、体验、引导、探索和教育（转引自张莲，2021，Tomlinson，2011，2013，2018）。"基于国家事权，教材的

基本功能,建构了基于学科素养发展的《教材》体系,形成了《教材》编写的基本原则,具体包括基于国家标准,体现新课标要求;把握国际趋势,展现国际水平;立足本国实际,突出本地区特色。明确了编制目标,即落实立德树人根本任务;培育社会主义核心价值观;发展学生英语学科核心素养。《教材》内容设计突出了以主题为纲,以话题为目,以探究主题意义为主线设计课程内容;以语篇为载体,以能力为导向,设计语篇的解构与建构活动;以学科核心素养培养为主轴,采用情景化、结构化和可视化设计;坚持英语学习活动观,有机整合课程内容六要素,指向学科核心素养;以文化现象为着力点,提升学生的本土文化意识和跨文化技能;以语言学习的输入输出为目标,提升学生的策略意识和学习能力等。在继承国内原有教材"话题—任务—功能—结构"编写体系的基础上,立足整体内容观、学习观和教学观,形成了"理解"(understanding)—"发现"(discovering)—"表达"(expressing)—"拓展"(extending)的《教材》编写新体系。

4.2 明晰了教学"场域",创建了《教参》新样态

在制定《教参》编写方案和板块说明时,我研读了有关学科素养的论断,加深了认识。学科核心素养概念的提出、理念的建构、体系的形成,是当代中国课程理论与实践发展的壮举(杨志成,2021)。强大的统摄力与整合性、广泛的迁移力与适应性、持续的影响力与建构性是学科核心素养的三大基本特性(李松林,2018)。从教学的角度而言,学科素养具有基础性、主体性和综合性,要发展学生学科核心素养,必须以主题意义为引领,以语篇为依托,以语篇分析为策略,整合性地学习语言知识与文化知识,运用听、说、读、看、写等方式,理解和表达意义、意图、情感和态度,发展逻辑思维、批判思维和创新思维,实现深度教学,以促进学生深度学习。发展学科素养需要课堂转型,即从传统的"传递中心的知识教学"转向"对话中心的互动式教学",从"记忆型"教学文化转向"思维型"课堂文化,从"语言主体式"教学转向"内容依托式"教学,促进以语言为中介的知识创造和教师专业化发展(徐继田,张惠英,2020)。根据素养时代的理念,如深度教学、深度学习、单元整体教学、教学活动观、教—学—评一致性等,

我们确定了《教参》的指导思想,以先进的教育理论和主流教学方法为指导,帮助教师建构科学的教学方案:以科学的语言观、学习观、教学观为理念,为教师提供教学设计案例;既注重教师的教,又关注学生的学,发挥《教参》的促教与促学功能,实现课堂教学转型和教师专业发展。编制理念与原则重视教师发展的指导性与引领性;关注目标指向的整合性与针对性;加强活动设计的选择性与互动性;提升教学策略的适应性与普适性;强调教学设计的指向性与创新性。《教参》的实施逻辑与路径是:基于单元学习设计的核心要素展开,围绕单元主题,设计单元目标;基于单元目标设计学习任务;依据学习任务,设计学习活动,提供学习支持,设计学习评价。

4.3　研读了写作"论域",形成语篇产出新思维

建构完善的动态生成写作体系是提高学生写作能力的前提。我先后研读了《普通高中英语课程标准》(2017版)和国外教材的编写体系,领会了相关文献的精髓,提高了我对写作教学的认识,明确了语言表达技能要求和内容安排特点,之后经过与其他专家共同协商,形成了《教材》写作板块的编写理念与原则、框架与策略,创建了行之有效的写作能力发展机制与培育路径。具体编写时,在继承的基础上创新,将语篇分析的框架和策略融入写作训练之中,既注重写作过程,又突出写作方法,形成了鲜明特色,深受专家和一线教师好评。写作板块的特色主要反映在以下几个方面:以语篇为单位,以语篇生成为导向,设计句子、段落和语篇的写作,注重语篇思维;关注语篇类型,注重读写循环,注重语篇类型,文体特征、组织结构和表达方式;以语言语境、情景语境和文化语境为着力点,关注活动设计,注重真实性语境;依据语篇结构,设计写作过程,培养写作技能与策略,将语篇模式"概括—具体"(general-specific)、"问题—解决"(problem-solution)和"主张—反主张"(claim-counter claim)等几种模式贯穿整个写作板块。

"近水知鱼性,近山识鸟音"。《教材》和《教参》编写工作让我开阔了视野、促进了理论学习,并进行了创新实践,丰富我的教育、教学和研究履历,更难能可贵的是扩大了我的"朋友圈",结识了一

流的学者、加深了与参编教研员和一线优秀教师的情谊。虽然此项工作过程充满了艰辛与痛苦,但是我也收获了成书后的成功与喜悦。

参考文献

Fairclough, N. , & Wodak, R. Critical Discourse Analysis. In T. A. Van Dijk (Ed.), Discourse Studies: A Multidisciplinary Introduction (pp. 258 - 284). London: Sage, 1997.

D. Block, J. Gray and M. Holborow. All Middle Class Now? Evolving Representations of the Working Class in the Neoliberal Era: The Case of ELT Textbooks. In N. Harwood (eds.), English Language Teaching Textbooks: Consent, Consumption, Production (pp. 45 - 69). Basingstoke, UK: Palgrave Macmillan, 2012.

习近平. 在 2016 年 12 月全国高校思想政治工作会议上的重要讲话(节选)[N]. 人民日报,2016 - 12 -(1).

张莲. 表达与建构:教材建设理念与实践之浅见[R]. 2021,5.

杨志成. 面向未来:课程与教学的挑战与变革[J]. 课程. 教材. 教法,2021(2): 19 - 25.

李松林. 学科核心素养的发展机制与培育路径[J]. 课程. 教材. 教法 2018(3): 31 - 36.

徐继田. 基于语篇、以读促写,提升思维品质与写作能力——《高中英语》(上外版)写作板块特色与使用建议[J]. 英语教育与教学研究,2020(4): 82 - 92.

徐继田,张惠英. 基于语篇分析的思维可视化英语教学策略行动研究[J]. 基础外语教育,2020(8): 31 - 39.

作者简介:

上海市宝山区教育学院高中英语教研员,上海市英语特级教师,上海市首批正高级教师,全国模范教师,"语篇分析,深度教学"研究工作室主持人。华东师范大学基础教育特聘教授,上海师范大学校外硕士生导师、上海市英语教育教学研究基地兼职研究员、上海市教育学会中小学外语教学专业委员会学术指导专家、《上海英语教研》

编委。主持撰写供高师院校使用的教育原理教材《英语教学论》,被审定为"国培教材",参与《上海市中小学英语课程标准》修订工作,是修订组核心成员。在江苏省工作期间曾被评为"江苏省优秀教育工作者","江苏省333工程培养对象",其名字和业绩被收录于"江苏教育功勋录"中。

担任《高中英语》(上外版)教材核心编者和教学参考资料副主编。

光荣与使命同在 初心伴成长共辉

——《高中英语》（上外版）教材及教学参考资料编写感悟

上海外国语大学附属浦东外国语学校 刘宝莹

引言

《高中英语》（上外版）教材全套于 2020 年经国家教材委员会专家委员会审核通过，列入《2020 年普通高中国家课程教学用书目录》，目前已在上海地区广泛使用。对于我们这些编写成员而言，这套教材就是我们的"孩子"，我们亲身经历了"孩子"的诞生过程，亲眼看见了"孩子"的茁壮成长。回顾这两三年来的编写历程，点点滴滴历历在目，即使称不上波澜壮阔，也绝对可以说精彩纷呈，尤其对于我这样的一线教师而言，更是深切感受到了自己在这一过程中的磨炼与成长，并深深感恩这一难得的专业发展契机！

1. 回望起点，重温初心

2018 年，那是一个夏天，我非常有幸加入了《高中英语》（上外版）教材编写团队。这是一支极其优秀的团队，主编束定芳教授是如雷贯耳的业界泰斗，中心组的编委都是清一色的博士，其他编写成员有来自各大高校的老师，有执教名校的正高级教师、特级教师，以及资深的教研员老师，还有严谨细致的责编老师为教材保驾护航，正可谓大咖云集、精英荟萃。因此，能加入这样杰出的团队，于我而言，实在是一种从未敢奢望过的莫大荣幸！然而，作为一名一线教师，从教材使用者到教材开发者的身份转变，更让我感受到前所未有的巨大压力。

然而，有压力才有动力。我还清楚地记得接到的第一个任务是帮助教材选择性必修第四册寻找合适的主题与选文，在了解了其他册的主题后，我立即开始翻箱倒柜、博览群书，很是体验了一把"书到用时方恨少"的心情。在经过一番"海选"之后，我又认真仔细地研读课标，深刻领会课标的精神，在此基础上确定了选文的原则，并依据这些原则遴选出一些参考主题与选文。随后，我第一次参加了教材编写的会议，并在会上分享了选择性必修第四册的选文方案，很幸运得到了与会老师们莫大的鼓励与指导，其中的 *The Old Man and the Sea* 最终变成了选择性必修第四册第四课的主课文，而关于诗歌类的选文也在一定程度上孕育了选择性必修四册的文学角专栏。

虽然早已时过境迁，但那颗"吾将上下而求索"的初心与那份"及时当勉励"的斗志却一直历久弥坚，不断激励我奋楫笃行。

2. 牢记使命，奋力拼搏

主编束教授一直跟我们强调，编教材是一件造福学生、成就自我的好事，因而使命光荣、任务艰巨、责任重大。在崇明封闭编写工作研讨会上，大学英语教材的主编刘正光教授和我们分享了教材编写的经验，告诫我们需要不断自我否定，并虚心学习，乐于倾听各种建议与意见，进而持续优化编写工作。在整个教材编写过程中，我一直牢记两位教授的谆谆教诲，因此，每当我感到快要坚持不下去的时候，强烈的使命感会鞭策我永不言弃；每当我收到审读意见或修改建议时，我会深刻反思，积极做出修改调整。

作为《高中英语》（上外版）教材 Getting Started 单元导入板块的负责人，我需要确保各单元中该板块的编写紧紧围绕"新""特""实"三大关键词，其活动设计应该充分体现新课标所提出的"英语学习活动观"的理念，并注重关联性、趣味性及高效性。此外，还需将七册教材的单元导入板块综合在一起审读反馈，确保该板块的活动类型丰富多样、各具特色(刘宝莹,2021)。记得在崇明封闭期间,各板块负责人需要修改教材选择性必修第三册第四单元的样课,样课中原先的导入板块活动设计不是特别科学合理,因此,在晚上开完会领到任务后,我立刻开始着手进行修改,在参考了国内外多套教材的单元导入板块之后,我结合该单元的主题,最终确定了用图片类导入这一活动类型,通过在大幅单元封面图上呈现北极熊的生存困境,引导学生描述图片内容,并思考讨论人类该如何行动改变这一状况。因为涉及图片版权,图片只能在出版社已经购买会员的几大图片网站上搜索下载,因此,要找到符合要求的图片就需要花费很长的时间。而在找到图片之后,还需要站在学生的角度,字斟句酌地设计问题,问题需要简明扼要但又要便于学生理解,更要让他们有话可说。因此,交稿时已是凌晨,但是大脑皮层还非常活跃,丝毫没有睡意。在随后的审读反馈中,各位专家及老师又提出了不少有价值的意见与建议,我都一一采纳,并及时反思修改。

文学角是教材选择性必修四册的特色板块,当时接到任务让我全面负责该板块时,我的内心既感动又忐忑。感动的是教材编写中心组如此信任资历尚浅的我,把这么重要的编写工作放心地交给我,而忐忑的则是千头万绪不知该如何着手,而才疏学浅的自己又能否胜任这项工作。但是,既然任务来了,就必须想尽一切办法认真完成,只有这样才能不辜负中心组的信任,才能提升自己的能力。因此,接到任务后我立即紧锣密鼓地投入到文学角的编写工作中,一边广泛搜集选文,一边设计调查问卷来收集编写组老师对文学角建设的想法,以便尽快确定每册文学角的篇数、篇幅、选文、注释等内容。随后,根据经典性、文学性、思想性、趣味性的遴选标准,参考学生的语言能力及思维水平,并结合选择性必修四册共 16 个单元主题,最终确定了八篇文学角的选文(每册两篇),注重主题的契合度与体裁的多样性,突出民族性与世界性,努力实现"坚持高度"与学生"可接受度"的和谐统一。在确定了选文后,为文中重要的单词和句子做注释又是一件极具挑战性的事。因为有些作品年代较为久远(如莎士比亚的戏剧),单词所表达的意义已经发生了变化,还有些作品因为体裁的特殊性(如诗歌),句子的表达方式也不同寻常,因此,我查阅了大量相关文学作品的解读文献及文学评论,谨慎地写下了每篇选文后的每一个注释,做到每一个注释都有据可依,而不是仅凭字典中的释义及自己的主观理解。这样的注释过程虽然漫长而艰辛,却是应有的治学态度,也大大提升了我个人的语言能力、文学素养及鉴赏能力。

有学者认为,"教师在教材开发实践中获得专业发展的关键在于充分发挥主观能动性,积极开展反思性实践活动"(焦培慧 2019:79)。在教材编写过程中,强烈的使命感与责任感大大调动了我的主观能动性,让我不断突破自己的"舒适区"与专业瓶颈,并结合各方意见对编写内容进行及时的反思与修改,进而帮助我获得了专业上的提升与发展。

3. 商以求同,精诚合作

整个教材编写组人才济济、卧虎藏龙,主编束教授特别擅长为团队赋能,善于将所有人的智慧与力量凝聚起来,因此,编写组就是一个和谐友爱的大家庭,大家心往一处想,劲往一处使,遇到问题大家商以求同、协以成事,碰到困难大家精诚合作、互帮互助。

就拿我参与编写的教材选择性必修四第四单元来说,我负责的是语法板块,这一板块的内容从初稿到终稿历经数十次修改,得到了诸多老师的指导与帮助。分册主编吕老师和单元负责人唐老师帮我选择了合适的语法知识点呈现形式,语法板块负责人赵老师和责编陈老师帮我把关语法知识点的讲解是否准确到位,教材副主编王老师帮我斟酌指令语和活动设计,教材主编束老师更是亲力亲为帮我修改不恰当的例句。可以说,这一语法板块的编写是集体智慧的结晶,而我在这一过程中收获的不仅仅是对相关语法知识的透彻理解,更在语法活动设计方面得到了能力上的提升。束定芳教授和庄智象教授曾撰文指出:"任何一个教师必须具备两种知识,一是所教学科的知识,二是如何教该学科知识的知识(束定芳 庄智象,2008:148)。"在我看来,教材编写的过程正可以帮助教师更好更深入地理解与掌握这两种知识。

此外,在《高中英语》(上外版)教学参考资料的编写过程中,每有困惑之处,我都会虚心向教材的编者老师请教,而他们总能在百忙之中给我详细的解答,让我有茅塞顿开之感。比如在编写教学参考资料选择性必修第三册第三单元 Viewing 板块的教学建议时,我初稿给出的教学建议较为笼统,也未能很好地抓住该视频的典型特征,但是一时也想不出该如何修改,因此,我及时向教材编者安老师请教。安老师指导我可以启发学生关注视频的标题特征与语言特点,并引导学生去总结视频中不同说话人的视角和主要观点,我听后如醍醐灌顶、拍案叫绝!这样修改不仅可以绝妙地挖掘出该视频的特征,更能够教会学生视频观看的策略,便于他们举一反三,在实践中进行应用迁移。除了教材编者老师的鼎力相助,三位副主编每次的审读意见也让我受益良多。几乎每一稿交上去,三位副主编老师都会给出中肯翔实的建设性反馈,大到语篇分析的角度与方法,小到例句的中文翻译与标点符号。他们这样认真细致的治学态度令我大为感动,也深深感染着我,因此,对每一条修改建议我都非常重视,并竭尽所能地按照要求进行修改。在我看来,每一次的修改都宛如凤凰涅槃,表面上是教学建议与活动设计的修改,而实际上却是更深层次的教学理念与教学方法上的革新,正如程晓堂和孙晓慧(2011:78)所说的,"教材对教师专业发展能够起到重要的促进作用,主要体现在更新教师理念、改进教学方法、提高教师教学技能等方面"。此外,在教学参考资料的同册互审过程中,其他单元的编者老师也提出了许多宝贵的修改意见,非常具有参考价值,而在自己审读其他单元时,经常能学习到其他编者老师别致出色的学习活动设计,这也有利于帮助我打开思路,给我提供参考借鉴。

4. 学习提升,发挥特长

由于此次的新教材编写需要严格对照 2017 年版高中英语课程标准中的要求,因此,我需要一遍遍研读新课标,聆听相关的新课标解读讲座,以此来准确把握新课标所传递的英语教育教学理念,然后再通过教材和教学参考资料中的活动设计与内容编写来承载这些理念,最终实现教材和教学参考资料"立德树人"的育人目标,因为我们需要"借助教材的影响力推动教学改革,并将新的理念通过教材这样一个重要媒介渗透、传递给使用它的人"(安琳,2012)。此外,教材和教学参考资料的编写涉及教育学、二语习得、教育心理学、教材开发与评估等诸多方面的学术理论,而"目前我国外语师资特别是中学外语师资的实际情况是,相当数量的教师仍然缺乏必要的现代外语教学理论,部分教师理论老化,没有及时更新;教师教学工作量偏大,缺乏进修提高机会,视野狭窄,教学效果不太理想"(束定芳,2012:217)。因此,为了尽快充实我的教育教学理论基础,在参与教材编写的三年时间里,我阅读了大量国内外相关的专业著作与论文,并且参加了专家云集的 2018 年"国际教材开发研究会议"、2019 年"青少年外语教学国际研讨会"和 2020 年"TESOL 中国大会",这些业内翘楚的智慧分享极大地开阔了我的视野,夯实了我在教学法与二语习得方面的理论基础,并且让我能够及时了解学术前沿。有学者认为,"教师的专业发展带有明显的个人特征,它不是一个把现成的某种教育知识或教育理论学会之后应用于教育学实践的简单过程,而且蕴含了教师将一般理论个性化和个人的情感、知识、观念、价值、应用场景相融合的过程"(白益民,2002)。就我个人而言,我所编写的教材与教学参考资料内容正是将我所学到的相关理论进行个性化实践应用的产物,烙印上了我的个人印记,也见证了我的专业发展。

此外,教材与教学参考资料的编写也提供了一个广阔的平台,让我可以将自己数十年教学生涯的积淀与自己的特长发挥得淋漓尽致。一直以来,我在英语信息化教学方面孜孜不倦、上下求索,也取得了一定的成绩,曾在全国、市、区各级信息化教学比赛中夺得桂冠,因此,在这次新教材与教学参考资料的编写过程中,我也积极发挥自己的信息技术特长,做出自己应有且特有的贡献。比如,在接到任务为教材选择性必修第二册第四单元"灾难求生"寻找合适的视频资料时,我借助搜索技术很快找到了长度与语速都适合的视频"How to Survive an Earthquake",并且依靠人工智能的语音识别技术,快速听记出视频文本,最后再人工手动进行修改。因为我的搜索能力较强,因此,在其他老师遇到搜索难题时,他们经常会找到我,而我往往都会运用搜索技术帮助他们快速准确地获取所需要的信息,因此我也被戏称为"宝藏老师"。对我而言,能够帮助到大家,提高编写效率,实在是一件非常有成就感的事。再比如,在教学参考资料选择性必修三第三单元单元导入板块的可选活动中,我借助信息技术做了一张飞碟状的词汇云图(word art),得到了副主编徐继田老师的肯定,他认为这样的设计新颖别致,能够吸引学生的注意,而且这种文本可视化的方式是需要大力提倡的趋势。

5. 小结

焦培慧等(2019:81)援引沙维尔的研究结果显示,教师对教材建设投入越多,越能从中获得专业发展。回顾这两三年来我个人的教材及教学参考资料编写经历,我真切地感受到,参与教材开发是促进教师专业发展非常有效的途径,其所带来的教师专业发展成效远大于其他教师培训活动。在教育界流传着这样一句名言:"Tell me, I will forget. Show me, I may remember. Involve me, I will understand."。在我看来,讲座与培训往往是 tell me 的活动,在听后可能只记得只言片语;听课观摩是 show me 的活动,我们经常会有所感悟,能选择性地借鉴一些较好的课堂教学方法,并有意识地将之运用到自己的课堂教学中;而参与教材开发则是 involve me 的活动,通过亲身体验与实践,将上位的教学理念与抽象的教学理论内化为自己的专业认知与能力,从而有助于突破教师专业发展的瓶颈。因此,能够参与教材编写这样一个兼具学术价值与社会价值的重大项目,并在此过程中收获专业上的成长与素养上的提升,我倍感幸运、心怀感恩。

参考文献:

[1] 束定芳,庄智象. 现代外语教学:理论、实践与方法(修订版)[M]. 上海:上海外语教育出版社,2008.

[2] 束定芳. 中国特色外语教学改革探索——江苏华南实验学校英语教学改

革实验纪实(2009.5-2011.1)[C].上海：上海外语教育出版社,2012.

[3] 程晓堂,孙晓慧.英语教材分析与设计[M].北京：外语教学与研究出版社,2011.

[4] 安琳.教材对教师信念和教学行为的影响研究[D].上海：上海外国语大学,2012.

[5] 白益民.教师的自我更新：背景、机制与建议[J].《华东师范大学学报(教育科学版)》,2002,(4)：28-38.

[6] 焦培慧,刘传江.论作为教师专业发展途径的教材开发[J].江西理工大学学报,2019,40(2)：79-83.

[7] 刘宝莹.开宗明义 继往开来——《高中英语》(上外版)Getting Started 板块的结构与特色[A].束定芳(主编).英语教育与教学研究(第四辑)[C].上海：上海外语教育出版社,2021.

作者简介：

刘宝莹,上海外国语大学附属浦东外国语学校英语教师,中学高级,浦东新区英语骨干教师。曾荣获"全国教育教学信息化大奖赛基础教育组课例"一等奖、"全国外国语学校外语教学科研论文评比"一等奖、上海唐君远教育基金会"优秀教师君远奖"、"浦东新区教育科研工作先进个人"等奖项。

《高中英语》(上外版)教材及教学参考资料编写人员,担任教材的板块负责人(Getting Started 单元导入板块),主要承担教材选择性必修四册文学角、教学参考资料两个单元以及教学参考资料两篇文学角活动设计的编写,并参与编写教材选择性必修四第一单元、第二单元与第四单元的部分板块,教学参考资料必修二第二单元的部分内容。

教材编写与外语教师发展

118

宝剑锋从磨砺出，梅花香自苦寒来
——《高中英语》(上外版)教材编写历程

上海市复兴高级中学　楼　蕾

引言

时光进入 2020 年 9 月,我的书桌上静静地放着一本教材,散发着书墨香。我所参编的《高中英语》(上外版)教材终于面世了。我曾经见过它的很多样子,从电脑里的 Word 文档,到打印出来的初稿,到装订一新的册子。我以为我已经足够了解它,但是真正拿到书的那一刻,心情依然十分激动,心中油然升起一种看着一个牙牙学语、蹒跚学步的婴儿终于长大成人的满足感,也不禁回想起这几年参与编写教材的历程。

2017 年,我校成了上海市英语教育教学研究基地的基地校。我带领英语组主持了上海市英语教育教学研究基地科研委托项目《高中英语(上外版)的使用状况调查研究》。本项目结合新课标,深入分析、挖掘《高中英语》(上外版)(试用的单元)所蕴含的英语学习和教学的理念和方法,通过对教师驾驭教材的能力以及学生对教材的把握程度的调查研究,掌握这本教材实际使用状况,从而为基地教材编写者提供更新、更全面、更实用的参考。同时,我本人作为高中的一线教师也受邀参加了这套新教材的编写。为了更好地开展教材编写工作,我研读了如外研社版、北师大版、人教版、中国香港、德国等多套国内外的教材,并从文化、语言知识和技能、情感价值取向、跨学科内容、多模态话语分析等维度对教材进行比较分析,更新了理念,拓宽了视野。

我从教材编写项目启动之时就加入了这个团队。从最初的选文开始，到与大学教师合作编写学生用书的单元，到最后编写教师参考用书时担任分册负责人，其中经历十多次的碰头会，无数次的修改甚至推倒重来，三次与专家、教授、出版社编辑一起的封闭编写，过程极其艰辛。比如为了选到一篇篇幅适中，难度适中，思想性、艺术性、时代性都合适的文章，可能要找遍各大网站，有时候还要"翻墙"，阅读相关主题的几十篇文章，可谓是殚精竭虑。但是这个过程，无论对参与的大学教师还是我们高中教师，都可以说是一场洗礼，使我对新教材的编写理念，单元的整体设计，各个板块的功能等有了更深入的理解，对我的专业化发展有不小的推动作用。其中，我感悟最深的是在"双新"背景下，课堂教学模式应该发生三个转变：

1. 教学目标从知识技能到核心素养的转变

在教材编写之初，我们首先明确了教材编写必须体现国家意志，要全面贯彻党的教育方针，落实立德树人的根本任务，培养具有爱国情怀的人，具有正确的世界观、人生观和价值观的人，具有构建人类命运共同体意识的人，具有适应世界多极化、经济全球化和社会信息化能力的人才。因此，我们在教材编写过程中一直秉承"以人为本"的原则，充分考虑学生的发展和需要。教材编写的难度、分量、体系、方法与活动的设计等都力求适应和满足学生身心发展的需要。如考虑到高一学生刚升入高中学习，整本教材的第一单元特地设置了School Life 的主题，通过描述新生入学故事的语篇，让学生产生共鸣，消除进入新环境的紧张感，以积极的态度和信心应对新的学习环境。整套教材中的语言知识和技能由浅入深、由易到难、由简到繁，系统地、循环反复地安排。当然，每个单元的教学目标不仅仅停留于知识与技能，而是指向培育学生的核心素养。如在增强文化意识方面，此次教材编写充分体现了中国特色，我们在教材编写中坚持语言学习与文化内容相结合，增加反映中华优秀文化的内容，在加深学生对中国文化理解的基础上形成中外文化的双向交流，有意识地引导学生在每个单元的主题语境下,通过对文化内容的学习和文化对比的活动,增强爱国情怀,坚定文化自信,主动传承和弘扬中华优秀文化。如在培养学生思维品质方面,《高中英语》(上外版)教材专门设立了 Critical Thinking 的板块,围绕主题情境,整合单元阅读和视听语篇,引导学生梳理信息,运用思辨策略,表达个人见解或观点,提出解决问题的方法,提升其思维品质。

既然新教材的编写理念有如此大的革新,我们在使用这本教材的时候,也要相应地改变我们传统的以知识技能为核心的教学观念,深刻理解学科育人的重大意义,积极探索基于新教材的育人有效途径。

2. 教学方式从碎片化到主题意义引领、六要素整合的转变

本次新教材的编写突出以主题为引领,以语篇为依托,在具体语境中帮助学生将语言知识、文化知识、语言技能、学习策略等课程内容要素进行整合运用,从而体现英语学习活动的综合性、关联性和实践性。单元板块设计更加体现了学习的过程性:理解性输入—内化—理解性输出。每个板块都有相对独立的教学内容和教学目标,但各板块之间从话题和语言上互相联系,互相支撑,输入和输出相结合,理解与表达相结合。为了实施形成性评价,我们专门设计了 Further Exploration 的板块,为学生提供综合运用英语的空间,展示他们的多元智能与综合素质。

此次教材中的活动设计有机融入了主题语境、语篇类型、语言知识、文化知识、语言技能和学习策略六个要素。教材系统安排基础语言知识和技能训练,更加重视语义、语境、语篇和语用。在问题的设计上思维度明显提高,让学生从观察、发现、比较、分析、推断到归纳、评价和建构自己的观点,教材设置的讨论问题更具开放性,有利于发展学生的多元思维,特别是批判性思维。

由此,我们一线教师在课堂教学中要努力改变碎片化的教学方式,采用以主题意义为引领的、六要素整合的教学方式,基于对主题的探究和主题意义的深度学习,开展以解读、建构和交流为目的的教学活动,整合语言知识和语言技能的学习与发展,将特定主题与学生

生活建立密切联系、层层递进地开展语言、思维、文化相融合的活动。

3. 教学活动从教师中心到学生中心的转变

在此次编写新教材的过程中,我发现新教材的活动设计有以下几个特点:1)强调学习过程。重视学生对学习过程的参与,尤其是思维参与。教材的每一个板块都有一个相对独立的任务,是一个独立的教学活动,并标有活动标题,形成独特的学习过程。2)重视技能整合。教材活动设计有机整合不同的语言技能,比如 Moving Forward 板块根据单元主题和内容的不同,会整合 Speaking 和 Writing 的技能;Further Exploration 的板块要求学生综合运用各种技能结合现实生活进行主题意义的探究。3)加强策略指导。新教材在听说板块和阅读与思辨等板块都有计划地设计了学习策略指导,同时也很重视口语策略,比如交谈如何开场、继续以及澄清、协商、建议、劝告等。而且,每项学习策略都有相对应的教学活动支撑,有目的地培养学生使用不同的听力理解和阅读理解策略的能力,比如通过关键词来获取信息、辨别文本特征、预测文本大意、根据语境猜测词义等。其次,在语法探究板块,教材采用了"发现—运用式"编写模式,引导学生通过观察、发现、归纳,然后再练习、运用语法知识,让学生在发现语言规律的过程中去感悟语言,把握语言特征,并准确地运用语言。学生发现和体验语言规律的过程也是学生独立学习能力的发展过程。

新教材活动设计的这些特点给我们的启示是,我们要改变传统的以教师教学为中心的课堂模式。我们应该深度挖掘教材的文本内涵,充分利用教材的资源,在教学过程中能灵活把握"生成性"问题以及尽可能采取"开放式"的策略,给课堂"留白",给学生自由探索、自主思考的时间和空间,激发学生的个性与潜能。

结语

"宝剑锋从磨砺出,梅花香自苦寒来。"三个寒暑的时间匆匆而过,所有的辛苦在收获成果的那一刻都化为了满腔的喜悦与感动。这三年参编的经历使我在教育教学上都得到了长足的进步。衷心希望这套凝聚了我们辛劳和汗水的教材能得到广大师生的喜爱,为国家培养新时代的人才贡献一份力量。

参考文献

[1] 教育部.普通高中英语课程标准(2017 年版 2020 年修订)[M].北京:人民教育出版社,2020.

[2] 梅德明,王蔷.改什么? 如何教? 怎样考? 高中英语新课标解析[M].北京:外语教学与研究出版社,2018.

作者简介:

楼蕾,上海市复兴高级中学英语教研组长,上海市第三期"双名工程"名师基地班学员,上海市第四期"双名工程"攻关计划学员和种子计划领衔人,虹口区高中英语研修团队主持人。曾荣获"上海市中青年教师英语新教材教学展评(高中组)"一等奖、"第十届全国中小学外语教师园丁奖"等荣誉,主持或参与了市、区级等多项课题。

《高中英语》(上外版)教材编者,担任教学参考资料选择性必修第三册分册负责人,参与教学参考资料必修第三册编写。

教材助力　自我成长
——我的教材编写故事

上海外国语大学附属外国语学校　王琳艺

引言

我是上海外国语大学附属外国语学校一名英语教师,可能是上海市二期课改以来唯一一名参加了初中和高中两套英语教材编写的中学一线教师。

我首次与教材结缘是在 2000 年,当时有幸进入初中《英语》(新世纪版)教材编写组。该套教材共有 4 个年级 24 本书(含学生用书、练习部分、教学参考资料),我是其中 12 本的第一作者,另外 12 本的第二作者。十年间,该套教材经历了试验、试用和修订三个不同阶段。

我与教材第二次握手是在 2018 年春。因为上海市英语教育教学研究基地(以下简称"英语基地")支持下的"指向英语学科核心素养发展的语篇解构与建构"教研活动,我有幸结识了英语基地的王蓓蕾博士,继而走进了高中英语教材的编写团队。

1. 成就更好的自己

初中《英语》(新世纪版)教材编写团队由时任上海外国语大学校长的戴炜栋教授和上海外国语大学张慧芬教授担任主编,编写成员包括上海外国语大学高翻学院赵美娟教授、出国培训部盛建元教授、上海市一期课改教材编者金光华老师。

2000 年底我进入编写组时,刚入职五年。那时没有手机、微信,编写组成员每周至少一次面对面讨论语言表达、活动设计……还有经常性的加班。和大师们一起切磋,为我提供了人生中宝贵的学习机会。一次又一次的讨论、一稿又一稿的改写,让当年年轻的我逐渐知道了"什么是课、怎样上课"。

我将当时先进的编写理念——"主题教学法"(theme-based approach)、"结构—功能法"(structural-functional approach)、"任务型教学法"(task-based approach)融入我的课堂教学,因此,在 2005 年"上海市中青年教师教学评比"中荣获一等奖(初中组第一名)。可以说,教材编写之路也就是我个人作为教师的成长之路,让我收获了职业生涯中的第一个重要奖项。而该套教材和高中《英语》(新世纪版)教材一起,荣获 2013 年"上海市基础教育教学成果"二等奖。

2018 年夏,我正式加入英语基地主持的《高中英语》(上外版)的编写团队,成为单元作者、阅读板块的负责人;2019 年,又成为其教学参考资料的分册主编。正是这次的教材编写,让我成为全市最早接触、学习《普通高中英语课程标准(2017 年版)》(以下简称"高中英语新课标")的初中教师之一。从"综合语言运用能力"到"学科核心素养"四要素和"整合六要素的英语学习活动观"的提出以及多元化评价体系的引入等可以看出:与 2003 年颁布的《普通高中英语课程标准(实验)》相比,此次高中英语新课标在课程宗旨、课程目标、课程结构、课程内容、教学途径、评价方式方面都有了大变化,体现了英语课程理念层面的重要突破和实践层面的积极探索。这些内容极大地促进了我的教学理念的更新和对教学实践的思考。

教材编写过程也就是我自己学习高中英语新课标、实践新的教学理念的过程。作为教材阅读板块的负责人,我关注课标中所提出的"语篇微观组织结构"和"语篇宏观组织结构",将语篇的主题、内容、文体结构、语言特点、作者观点等作为考量,从理解的三个层次(表层理解、深层理解、评价性理解)设计练习,编写学习理解类活动、应用实践类活动和迁移创新类活动。同时,我还关注阅读板块和单元内其他板块的关系,力图在体现活动关联性、综合性和实践性的前提下,强化单元的整体性。

因为新教材使用教师培训的需求,我还参加了视频录制,以《基于标准 关联生活 提升能力》为题,介绍《高中英语》(上外版)的阅读板块设计,供广大教师观看。该视频目前投放于外教社"中小学外语教学网"。

我还将在教材编写中学到的"单元整体意识""整合六要素的英语学习活动观"等,运用到了我的教学指导中,带着大单元、大课程的意识规划课时,强调主题语境的创设,依托多模态语篇,通过设计各个理解层次、多种类型的教学活动,引导学生开展合作、自主、探究学习,力图逐步、扎实地培养学生的学科核心素养。正是在高中英语新课标的引领下,我辅导的教师在各级各类英语教学比赛中屡获佳绩,如,上海外国语大学附属外国语学校郑喆老师获 2018 年"上海市高中英语教学展示活动"一等奖,上海外国语大学嘉定外国语学校江佳玮老师获 2019 年"第三届上海基础教育青年教师爱岗敬业教学竞赛"总决赛一等奖,上海外国语大学嘉定外国语学校唐维老师获 2019 年"第二届黑布林英语阅读全国优课大赛之'优课''教学设计'"双料一等奖,上海外国语大学附属外国语学校东校李茹奕老师获 2019 年"全国初中英语前沿课堂观摩研训会"优质课。我本人也获得了 2018 年"上海市高中英语教学展示活动单元解读"优秀奖、2019 年"第二届黑布林英语阅读全国优课大赛'教学设计''优课'"双料一等奖。2020 年底,我更是凭借教材编写通过上海市 2020 年度中小学正高级教师任职资格评审。这是对我个人的认可,更是对教材编写工作的肯定。

如果说初中教材编写把我从门外汉变为"熟手",那么 2018 年起的高中英语教材编写经历,就是我通过学习、参悟新课标,突破瓶颈、逐步走向成熟、形成自己的教学见解和风格的成长过程。

2. 遇见优秀的同仁

英语基地的高中英语教材编写团队人才济济、大师芸芸。正是基于这个平台,我结识了多名校骨干教师、各区英语教研员、英语基地的专职研究员、上海市特级教师、上海市正高级教师……和他们交谈、聆听他们的发言,都能让我学到很多,也看到自身的不足,极大地激发了我的学习进取之心。

比如,宝山区教研员、上海市特级英语教师、上海市首批正高级教师徐继田老师。每次和他交谈,我都能听到很多术语,如:人物分析之 ABCDE 法则(admiration, background, characteristics, deeds, evaluation)、文本的 4C 框架结构(content, communication, cognition, culture)、教学设计的 5T 原则(text, theme, thread, transition, topic, task)……字字珠玑,我不禁惊讶于他的学识高度。他说:"看书查阅资料是我每日的必修课程。"其实,很多和徐老师接触过的教师也和我有着一样的感受。曾经有一位年轻教师和我说过这么一个故事:每次请教徐继田老师时,她总是边听边记边查百度,因为徐老师所给的信息量太新太大。由此可见徐继田老师渊博的学识和深厚的理论功底。

又如,英语基地兼职研究员、同济大学王蓓蕾副教授。作为高中英语新教材的副主编,她的专业学识自然不在话下。而最令我动容的是她对待教材编写一丝不苟、尽善尽美的工作态度。她不仅参与组织教材编写,还负责包括教师培训、课例研讨在内的各类相关事务。但是,无论多忙,只要是和教材相关的事情,她都会在第一时间耐心地给出具体答复。她就是这样倾其所能,忘我工作。记得有一次封闭会议期间,王蓓蕾老师突然身体不适,在大家的劝说下,她才在晚间离开会场。令人意外的是,第二天一大早,她又出现在编写组,继续投入工作。这种无私忘我的工作态度和精神实在值得大家称颂。

作为英语基地的领军人物,高中英语教材主编、上海外国语大学束定芳教授,也是位值得学习的楷模。束教授的学术水准大家有目共睹,然而让我感触最深的是他的为人和胸襟。他经常挂在嘴边的就是"先把事做好"。每当我遇到困难情绪波动时,他就会安慰我说:"做中学,学中做,慢慢来,不急"。面对流言蜚语,他也总是淡定自若,并说:"清者自清,浊者自浊""做人要有格局"。一开始,我并不理解这些话语的意思。后来因为工作关系,和束教授有了更多的接触,才慢慢地开始体会到这些话语的深意和其所折射出的做人的"格局"。

其实,在教材编写团队中有很多像徐老师、王老师、束教授这样德艺双馨的优秀同仁。和他们共事,不仅加速了我的专业成长,还让我在职业观、人生观上得到了很好的提升和发展。

3. 拥有更高的平台

作为高中英语教材编写组的坚实后盾,英语基地给编写人员提供了很多高规格的专业培训机会。上海外国语大学梅德明教授、北京师范大学程晓堂教授、南京大学王守仁教授等,都是英语基地的常客。他们高屋建瓴的讲座报告,让我在课标研读、教材编写等方面受益匪浅,而这些又被我运用到了教材活动设计和课堂教学中去。

除了知名的全国高中英语课标修订组专家外,湖南大学的刘正光教授也是多次参加教材编写封闭会议的专家。刘教授素以"高标准、严要求"闻名,且铁面无私。记得某一年暑期崇明的封闭会议,我们拿着自己的单元设计,一个一个战战兢兢地来到刘教授面前,聆听他的评价和指导。当年,被他驳回的单元设计并不少,很多还需另找语篇从头开始。当然,如果能得到他的肯定,那必定就是"最高荣誉"。记得当年,我在必修第二册第一单元 Key Vocabulary 中设计的让学生从 tree 的视角进行故事复述和第二单元 Comprehension Plus 中设计的让学生利用该课语法定语从句进行语篇理解检测的活动,就获得了刘教授的首肯,自豪之情油然而生,而且还得到了编写组其他老师的祝贺。

在教材的编写过程中,英语基地还会邀请基地的海外知名专家学者(如 Brian Tomlinson 教授)和外籍教师对教材进行审读。阅读专家意见的过程也是我个人学习的过程。通过对专家意见的思考,我看到了自身的局限和不足;在理解专家视角的同时,反思自身的思维和设计,从而提高了自己的教学素养。

其实,高中英语新课标背景下的高中英语教材编写,不仅仅是一群人的自我奋斗。与之相关的,还有课例展示、教师培训、教学资源建设等,需要来自英语教学整个领域,大学教授、市区教研员和中学一线教师的通力合作、探究和学习。所有这些加起来才能保证教材编制工作的顺利完成。作为一名教师参与其中的我可以在多方向、多层次进行学习和实践,而最终使自己的专业素养得以发展。正所谓,"条条道路通罗马"。

结语

诚然,教材编写是非常辛苦的,但同时参编者的收获也是颇为丰厚的。一分耕耘,一分收获。天道酬勤。

我是在教材编写中汲取养分,通过与之相关的学习和实践进行职业培训的,做学问、学做人。毫不夸张地说,编写组是我成长的基地,通过一稿又一稿的打磨,完成自己破茧成蝶的蜕变。我个人的成长经历,很好地证明了教材编写对一线教师的意义:只有在先进教学理念的指导下,才能有正确全面的文本分析和教学活动设计;只有在教学理念指导下的教学实践,才是有"灵"有"魂"的教学实践。而参与教材编写,就是我们一线教师,通过语篇分析、活动设计,直接学习教学理念、进行教学实践的最有效且最高效的方式。

参考文献

[1] 中华人民共和国教育部.普通高中英语课程标准(2017 年版 2020 年修订)[M].北京:人民教育出版社,2020.

[2] 王蔷.《普通高中英语课程标准(2017 年版)》六大变化之解析[J].北京:中国外语教育,2018,11(02):11 - 19,84.

[3] 梅德明,王蔷.普通高中英语课程标准(2017 年版)解读[M].北京:高等教育出版社,2018.

作者简介:

王琳艺,上海外国语大学附属外国语学校课程中心副主任,上海外国语大学附属外国语学校松江云间中学副校长，英语正高级教师。

　　担任《高中英语》(上外版)教材"阅读板块"的负责人，参与编写必修第二册第二单元和选择性必修第二册第二单元，也是选择性必修第二册教学参考资料的分册主编。

为青年教师打开一扇门

——参与编写《高中英语》(上外版)教材、教学参考资料有感

上海市浦东复旦附中分校　袁李瑶

1. 编写契机——始于佘山

　　从 2018 年 10 月首次参加教材编写工作到《高中英语》(上外版)教材在上海市投入使用、各项教学展示和研讨活动火热展开,已经过去了两年多的时光。作为编写组最年轻的"九零后",能够加入这样严谨、博学、高水平的教材编写团队,我深感荣幸,而这和我的恩师何幼平老师的推荐密不可分。还记得 2018 年国庆假期,我作为何老师的"小助手",与教材编写组的老师们一起前往佘山参加封闭研讨,我的教材和教学参考资料编写之旅也由此拉开序幕。

　　记得当时在紧锣密鼓的研讨之后,还要连夜与何老师一起头脑风暴,构思更贴近学生生活、更能突出视听材料特点并体现视听策略的活动。每构思出一个令我们"满意"的课堂活动,并在电脑上把想法变为文字和图形,成就感便油然而生(当然,当时觉得"满意"的活动,在一轮轮的审读和修改后,也有不少调整和润色)。我想就是这种成就感激励我在周末、节假日和工作日的夜晚,坚持完成一项又一项编写任务。其时,我一想到自己参与编写的教材将走进上海市高中生的英语课堂,便心生欢喜;同时,一想到这套教材将接受英语教学专家和全上海乃至全国英语教师的审读,又不自觉地多了一分谨慎。就在这种欢喜的驱动下和谨慎的鞭策下,我走过了两个春夏

秋冬,并最终迎来了新教材的顺利落地,看到了胜利的曙光。

在这里,我想要感谢何幼平老师的推荐、指导、鼓励和鞭策,是她带领我走进了这片风景旖旎的新天地;感谢编写组大家长束定芳老师、王蓓蕾老师和徐继田老师不辞辛劳的审读和修订;感谢参加编写工作的各位老师以及出版社的编辑老师。各位工作中展露出的严谨治学、精益求精、科学高效的精神,是我受用一生的宝贵财富!

2. 审读——通过他人的眼光审视自己的思维

在结束了教材编写工作之后,我迎来了另一个挑战——编写教学参考资料。在我看来,教学参考资料的编写就像是对整个单元进行超详细、多维度的备课。编者不仅要考虑到单元间的关联,还要仔细研读单元教学目标、教材内容及相应的学习策略。此外,在设计Suggested Activities(备选活动)时,还须考虑活动的可行性和各层次学生的学习能力。如果说以上这些是供教学参考资料编者发挥创造的小天地的话,那么接下来数十轮的审读、修改和校对工作,则是思维碰撞的大舞台。在一轮轮的审读中,有两件事给我的印象最为深刻。

2.1 顿悟时刻:对标单元教学目标,切忌随意发挥

在针对单元教学内容设计学生活动时,编者们有时会各显神通,从不同角度切入。在这种情况下,有时会设计出富有新意的活动,但有时也会设计出一些看似有道理、有深度,细究起来却与本语篇或本单元教学目标背道而驰的活动。而沉浸在创作的喜悦中的编者,可能由于"自己的'孩子'怎么看怎么美"的原因,很难发现其中的问题。因而,教学参考资料的审读环节就尤为重要。

我在编写《高中英语》(上外版)教学参考资料选择性必修第二册时,就经历过这样的顿悟时刻。《高中英语》(上外版)选择性必修第二册第一单元的主题是 Scientists,其中 Reading B 的文章 Rosalind Franklin 讲述了女科学家罗莎琳·富兰克林的故事,她在女性备受轻视的年代,坚持接受高等教育并进行科学研究,最终通过 X 射线照片

发现了 DNA 双螺旋结构。但她的发现被两名男性科学家所利用,最后这两名男性科学家被授予诺贝尔奖,而罗莎琳·富兰克林却因身患癌症而去世。

在构思该语篇的备选活动时,我自然而然地想到了"性别歧视"这个话题,因而设计了如下活动:

Before students' first reading, have them name as many scientists as they can, count the number of male and female scientists and discuss the following questions:

1. Which group has a larger number, male or female scientists?

2. Is it true that males always outperform females in science? If not, what may be the reasons that female scientists seem to have been outperformed by male scientists?

在我看来,该活动可引导学生挖掘罗莎琳·富兰克林的研究成果未获认可的原因,并深入思考性别歧视这一社会因素对科学研究的影响。我觉得这个活动既有新意,又有深度,因而感觉比较满意。

但在随后的审读修订环节,王蓓蕾老师提出"建议理解的重点还是放在优秀科学家的素养上。这个单元的主题是科学家,不是 gender differences or discrimination(性别差异或歧视),而且文章最后也点明了即使面对各种挑战,Franklin 仍然不改初心,坚持科研,这也体现了她作为科学家的素养"。

看到了王老师的批注,我才意识到那个使我感到"沾沾自喜"的活动设计,它的目标与本单元教学目标中的 deepen an understanding of challenges faced by scientists from different cultures and their achievements 相去甚远,并且还会在一定程度上使学生产生"就是因为性别歧视,所以罗莎琳·富兰克林才没有获得诺贝尔奖"的想法,从而偏离本单元学习重点。

通过这一批注,我对活动目标和单元教学目标的一致性有了更直接和清晰的认识,随后便调整思路,以挖掘罗莎琳·富兰克林的性格特征为出发点,要求学生仔细阅读篇章,并根据细节和事实归纳主人公身上优秀的科研品质。这样不仅能促使学生深挖文本,锻炼他们的阅读、归纳和推理能力,还能引导他们探寻科学家的优秀品质,与本单元的主题和教学目标相呼应的同时,发挥学科育人价值,弘扬积极向上的人生观和价值观。

课堂活动的设计可以多种多样,但单元教学背景下的活动设计目标应与本单元的教学目标相一致,体现出教材积极向上的引导性和育人价值。在这次修改之后,课堂活动设计和教学目标是否一致就像标尺一样,成了我在设计和修改活动过程中必会考量的要素。

2.2 housewives:小单词背后的大道理

对一本以英文为主要写作语言的教学参考资料而言,外教的审读和反馈自然是必不可少的。在外教给我的各项反馈建议中,以下这条虽然只改了一个词,却让我深思。

学生用书的问题是:

Do you think scientific progress is always a good thing? Why or why not?

教学参考资料中所给的参考答案是:

I think scientific progress is always a good thing because it frees human beings from manual labour and makes life much more convenient. For example, the invention of the washing machine frees housewives from washing clothes, thus saving time for entertainment or family activities ...

我自己审读时并没有看出这个参考答案的问题,但外教读后建议把 housewives 换成 people。这一改变虽然只有一字之差,但背后所代表的含义差别却非常大:如写为 housewives,便默认做家务的应该是家庭妇女,这不仅与现代社会家庭成员共同平等承担家务劳动这一事实相违背,甚至会在学生的思维中潜移默化地烙上"做家务的就应该是家庭主妇"这一迂腐陈旧的思想。而使用中性的 people 一词则不会有此不良后果。外教对细节的关注以及思考的全面性令我敬佩,这也使我在之后的编写和审读过程中更加关注单词使用的适切性,全面思考词语背后的隐含意思及其对读者的潜在影响。

教学参考资料审读、修改过程中引人深思的批注和建议还有很多,在此不一一列举。修改过程虽然漫长,但每一个批注,每一条建议背后都是观点的碰撞,都能让我通过他人的眼光再次审视自己的思维和认知,而这无疑会激发我对语篇、活动设计理念、新课标以及英语学习产生新的、更深层次的思考,也为之后的教学和科研工作奠定了基础。

3. 意义非凡的赠书——参考原版教材

尤记得在教师节前夕的一次编写研讨会上,出版社为老师们发了一套外教社引进的原版教材 *Let's Talk*(《大学英语基础口语教程》)。拿到教材后,我立即被这套教材丰富新颖的活动设计和精美的插图所吸引。当我播放教材配套的 CD 时,更是被其配音水平所震撼。与传统的播音腔不同,这套教材的所有音频非常真实,背景音给听众很强的代入感,而且人物情感和故事情节通过语音语调的变化也得以淋漓尽致地展现!我猜测,也许这套教材的编者请的不是播音员,而是专业的演员来录制音频。如果我们国内教材的视听板块能够按照这样的标准录制音频,大胆截取真实环境下对话中的片段,最大程度保留人物情感和背景音,是不是会让学生更有兴趣学,同时教学成果也会更显著呢?

幸运的是,《高中英语》(上外版)的部分音频就采取了这种配音方法。虽距离整套书完全采用沉浸式配音还有一定的距离,令人感到欣慰的是,我们已经迈出了第一步。

同时,受到 *Let's Talk* 这套教材的影响,我开始对原版教材的内容和编写模式感到好奇,随后又购买了经典教材 *Side by Side*(《朗文国际英语教程》)。虽然后者是适用于初中学段的英语教材,但它以培养学生语法运用能力和交际能力为核心的编写策略以及生动丰富的对话场景给我留下了深刻的印象,同时也为我的语法教学带来了新思路。

现在回想起来,外教社那一份意义非凡的赠书,为我打开了探索英语国家原版教材的大门,也为我的教材、教学参考资料编写和日常教学带来了全新的思路和视角。

4. 高效的组织管理——自我管理与团队管理

　　教学参考资料编写工作不仅能够给编者带来专业知识和素养的提升,更对他们的时间管理和自我约束能力提出了更高的要求。教学参考资料的编者中有较大一部分是来自教学一线的老师,要在完成本职教学工作后,安排时间来完成编写工作。时间紧、任务重,稍有不慎,就可能导致延迟交稿、稿件质量参差不齐等问题,直接影响后续审读和修改工作。

　　作为刚走出校门工作时间并不长的九零后,面对这样的工作强度,我刚开始是有些不适应的。但编写组老师们兢兢业业、勤勤恳恳的工作态度潜移默化地感染着我。在这样的大环境下,我便不自不觉地提高了时间利用效率,增强了自我约束,更加科学合理地分配时间,做到劳逸结合,高效产出。

　　如果说我要考虑的仅仅是自我时间分配和管理工作,那分册主编则要统筹全册编写工作,调动每个人的工作积极性,保质保量地完成本册的编写和修订任务。非常有幸,我所在的《高中英语》(上外版)必修第三册和选择性必修第二册的编写团队中,分册主编的管理方式都非常高效。选择性必修第二册主编王琳艺老师布置工作的方式给我留下了很深的印象。她不仅会把工作任务、时间节点清楚地告知大家,还会在中期询问进度以及是否遇到什么困难,在交稿前几天,会提醒老师们按时交稿。在编写过程中遇到问题,王老师总是能够第一时间帮我们解决。在我看来,这是一种既有力量、又有温度的组织领导模式。整个编写过程虽然紧张,但在这明确的指引下,我觉得很有方向感,因而也能更高效地完成编写任务。

5. 结语——青年教师职业发展

　　虽然教材和教学参考资料的编写工作即将接近尾声,但这段宝贵的经历为我打开了英语教学与研究的大门,使我能够以更高远的视角看待日常教学活动,并进行一些深入思考:如何设计出更有趣味性、更受学生欢迎、同时更有教育意义的课堂活动？如何在最大程度上帮助学生将所学转化为语言应用能力？如何在英语课堂中体现育人价值？

一路走来，虽然有挑灯夜战的辛苦，但更多的是学习的充实感和收获的幸福感。毋庸置疑，本次编写工作增强了我作为英语教师的成就感，更加坚定了我的职业选择，明确了职业理想，是我人生道路上不可多得的宝贵财富。

作者简介：

袁李瑶，2016 年毕业于北京外国语大学，获硕士研究生学位，随后进入上海市浦东复旦附中分校，担任高中英语教师。袁李瑶曾在"上海市高中英语教学展示活动"中获市级二等奖，在浦东新区"'新苗杯'教学评优比赛"中获得一等奖，在上海市"中小学（幼儿园）见习教师规范化培训"中获得优秀奖；曾参与录制上海市"高中英语高三年级空中课堂"，并已于 2020 年 11 月播出。

参与编写《高中英语》(上外版)教材选择性必修第一册、《高中英语》(上外版)教学参考资料必修第三册和选择性必修第二册。

推敲打磨　慢工细活

——《高中英语》（上外版）教学参考资料、练习部分编写小记

上海市浦东教育发展研究院　沈冬梅

引言

时间总在不经意间匆匆而过。

2018 年 11 月接到王蓓蕾老师的邀约，参加《高中英语》（上外版）教学参考资料的编写，就此开启了我与新教材的朝夕相伴之旅，整整两年半，让我欢喜让我忧。

教参样张从无到有、建立规范、编写的过程，历历在目。大大小小的会议无数、热火朝天的研讨无数、推翻重来的稿件无数……

必修第一册相关任务初稿完成之后，2019 年 6 月，几乎同时接到王蓓蕾老师和潘鸣威老师的参加教参和练习部分编写邀约。有犹豫，担心时间、精力及能力的不够；但最后，出于对新教材的喜爱，还是接下了选择性必修第一册教学参考资料、练习部分的分册主编两个任务。感谢两位老师的信任，给了我深度参与教材编写的机会。

之后，组建团队、研读教材、思维碰撞、初稿编撰、反复打磨、封闭磨稿、综合修稿、专家审读、初步定稿……无数个日日夜夜悄悄流淌，在精挑细选的素材搜寻中，在绞尽脑汁的活动设计中，在一字一句的推敲打磨中，在相互启发的结伴前行中。编教材的酸甜苦辣，个中滋味或许只有身处其中的人才能深刻体会。

教材出版前还经历了两次区域范围内的试教试用，使老师们在

新教材面世之前对新教材就有了初印象,建立了初感情。

本文将采撷漫漫编写路中的几朵小浪花,以选择性必修第一册第三单元 Adventuring 的练习部分为例,谈谈编写感悟。

> 《高中英语》(上外版)练习部分(以下简称"练习部分")是教材的必要补充。它紧密围绕教材的有关内容,以新颖的题型、真实且贴合主题的素材、多样的练习和有趣且有意义的活动给学生提供各种提高语言实践能力的机会。(摘自练习部分前言)

在本册配套练习部分编写过程中,我们始终想要体现的特点是:基于单元主题,在语篇中夯实基础、丰富体验;在语境中循序渐进、融合技能;在学用中训练思辨、育能育人。

1. 主题语境引领——适切选材

主题语境是英语课程内容六要素之一,它不仅规范着语言知识和文化知识的范围,还为语言学习提供意义语境。《高中英语》(上外版)的编写,各板块的内容都体现了单元主题的引领作用。所以,《练习部分》的素材选择,其第一原则也是围绕单元主题开展。

信息爆炸的年代,使用关键词检索时,素材如潮水般从四面八方涌到我们面前,报纸杂志、内网外网、国内外教材,不一而足。如何选择合适的语料,成了我们必须攻克的第一座堡垒。

1.1 精挑细选

本单元标题为 Adventuring,主题语境为"人与自然",主题群为"地球与宇宙奥妙探索",教材主要语篇包括:2 篇记叙文,其一是讲述南极探险家欧内斯特·沙克尔顿及其队员克服艰难险阻、探索南极的故事,其二是经典小说《鲁滨逊漂流记》第一章的选段改编,讲述鲁滨逊第一次出海遭遇暴风雨的历险过程及其心理变化;1 个纪录片录音片段,简述了人类探险的原因和方式;1 个播客视频,通过探险家的自述,传达探险者百折不挠、追求梦想的精神。

本单元的教学目标是:能描述和讨论探险经历;能比较不同文化背景中的人对成功和失败的态度;能描述和比较不同的探险者及

其经历;能使用符号和缩略语做笔记以促进听力理解,在写作中采用数据作为支撑材料。

　　解析教材内容和单元目标之后,在练习部分语料筛选时,我们采用的原则是突出"主题关联""体裁多样",并关注"有意义的(meaningful)、既有趣又相关的(interesting and relevant)、非语法程序安排的(not grammatically sequenced)、略高于学习者现有水平的(i+1)可理解的语言输入(comprehensible input)"(克拉申:1981)。

　　下表是我们在近百个多模态语料中最后选定的素材内容。

表一:选择性必修第一册第三单元素材汇总

板　块	话　题	语篇类型	可读性指数	素材出处
Grammar in Use/Section A	青少年户外探险培训	记叙文(个人故事)	9.5	https://www.soadventure.org
Grammar in Use/Section B	失落的世界	记叙文(科幻故事)	6.2	http://www.softschools.com
Vocabulary Focus/Section A	轮船消失之谜	说明文(事件介绍)	11.5	https://www.rd.com
Vocabulary Focus/Section B	探险求生	说明文(指南)	8.1	https://www.rd.com
Listening and Viewing/Section A	旅行过程及感悟、极限运动、冒险精神等	短对话		自编
Listening and Viewing/Section B	探险家简介	说明文(人物介绍)	10.5	http://famous-explorers.org
Listening and Viewing/Section C	探险活动和探险家介绍	纪录片		https://video.nationalgeographic.com
Reading and Viewing/Section A	征服珠穆朗玛峰	记叙文(历史事件)	9.2	https://www.nationalgeographic.com

（续表）

板　块	话　题	语篇类型	可读性指数	素材出处
Reading and Viewing/Section B	滑雪经历	记叙文（经历描述）	7.3	https：//www.newyorker.com
Reading and Viewing/Section C	哥伦比亚航海	记叙文（历史事件）	10.9	https：//www.thoughtco.com
Integrated Task	泰坦尼克号的沉没	记叙文（历史事件）	9.9	https：//www.thoughtco.com
Extended Reading	加州掘金	说明文（事件介绍）	12.1	https：//www.thoughtco.com

注：1. 本表中可读性指数参考的是 Flesch-Kincaid Grade Level。
　　2. 本表中的可读性指数是根据改编后的语篇，而非原素材的统计。

由于受单元主题语境与单元教学目标所限，本单元练习部分中的素材以叙事类的为多。在选材时，我们力求在话题的时间和空间上拉开跨度。同时，即便多篇语篇同为记叙文，我们也尽量选用不同话题的文章，让学生有机会从不同的视角观察和了解不同的事件和人物。希望在适度呈现主题信息和语汇复现的语料中，帮助学生在理解多模态语篇的过程中增加体验，逐步丰富话题信息、扩充话题语汇、构建话题思维。

1.2　量体剪裁

语篇的确定，主要是基于内容是否适切的考虑，比如上文所说的主题的相关性，又比如上文未提到的语篇内容的政治性、育人性等，以本单元练习部分的 Listening and Viewing 板块为例，当时我们能检索到并经过初步挑选的视频有五六个。我们最终选择了《国家地理》杂志介绍 adventures of the year 的视频，不光是由于其画面生动、内容丰富、配音优美，更是由于旁白中那些话，让我们对探险及探险精神有了更深的认识。如："The world is full of mysteries, puzzles, waiting to be unlocked.""We immerse ourselves in order to understand how the world works, pushes the limits of human endurance and always take the long way home." "Be bold, be curious, be a part of something bigger."。初步确定视频后,我们对这个视频内容做了细微的调整,原先视频中出现的都是国外探险家的镜头,我们在片中增加了中国人勇攀珠峰的镜头,以期拉近探险与学生的距离,并产生更强烈的共鸣。

此外,就语言而言,语篇直接拿来就可用的概率极低。即便是经过精挑细选的语料,其篇幅和难度通常还是需要进行适度调整,才能成为 i+1 的可理解性输入。

也举一个例子,本单元的 Integrated Task 板块,我们选择了 The Sinking of the *Titanic*,其可读性指数为 10.9,语言的难度还是比较适切的,但原语料长度为 1012 字,对高二的学生而言过长。我们采用超纲词替换、部分句子改写、部分内容删除等各种方式,最终把语篇缩减到 411 词,可读性指数也随之降到 9.9。改编语篇保留了原语料的主要内容,聚焦泰坦尼克号的船体介绍以及沉船事件中最经典的部分;在改编中还特别注意了删减之后新语篇的逻辑性,以及语言在改动后与原语料风格的匹配性。

2. 练习设计活动化——技能融合

精挑细选、量体裁衣,改编之后的多模态语篇成为上好的"食材",等待着进一步的加工。

练习部分编写过程中,我们关注了夯实基础,以语篇为载体实现传统意义的练习册在做题中巩固语言知识、发展语言能力的功能。我们更尝试着进行活动化的练习设计,增强各练习之间的关联性和递进性,体现六要素整合的学习活动观,以期在主题意义的引领下,通过学习理解、应用实践、迁移创新等活动,落实新课标倡导的以评促学的理念。

2.1 产出导向、循序渐进

《高中英语》(上外版)配套练习部分从选择性必修第一册开始,

增加了一个 Integrated Task 板块,通过语言输入与语言输出的整体设计,呈现理解性技能和表达性技能在语言学习过程中相辅相成、相互促进的关系。我们挖掘特定语境所承载的主题信息和意义与学生可发展的语言技能和思维品质的关联点等,设计了一系列融合多项技能的、有较强综合性和关联性的、多种形式的语言学习活动,在探究主题意义的过程中整合语言知识和语言技能的学习,培养学生的学用能力。

以所选语料 The Sinking of the *Titanic* 为例。选择该文有两个原因:首先是这个故事的话题与对应单元主题 Adventuring 语境相契合,其次是基于此事件拍摄的电影 *Titanic*,学生都较熟悉且喜爱。本文旨在给学生提供更多史实,使其更客观地了解事件本身。

在设计中我们采用了产出导向的逆向设计方式。呼应单元教学目标"能描述和讨论冒险经历",我们设计了让学生讲述泰坦尼克号的故事的任务。要完成这个任务,学生要有相关的信息、相关的语汇和相关的感受。基于此,我们研读已经改编好的语料,开始设计活动。

首先我们确定了"口头报告——思维导图——语篇理解"的路径,设计了基于思维导图进行口述(下表中的 task 5)、在理解的基础上补全思维导图(下表中的 task 4)两个任务。

然后,基于改编后的完整语篇,我们想让学生更多参与语篇的构建,便设计了语篇补全(下表中的 task 2)的任务,以培养学生整体阅读的能力;又设计了翻译(下表中的 task 1),帮学生巩固对本单元核心语汇的掌握。这 6 句翻译,最初全部设计为中译英,但考虑到本册第一单元练习部分我们设计的是英译中的任务,所以,最终采用了一半中译英—一半英译中的方式,以形成单元间的呼应,让学生在语言的转换中感受语言之美。

接着,我们又开始考虑,语篇包含两部分内容(一是泰坦尼克船体介绍,二是沉船事件),第二部分的内容在思维导图中得到了梳理,那么第一部分是否还能做些什么?于是我们又设计了情境提问(下表中的 task 3),让学生思考还想了解这艘载入史册的船只的哪些方面,以此进一步体现情境的语用价值。

活动链初步形成。我们又考虑到,应让学生在动笔翻译之前能更自然地进入情境。于是选择了一张沉船的图片,让学生观察并描述,在训练观察能力和表达能力的同时,初步创设了情境。

最终,这个部分的呈现具体如下。

表二:本单元 Integrated Task 活动清单

序号	内　　容	类　型	目　标
Section A	Describe the picture in at least five sentences. Begin your description with the sentence given. *It is a clear day.*	看图说话	能观察图片并选择适切的语言进行描述。
Section B Complete the tasks on the passage about the *Titanic*, one of the most famous shipwrecks.	Task 1. Translate sentences A to C into Chinese, and sentence D to F into English by using the words given in the brackets.	句子翻译	能运用有关探险主题的词汇以及相关语法知识进行理解和表达。
	Task 2. Check your answers to Task 1 with your classmates. Read the passage and fill in each blank with one of the six sentences in English version. Each sentence can be used only once.	语篇补全	能根据记叙文特征以及语篇衔接方式,梳理语篇逻辑,推断并补全信息。
	Task 3. Read aloud the second paragraph. What else do you want to know about the *Titanic*? Ask three questions about it.	朗读,情境提问	能根据交际具体情境,运用得体的语言形式询问与表达个人观点,表达自己的态度和情感。

（续表）

序号	内　容	类　型	目　标
Section B Complete the tasks on the passage about the *Titanic*, one of the most famous shipwrecks.	Task 4. Read the passage "The Sinking of the *Titanic*" again and complete the mind map.	逻辑梳理	能理解并提炼语篇主要内容，明晰语篇逻辑架构，完成思维导图。
	Task 5. Based on the mind map, make an oral report to describe the *Titanic* disaster to your class.	口头报告	能整合读、看语篇中的主要信息，借助思维导图，描述和评价事件。

环环相扣的任务创设，能让学生发动多感官参与学习，循序渐进地在完整的情境中理解和运用语言。

2.2　关注细节，字斟句酌

推敲打磨的不只是活动设计，还有更多其他细节。案例众多，只举一二。

比如指令。以本单元 Reading and Viewing 部分第二个语篇的指令为例，语篇讲述了滑雪经历，文后有 6 个问题，学生需要通过阅读回答问题。最初版本的指令是"Read the passage and answer the questions."。后来，我们在这句之前增加了"Have you ever been to a ski resort? Are you familiar with the items shown in the picture?"。从直白的指令，到情境化的指令，符合练习部分的编写力求 reader-friendly、也力求给学生更充分更明确的任务指向的精神。

比如生词。还是以"滑雪"这篇为例。语篇中涉及很多跟滑雪有

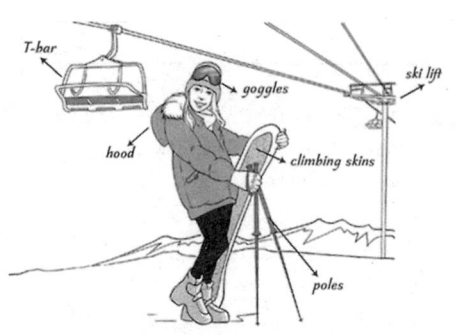

关的术语,这些词较难用学生已有的其他词汇替换。若标识中文,必
然超过约定的单个语篇的注释单词数量;若不标,可能会给学生造成
较大的阅读障碍。经过多种方案的设计和对比,最后我们选择了图
片释义(如上)的方式,减少中文注释的同时,也训练学生的读图
能力。

比如中英文表述。这贯穿我们整个编写过程:如何使语言的表
述更地道?我们组内反复审读,相互做语言啄木鸟;我们请来语文老
师做外援;还有潘鸣威老师、外教、审读专家,都在背后默默支持着我
们。感恩大家。

3. 学科育人渗透——无声润物

新课标指出:英语课程具有重要的育人功能,旨在发展学生的
语言能力、文化意识、思维品质和学习能力等英语学科核心素养,落
实立德树人根本任务。具体而言就是,学生通过具体的语言学习过
程,基于具体的主题及语篇,主动参与语言实践活动,运用各种学习
策略,学习语篇呈现的语言和文化知识,分析、理解主题意义并使用
所学语言进行思考、表达和交流,逐步发展语言能力、文化意识、思维
品质和学习能力等英语学科核心素养,形成正确的世界观、人生观和
价值观。

育人不是贴标签,不是喊口号。在练习部分的编写中,我们精心
挑选的语料,为学科育人提供话题和语境;我们精心设计的学习活
动,为学科育人提供方法和路径。

3.1 境中悟

还是以本单元为例,从选材上看:有对历史上著名探险家和探险事件的介绍,让学生体会其对人类社会发展的作用;有对青少年户外探险和滑雪的描述,激发学生参与与发现的热情;有年度探险家的视频,让学生感受到探险带来的血脉偾张;还有对灾难性事件的描述和探险时求生方法的介绍,培养学生遇险求生的能力。

3.2 用中学

从设计形式上看,本单元采用了丰富多彩的活动形式,如:朗读、查字典、情境问答、看图说话、各种类型的填空(填空、选词填空、改写句子并补全语篇、翻译并补全语篇)、多项选择、问答、翻译、口头或笔头报告等等。

透过形式,从设计实质来看,我们通过活动链、问题链等帮助学生理解,启发学生思考。以 Listening and Viewing 板块的视频为例。

- 首先,学生观看视频并记录下其中所提到的探险家的类型,比如 ski mountaineers、wilderness protectors、solar pilots 等等,片中提到了至少十个不同类型。

- 然后,向学生提问,"If you are asked to vote for the Adventurer of the Year, what is your decision? Give your reasons."。以此培养学生基于证据的思辨能力,及形成和表达观点的能力。在形成观点的过程中,学生对探险这件事有了更全面的思考和认识。

- 最后,选出视频中一句旁白,"In each of us, there is an innate curiosity that compels us to explore and care, that's the human spirit.",让学生讨论"How do you understand this statement? What qualities should an adventurer have?",以引导学生感知探险家百折不挠的精神,也激发学生探索未知世界的热情。

语料与活动有机结合、形式与内容相辅相成,希望学生在使用练习部分的过程中,在语境中感悟、运用中学习、反思中成长,在育知育能的同时育行育心。

结语

我曾经问过伙伴们,此次参编过程中感受最深的是什么?有老师说到了使命感、荣誉感、幸福感,有老师说到了酸甜苦辣,有老师说到了合作的魅力,更多老师说到了专业发展。

是的,这个痛并快乐着的经历,除了显性的教材配套资料的落地,我们隐性的专业发展也颇快。这来源于个人的智慧和努力,更得益于团队的力量。一群志同道合的伙伴分工合作、结伴前行、携手共进。

选择性必修练习部分第一册的编写团队由两位教研员和五位教师构成,成员横跨三个区、贯通初高中两个学段,也涵盖了七零后、八零后和九零后不同的年龄层次。正如我组建团队时的期望一样,多元的构成,使我们碰撞出绚烂的思维火花。我们也得到了来自大学的潘鸣威老师的悉心指导,从练习部分的体例架构,到各个板块命题形式的各种可能性,到活动的逻辑性、语言的地道性,跨越中学和大学的对话,让我们的设计更具有生命力。

以标准为引领、以内容为载体、以设计为抓手、以合作为路径、以研究为推进,教材及其配套资料的编写为教师专业发展提供了更多的可能性。

本文的结尾,列出伙伴们的简短感言。对我们每一位来说,共同经历了那么多,感受虽一言难尽,努力必一如既往。

> "成事中成人",感谢团队给我这次"阵痛"中成长的真实体验!
> ——俞连(上海市金山区教育学院,高中英语教研员)
> 我们一起成长,一起蜕变;时间匆匆而过,言有尽,意无穷,我的消化与吸收、感悟与反思还在不断进行,不断延伸!
> ——徐伟贻(上海师范大学附属中学,高中英语教师)
> 在这个团队中收获的不仅是专业上最严谨最细致的指导,还有分册主编与组员之间、组员与组员之间相濡以沫的真挚情感,感谢有这样的机会,

感恩这个团队里的每一个人!

——金慧璟(上海市川沙中学,高中英语教师)

是一种力量的积聚,更是在视角、观点、质量上的一种互补,团队在分册主编的带领下认真深入地交流探讨,从选材、设计、提问等方面,知识、能力、方法等角度进行斟酌,让练习编写更规范、更科学。

——宋飞(上海市吴迅中学,高中英语教师)

印象最深刻的一件小事:一群"强迫症重度患者"就一个思维导图的内容条理性、表述地道性、形式美观性等方面,一起修改了好几个小时。外人听起来可能觉得有些枯燥甚至有些费解,但这群小伙伴改得乐此不疲,而且收获满满。

——朱思天(上海市七宝中学,高中英语教师)

这次编撰经历,仿佛使我置身于一个集设计、采购、装修、美工等为一体的建筑团队,我们致力于为广大学生打造一个好看又实用的练习之家;有一天,学生和我们都将入住,这种联结也时刻鞭策着我们。

——潘程露(上海中学东校,初中英语教师)

作者简介:

沈冬梅,上海市浦东教育发展研究院教研员,正高级教师,上海市高中英语学科中心组成员,浦东新区英语教师培训基地/工作坊主持人。参与教材编写,出版多本专著。曾获"上海市园丁奖""全国中小学外语教师名师""上海市三八红旗手"等荣誉称号。

《高中英语》(上外版)选择性必修第一册教学参考资料和练习部分的分册主编,并参编《高中英语》(上外版)教学参考资料必修第一册第一单元、第二单元。

探究运用四大策略　把控教参编写质量

——《高中英语》(上外版)教学参考资料的编写实践与经验提炼

上海市黄浦区教育学院　王凌珏

引言

在普通高中新课程新教材的实施背景下,《高中英语》(上外版)教材陆续开始使用,与之配套的《高中英语》(上外版)教学参考资料(以下简称"教学参考资料"),旨在帮助老师们更好地理解新教材的编写意图,明确教学要求,并在此基础上合理开展教学设计,有效实施教学。

教学参考资料含有丰富的教学资料,对教师的备课及专业成长具有不可忽视的作用(王奎群:2014)。教学参考资料的编写质量在很大程度上影响着每位英语教师对新教材的理解水平、把握程度与使用效果。尽管本人曾有《上海市高中英语学科教学基本要求》等书的参编经历,但是,参与编写教学参考资料还是第一次。因此,于我而言,如何运用有效的策略来确保高质量地完成编写任务,从而为广大英语教师提供课堂教学设计的可靠资源与有力支持是前所未有的一大挑战。自 2018 年初开始撰写教学参考资料的语法板块样稿,至 2020 年 8 月该教学参考资料必修第二册的出版,再至仍在进行的教学参考资料选择性必修第三册的编写及修改,编写的过程很漫长、很煎熬,却也催我奋进,促我思考,助我成长。回看参与编写的一个个文件夹、一个个文档,回想每一次的学习、撰稿、研讨、审读与修改,本人经探究与实践提炼了提升高中英语教材配套教学参考资料编写质量的四大策略。

1. 策略一：合理架构编写团队，因材分工提升效率

1.1　合理架构编写团队

教学参考资料编写人员需要具备良好的政治素质和道德品质，熟悉高中英语学科课程标准，关注学科学术发展动向，具有较丰富的英语教育教学或教研科研经验，并取得过一定的教育教学科研成果。在架构编写团队时，应尽可能考虑将不同学段、不同身份、不同职称、不同编写经验的教师组建在一个团队内，这样有助于团队内优势互补、经验共享。

以教学参考资料必修第二册为例，其编写团队①论身份，既有来自高校的上海市英语教育教学研究基地领衔人、教材研究者和语言学学者，也有来自普教系统的资深学科带头人、区中学英语教研员和高中一线优秀教师；论职称，参编的教师中既有大学教授 1 位、副教授 1 位、讲师 1 位，也有中学英语特级教师 2 位、正高级教师 1 位、中学高级教师 6 位、中学一级教师 1 位；论编写经验，有 6 位教师是《高中英语》(上外版)教材的编写人员，占编写团队人数的 46.15%，有 2位教师编写过《上海市高中英语学科教学基本要求》，占编写团队人数的 15.38%，其余教师均有出版专著或发表论文的经验。这样的编写团队较熟悉新教材的编写体系与内容要求，能较精准地把握学科发展方向，也比较了解一线教师的教学现状和学生的实际语言能力与学习水平，有利于头脑风暴、合力编撰科学适切的教学参考资料，从而帮助广大英语教师理解并落实英语学科核心素养和高中英语课程教学目标，完成"立德树人"的根本任务，促进其专业发展。

---

① 主编：束定芳；副主编：王蓓蕾、徐继田、何幼平；分册主编：王凌珏；编者：安琳、王琳艺、陈婧怡、朱克娜、沃维佳、张珏恩

1.2 因材分工提升效率

教学参考资料编写团队成员的工作背景和学术水平各不相同，要提高编写的效率、提升团队的整体编写能力，就应因材分工，最大程度地发挥每位成员的优势。

以教学参考资料必修第二册为例，其编写团队主要有 13 人，由 1 位主编、3 位副主编、1 位分册主编、6 位编者组成。编写实行主编负责制，由主编和副主编主持并推进整套教学参考资料的编写工作，主编由上海市英语教育教学研究基地领衔人担任，副主编分别由高校教材研究者、资深中学英语教研员和学科带头人担任，对整套教参的编写进程及质量进行把控；每一册的编写又实行分册主编负责制，分册主编一般由区中学英语教研员或一线优秀教师担任，负责推进本册教参的编写工作，及时传达由主编、副主编和各册主编研讨明确的编写要求，组织各单元负责教师编撰及审读，及时反馈专家的审读意见和试教教师的试用意见，并负责和出版社的责任编辑及美术编辑沟通排版及修改完善事宜；每一单元的编写由中学优秀一线教师负责，并由学生用书单元负责人参与，一线教师负责答案核查、编写词汇释义、文化注释、补充活动建议、策略实施等以及统稿，学生用书单元负责人则负责编写教学内容与目标、各板块设计说明、语篇分析文本、参考答案和学习策略等。

为了方便单元不同部分编者、本册各单元编者和系列教材副主编、主编，以及责编之间的沟通交流，本人组建并参加的和配套教学参考资料编写相关的大大小小的微信工作群不少于 16 个，主要用于及时发布编写要求、撰写时间节点、交流编写过程中遇到的问题和困难、反馈审读和修改意见等，从而提高编写效率。

2. 策略二：精心打磨样课，引领转变教学理念

2.1 精心打磨样课

教学参考资料根据教材（即学生用书）编写又服务于教材，与教材一样，也要符合课程标准的要求，体现学科核心素养培养目标。教

学参考资料还要和教材以及教材配套练习部分相互呼应,体现整体感,这样才能充分将整套教材的教学理念落到课堂。同时,教学参考资料各册间及各单元间也应体现一定的整体性和表述的一致性。这就需要在整体推进编写工作前先精心打磨样课,进而将成熟的样课以及样课各板块设计要点提供给所有编写人员研究与学习,这样既能帮助编写人员更快、更准确地理解和把握编写要求和各板块设计要点,也有利于他们通过仿写提升自信,还通过规范了的表述和格式减少了不必要的返工,提高编写质量与效率。

以《高中英语》(上外版)教学参考资料必修第一册第一单元样课编写为例,最初,先把样课划分为单元目标、导入、课文 A 文本分析、课文 A 阅读理解、课文 A 词汇、语法、视听、综合运用、课文 B 文本分析、课文 B 阅读理解、课文 B 词汇、思辨训练、项目探究、文化链接等板块,由 13 位老师结合自己的专长与兴趣认领 1 至 2 个板块撰写初稿,进而通过副主编合稿、组织研讨、共同修改、交叉审核等多种方式对样课进行了至少 8 次的打磨,最终形成可供全体编写人员参考的范例,引领编者规范地开展编写工作。

值得一提的是,各板块负责人在编写样课时始终牢记对照课程标准,尽可能体现教学参考资料有理念、可实践、易操作的特点。例如,本人在负责编写语法板块样稿时,经常要查阅《普通高中英语课程标准(2017 年版 2020 年修订)》来寻找编写的依据,课标对普通高中英语必修课程的语法有明确的内容要求:"意识到语言使用中的语法知识是'形式—意义—使用'的统一体,学习语法的最终目的是在语境中有效地运用语法知识来理解和表达意义。"(教育部 2018:24)因此,无论是在编写板块说明、罗列适切的单元语法教学目标时,还是针对单元教学内容设计语法教学活动建议时,抑或是在补充分层次、可供选择的语法教学活动时,都要尽可能做到突出语法的语用性和综合性。

2.2 引领转变教学理念

教学参考资料是教师重要的教学帮手,不仅为教师开展教学设计提供了丰富的信息资源,还能帮助教师理解新教材的编写意图,把握新课程的教学理念。因此,教学参考资料编写者要认真思考怎样编写才能帮助教师理解并担负起新课标新课程赋予教师的职责。

《全国普通高中英语课程标准(2017年版2020年修订)》明确提出了立足学生发展的学科核心素养育人观,即普通高中英语课程旨在发展学生的语言能力、文化意识、思维品质和学习能力等英语学科核心素养,落实立德树人的根本任务。这就要求教参编写人员用心架构板块内容,精心编写教学建议,力争引领教师转变教学理念,开展指向核心素养的单元整体教学设计,选用适切方法,提升教学效果。普通高中《英语》(上外版)教学参考资料在每个单元的起始页都特设"单元教学内容与目标"板块,并在其"使用说明"中指出:单元教学内容与目标是单元教学活动设计的指南,对单元各板块的活动设计和教学建议等起统领作用。单元教学目标是指从英语学科素养和单元教学内容的角度,审视整个单元,确定单元教学宏观目标,即单元整体教学目标;再从课程六要素,主题语境、语篇类型、语言知识、文化知识、语言技能和学习策略出发,依据教材内容和学业质量标准,分解课程目标,设计相关的板块微观目标。教学参考资料编写人员应重视单元教学内容与目标对全书各单元各板块内容的指引作用,在编写时要尽可能体现板块是单元的有机组成部分,各板块的内容应相互呼应、相辅相成,从而帮助教师在理解单元整体编写意图的同时,把握住各板块的内容要求,开展合理的单元教学设计。

3. 策略三:设计分层备选活动,注重渗透学习策略

3.1 设计分层备选活动

教参的科学性首先体现在内容和结构上面,教参内容一定是教学大纲和教材的体现,若脱离这两者则没有科学性之谈,教师授课是一个循序渐进的过程,教参要给教师备课做指导,提供信息,因此也需要在结构上合理安排,承上启下;其次,科学性也表现在教学活动的设计之上,安排一定要科学合理,应该有活动但是不能太多,以免误导教师课堂执行;最后,教参的科学性体现在语言表达之上,教参的语言表达要让每位教师都能理解,这就要求编者使用科学、合理、简单、易懂、清楚的言语表达,以便使用者更好地理解教参内容,更好

地备课,更好地进行课堂教学。

除了提供与学生用书各板块的练习完全对应的教学建议外,编写团队还特地编写了备选教学活动,和学生用书提供的活动形成难度上的互补,即如果原来的活动适合中等层次的学生,那么补充的活动尽可能适合较低或较高层次的学生。编者根据这些备选教学活动的拓展度、综合度和挑战性等对其进行了难度标识(★较易,★★中等,★★★偏难),方便教师根据教学需求和学生情况分层设计、选用或整合适切的教学活动,开阔广大教师的教学思路。

以《高中英语》(上外版)教学参考资料必修第二册为例,全书共提供 105 个备选教学活动,其中标识"★"的较易备选教学活动有 8 个,占 7.62%;标识"★★"的中等备选教学活动有 51 个,占 48.57%;标识"★★★"的偏难备选教学活动有 46 个,占 43.81%。同时,教学参考资料为每一个备选教学活动提供了相应的教学建议以及参考答案,以供教师参考。

3.2 注重渗透学习策略

《普通高中英语课程标准(2017 年版 2020 年修订)》明确指出,"有效使用学习策略有助于提高学生学习英语的效果和效率,有助于培养学生自主学习的习惯和能力。学习策略的使用还具有迁移性,有助于促进学生终身学习能力的发展。"教参应引导教师在使用新教材开展教学设计时注重培养学生的学习习惯、高效学习和终身学习能力,编写人员在编写教学建议和备选活动时都尽可能关注并渗透学习策略。

以《高中英语》(上外版)教学参考资料必修第二册为例,在各单元的"单元教学内容与目标"的"学习策略"一栏,均针对听、说、读、写不同的教学内容罗列了单元学习策略目标,全书共 23 条,其中涉及听的学习策略 5 条,涉及说的学习策略 6 条,涉及读的学习策略 8 条,涉及写的学习策略 4 条。此外,教学参考资料还在教学建议和备选活动中尽可能体现了《普通高中英语课程标准(2017 年版 2020 年修订)》中针对普通高中英语必修课程所提出的元认知策略、认知策略、交际策略和情感策略等学习策略内容要求,举例如下:

【例1】在编写必修第二册第一单元 Moving Forward 板块 Step 4 的第一条教学建议(图1)时,编者引导教师鼓励学生将同学当作观众,主动向观众描述油画,这有助于使学生在与单元主题和所学内容相关的语言实践活动中达成"有学习英语的兴趣,主动参加各种学习和运用语言的实践活动"的情感策略。编者还引导教师提醒学生在进行介绍时要站直身体、面对听众,这样的教学建议和学习活动既使得进行口头表达的学生有机会使用教材所示的说的学习策略,"保持良好的身势语和眼神交流"(Maintaining good posture and eye contact),又有助于使学生在口头表达时养成运用适切的肢体语言的习惯和"借助手势、表情等非语言手段提高交际效果"这一交际策略。

Step 4

1. Encourage students to volunteer and present their descriptions of the painting to the class. Remind them to maintain good posture by standing upright and facing the "audience" during the presentation.

2. Pass an evaluation sheet around the class and ask the "audience" to assess the speakers' performance according to the rubrics given.

图 1

【例2】在编写必修第二册第二单元教学参考资料阅读理解部分第 II 题的教学建议(图2)时,编者引导教师尽可能鼓励学生在阅读课文时关注生词,通过寻找和圈画上下文线索理解生词语义,还鼓励学生们先独立完成,再和同伴交换想法。这样的教学建议和学习活动使得学生有机会使用并组合多种学习策略,如教材所示的"通过上下文线索理解语义"(Using context clues to understand meaning)的阅读策略,"在语境中学习词汇和语法"的认知策略以及"有合作学习的意识,愿意与他人分享各种学习资源"的情感策略等。

II 1. Before students start reading the text a second time, ask them to pay attention to the following new words: *establishment, extinction, replicate, tropical.* Encourage them to find out the meanings of these new words by using context clues.

2. Ask students to circle the context clues which can help their understanding of the new words.

3. Ask students to work individually first and then exchange their ideas with their partners.

图 2

【例3】在编写必修第二册教参第四单元 Viewing 部分的内容时，编者精心设计了备选活动供教师选用，帮助学生达成该部分的学习目标。在备选活动 2 中，编者在教学建议(图 3)中引导教师鼓励学生预测体育纪录片可能涉及的内容并以思维导图的形式表达出来和全班分享，提醒他们在观看纪录片时重点关注这些点，还给出了参考答案(图 4)，供教师提供给学生参考。这样的教学建议和学习活动不仅能使学生完成该板块的教学内容与要求，即"能依据要求筛选视频中由多模态资源所传递的信息，获取解说员提供的背景信息，并通过比较、分析和推断获得其主要观点"，还使得学生有机会使用并组合其他学习策略，如"利用笔记、图表、思维导图等收集、整理信息"的认知策略等。

Option 2 ★ ★
Encourage students to create a mind map about what might be covered in a sports commentary and share their work with the class. Remind them to pay special attention to these aspects when they watch the video.

图 3

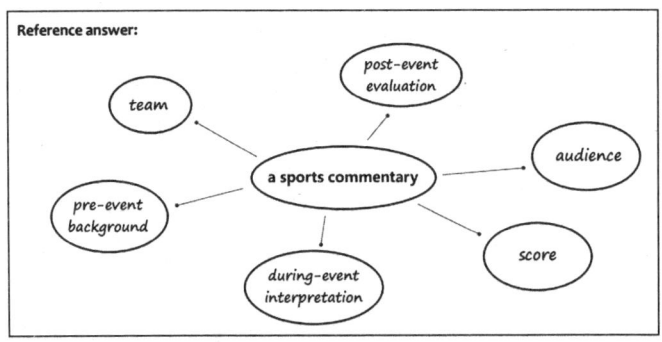

图 4

为帮助教师更好地指导学生学好英语，使其能有效运用英语这一工具面对未来的学习与生活，编写教学参考资料中的教学建议时应注重引导教师设计适切的语言实践活动，让学生了解、体验、选择、调整并综合运用恰当的学习策略，不断优化管理学习过程，提高学习效率，从而有效提升学习能力。

4. 策略四：多元多重审读修改，加强质量把控

多元多重审读修改是提高编写质量的重要策略。多元多重审读修改体现在不同身份的审读者多、审读方式多、审读次数多和修改次数多。在教学参考资料编写与完善的全过程中，除了编者自查，应尽可能请不同身份的专家或教师进行审读，这样有利于从不同视角审视稿件，发现问题，并提出多维度的修改意见供编者完善教学参考资料时借鉴；而多次的审读，也有利于审读者比对前后不同修改稿之间的优势与不足，从而确保教学参考资料朝着不断优化的方向完善，避免出现越改越乱、越改越繁杂的现象。

以《高中英语》（上外版）教学参考资料的审读工作为例，有编写初期的编者自查、单元内互审、分册主编审读修改、系列副主编审读修改，到编写中期的跨单元交叉审读、分册主编审读、系列副主编审读，再到编写后期的跨册交叉审读、分册主编审读、系列副主编审读、教材审读专家的审查、教材试教教师的试教试用反馈、出版社责编的审查以及母语为英语的外国专家的审读等。

例如，教材编写者侧重审读教学参考资料中的表述是否与教材呼应，单元负责人重点审读单元教学内容与要求是否得以体现，分册主编重点审读各单元内容的完整性和表述的规范性；系列副主编从教学建议的合理性、备选活动的适切性和板块内容的必要性等角度审读；教学参考资料中的审查专家组则关注其政治性、专业性、综合性，重点关注结构是否完整翔实，整体结构是否严谨；一线教师则从使用者的角度来检验教学参考资料中的便利性与资源的丰富性；教研员从培训者的角度来审查教学参考资料中示范的教学理念和教学方法是否适切；美编则从审美角度出发进行审读；责编对所有内容把关。不同身份的审读者都有自己的独特视角和思考问题的不同方式，他们的合作有利于发现并帮助编者规避教学参考资料中可能存在的各类问题，例如部分例句立意不高、正面引导性不强的问题，某些译文或教学建议表述不够准确、得体或通顺的问题，某些单词误用或拼写错误等问题。

　　每一次的审读都有修改意见,都意味着编者要再次修改与完善编写内容。为了提升教参质量,没有一位编者有怨言,修改的时间有时是安排在寒暑假,有时是在国定假日,有时是在开学和学期结束阶段本职工作最繁忙的时刻,有时又是在拍摄"空中课堂"的抗疫特殊时期,但是,无论何时,编写团队的每一位老师都能想方设法克服种种困难,尽最大力量按时保质保量完成任务。

结语

　　两年多的编写经历难忘又可贵,既感恩一路有学科大咖引领,也感谢团队伙伴们的相互支持! 这段经历不仅使本人加深了对新教材新教参的认识,也深化了对课程标准的理解,提升了教参编写的水平,同时,还加强了组织管理、协作沟通和时间调控等能力,促进了专业发展。在边学习、边实践、边反思的基础上提炼的上述策略在一定程度上具有代表性,不过,由于本人参与的教参编写任务有限,上述策略难免有其局限性,敬请读者指正。但愿本文能对日后的教材编写起到一定借鉴作用,达到抛砖引玉的效果。

参考文献

［1］王奎群.教学参考书的作用及其发挥[J].教学与管理,2014,9.

［2］中华人民共和国教育部.普通高中英语课程标准(2017年版)［M］.北京:人民教育出版社,2018:24.

［3］中华人民共和国教育部.普通高中英语课程标准(2017年版2020年修订)［M］.北京:人民教育出版社,2020:40－42.

［4］梅德明,王蔷.普通高中英语课程标准(2017年版)解读［M］.北京:高等教育出版社,2020:37.

［5］束定芳.《高中英语》(上外版)教学参考资料必修第二册［M］.上海:上海外语教育出版社,2020:iv.

［6］程晓堂,郑敏.英语学习策略:从理论到实践［M］.外语教学与研究出版社,2002.

作者简介：

王凌珏，中学高级教师，就职于上海市黄浦区教育学院，担任高中英语教研员、师训部副主任，上海市黄浦区教育学会外语教学专业委员会副秘书长，第四期"上海市普教系统名师名校长培养工程'种子计划'"（黄浦）高中英语组指导专家。曾任上海市高中英语学科中心组成员，上海市英语教育教学研究基地兼职研究员。曾获"全国中小学外语教师名师""上海市黄浦区教育系统园丁奖"等荣誉称号，以及第七届"全国中小学外语教育教学科研优秀论文评选"一等奖、"上海市黄浦区教师教育优秀课程"等奖项。曾参与编写《上海市高中英语学科教学基本要求》《高中英语语法详解手册》等书籍。

在《高中英语》（上外版）教学参考资料的编写过程中担任必修第二册分册主编，并承担了教学参考资料语法板块样例和选择性必修第三册第二单元的编写任务。

融"大""中"之力，筑"中""大"之桥

——构建"双新"背景下的英语教研共同体

上海外国语大学　潘鸣威

引言

曾经有不少同事疑惑地问过我："你是名大学教师，干吗还要掺和到中学英语教育中去？"每次我的回答都差不多："学段可以是大学、中学或是小学，但英语教育可是个整体，很难'分家'，打断骨头还连着筋。"每次我的回应都会招来不屑的眼光，但我始终相信，大学教师参与基础教育的工作必然会推动整个英语教育生态链的健康发展。

我与中学英语教育最紧密的结合点应该是高考与中考。这不仅与我的研究领域高度契合，也是我作为一名大学教师想为中学英语教育出力的直接抓手。不过，由于我多年参与相关的考试工作，自然而然也有了些工作惯性和倦怠，思维中的"偏见"也比比皆是。虽然自己意识到了这些问题，但如何更好更全面地服务中学英语教育却是一直摆在我面前的一道思考题。

2019年，《高中英语》(上外版)的教材编写让我觅得走出舒适区之道。在教材编写如火如荼之际，我向总主编束定芳教授主动请缨，承担其练习部分的编写与统筹工作。现在看来，这项工作真正意义上发挥了大学智力和中学教学之所长，缩小了大学与中学间的距离，构筑起两者之间紧密的纽带。这也令我更坚定了作为大学老师也要投身基础教育的信念。

1. 融"大""中"之力

大学与中学教师各有所长,但如何将两者之力形成合力,是我作为练习部分副主编首先要思考的问题。大学教师的理论基础通常较为扎实,思路较为宏观,但对中学英语教学实践以及有关学情分析的把握不足。而中学教师有着一腔热情,在教学计划和微观设计等方面尤为突出,但囿于较为薄弱的理论基础,在理论联系实践上困难不小。认清到两者的优势后,我在编写进程的各环节合理安排编写力量与资源,做到了"人"尽其用,"大""中"融合互鉴,且整体上仍让更熟悉高中教学的中学教师担当主角。

1.1 融"大""中"之力,共同完成练习部分理念的形成与优化

在深入了解编写团队的特长和掌握的资源后,我便组织大学与中学的编者分头开展调研工作。大学教师主要聚焦高中英语练习部分的编写理念以及其与高考的关系,而中学教师则将关注点放在现有教材配套练习在现行英语教学中的使用环节,并总结一系列好的做法。换言之,大学教师为编写理念厘清思路,中学教师在现状分析的基础上为编写实践指明方向。

通过为期约一个月的调研、听课和走访,大学教师提炼出适合新课标和新教材的练习形式,并根据任务特征的方式梳理各种练习形式,形成任务练习清单。中学教师在调研中发现,现行英语教材的配套练习册已基本丧失应有功能,并不是教师首选的作业练习册。基于这些调研结果,编写组认为要首先厘清两个重要问题,即练习册与考试的关系以及练习册应具备的独特属性,这也成为贯穿练习部分编写的整体指导思想。

就练习与考试的关系而言,大学与中学教师持不同的观点。大学教师认为,练习册是教材教学内容的一种延伸,应该更多从拓展的角度去设计练习册中的练习任务。而中学教师的想法较为实际,认为如果练习册的习题与高考的关系不大,那么一线教师选用的概率

也不高。多次研讨会上,编写组核心成员你来我往的交锋不断碰撞出思想火花。

最终,编写组达成共识,练习册要适当借用高考的部分题型,但亦要兼顾并遵循语言学习循序渐进的基本规律,通过拓展单元主题、融入新课标和新教材的基本理念,以主观题占主导地位、不同练习形成任务链的方式呈现,凸显"夯实基础、有效拓展、分类卓越"的基本定位。夯实基础是构建语言能力的地基,有效拓展是提升语言能力的立柱,而分类卓越则是不同定位、不同区域普通高中形成自身特色的内部装饰。三者相互依存,相互作用,并形成合力,共同促进学生语言能力的全面发展和教学实践中因材施教的实施。这些编写理念不仅从一定意义上革新了现行所有配套练习册的基本编写思路,也似乎给编写组成员自己"下了个套"。

1.2 融"大""中"之力,彰显练习部分理念的强化与渗透

有了上文提到的这些理念和定位,如何在练习部分的编写中反映出这些思路,将理想变为现实成了编写组面临的又一道难题。这里举两例。

首先,关于语法教学,《高中英语》(上外版)的导向是使用中的语法(Grammar in Use),引导学生在具体的语境中使用正确和适切的语法规则。但由于受到高考的影响,中学教师仍较为推崇语法填空的练习形式。虽然这种形式起到了"夯实基础"的效果,但对学生学习如何在实际语境中使用语言的引导力有限。编写组群策群力,将语法练习的定位与"夯实基础"和"有效拓展"相结合,即每个单元的语法练习既有答案相对闭合的填空练习,也有较为开放、需要学生产出的语法练习。以下图所示必修第三册第二单元 Healthy Lifestyle 为例,语法知识点是省略的使用。在Section A 中学生依据练习的要求仅需填写省略形式的表达,而在 Section B 中却要在一定的交际情景下完成句子的改写,并在适当处使用省略形式。这种设计在练习部分的语法和词汇练习中得到充分运用,不仅实现了知识复习的闭环,也体现了难度上的层级梯度。

GRAMMAR IN USE

Section A Rewrite the sentences to avoid any unnecessary repetition. One example is given.

Example 1

In the football game, our team scored four goals, but the visiting team scored only two goals.

In the football game, our team scored four goals, but the visiting team _____only_____ _____two_____.

1. Someone organised a fun run for environmental protection yesterday, but I don't know who organised the fun run for environmental protection.

Someone organised a fun run for environmental protection, but I don't know _____.

Section B You are working as a volunteer proofreader for a local English newspaper. The editor has assigned you to proofread the following passage whose underlined sentences contain unnecessary repetitions. Improve the underlined sentences by using ellipsis. One example is given.

"So if it came down to a choice between you and cigarettes, he'd choose cigarettes?" asked their chief after hearing their account.

"What do you mean, sir?" asked Liu Mei confusedly.

"I'd give him the sack if he chose cigarettes!"

"Oh, that's too hard for him. (4) We have never thought of asking him to make the choice between us and cigarettes," answered Liu embarrassedly.

"Maybe it's time you two did."

"OK, we'll give him one month to quit smoking. (5) If he still pays no attention, the working relationship between Wang Dong and us will be over."

再者,任务链的设计是练习部分编写组集思广益后的产物。以必修第二册第四单位 Sport 为例,在练习部分的写作板块,学生需要复听听力练习(下图左侧)中的一篇材料(有关 Wilma Rudolph 的励志故事),然后书面回答问题(下图右上),接着再基于作答,以 Wilma Rudolph 的视角完成一篇发言稿(下图右下),用于在电视节目中播出。在任务链的设计上,中学老师展现出强大的创造力,而大学老师基于这些设计再将任务的细节特征化,认为这个设计的第一步虽仍停留在听力理解的范畴之中,但由于问题是按照 Wilma Rudolph 的生平脉络来设计的,因此第一步实质上是在搭建支架,为第二步在真实情景中撰写发言稿提供准备。这符合真实生活中语言使用的一般情况,即在理解外界输入的基础上,对有关输入加以分析和评判,继而输出语言。

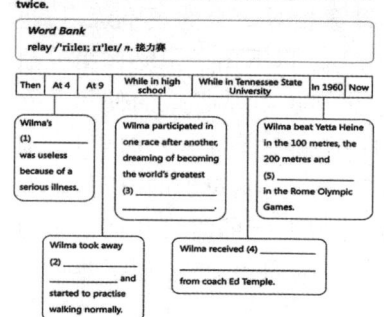

Section B Wilma Rudolph is an international sports star in track and field. Listen to the passage and fill in the blanks with the information you have just heard. The passage will be read twice.

Word Bank
relay /ˈriːleɪ; rɪˈleɪ/ *n.* 接力赛

Then	At 4	At 9	While in high school	While in Tennessee State University	In 1960	Now

Wilma's (1) _____ was useless because of a serious illness.

Wilma took away (2) _____ and started to practise walking normally.

Wilma participated in one race after another, dreaming of becoming the world's greatest (3) _____

Wilma received (4) _____ from coach Ed Temple.

Wilma beat Yetta Heine in the 100 metres, the 200 metres and (5) _____ in the Rome Olympic Games.

Section B Listen to Section B of Listening and Viewing again and complete the tasks.

Task 1. Answer the following questions.

1. What was the doctor's diagnosis of Wilma's left leg?
   _____

Task 2. Suppose you were Wilma Rudolph, and were invited to deliver a speech about your major experiences on a TV show. Write your speech according to the timeline in Section B of Listening and Viewing and your answers to the questions in Task 1 above.

Ladies and gentlemen,
_____

　　练习部分是教师之间的协同配合的结果,整个编写过程充满一次又一次的思想碰撞和争鸣,是教师基于教学实践对任务进行加工并运用理论进行强化的过程。久而久之,大学和中学教师间的距离被拉近,逐步地构建起配套资源编写的共同体,老师们也在编写的酸甜苦辣中得到自我提升,有了继续进步、学习的动力。

1.3　融"大""中"之力,推进练习部分理念的落地与实施

　　练习部分的编写理念和基本定位再完善,仍要根据试用情况和试用反馈进一步完善,然后才能推广、落地。编写组的很多成员都是上海市各区的高中英语教研员和骨干教师,因此他们在日常的教研活动中发挥着比大学教师更加重要的作用,为编写理念的落地提供了有力的保障。以下试举一例。

　　练习部分中有"看"(Viewing)的环节,与新课标和新教材的理念紧密相连。但这时编写组的理念受到了质疑。编写组认为,"看"是学生通过多模态文本(包括视频材料等)对信息进行加工和整合的能力,甚至是没有任何文字的材料,也是可以通过"看"来生成意义的,但也有人对"看"作为一种能力持保留意见。在这种情况下,大学与中学教师首先合力为"看"的能力正名,随后又通过教材和配套资源宣讲和使用培训的方式让"看"的练习真正落到实处。

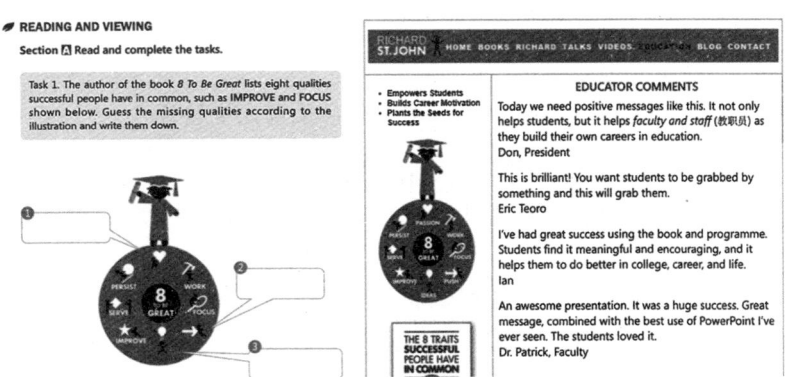

　　以必修第三册第一单元 Road to Success 的练习为例,学生首先通过读图来猜测书评封面中符号的意义(上图左侧),随后再完成阅

读练习(上图右侧)。在实际使用中,编写组得到了较多的积极反馈,一线教师普遍认为,这种读图练习不仅是"看"的直接抓手,也是提升学生学习兴趣的有效途径。虽然我在撰写这篇编写感悟之际,练习部分的七册尚未完全投入使用,但正是编写组内中学教师和相关人员一轮又一轮的反馈使得练习部分的编写理念得到了落实,让编写思路中的一些想法经受住了考验。

2. 筑"中""大"之桥

2018 年我曾在《外语学刊》发表过一篇论文,题为《本科英语专业教学质量标准与中学英语课程标准的关系》,认为两个不同学段的标准静态看相互衔接,紧密共存,内部核心上两者相互呼应,此唱彼和;动态看两者的人才培养目标虽然口径大小不同,但仍是互相促进,共同前瞻的。在主持了练习部分的编写工作后,我愈发认识到中学和大学英语教育之间存在紧密关系,这对我本人以及所有的大学教师编者们而言也是一种鞭策。

此外,大学与中学教师之间的协力互助并非止于练习部分的编写工作,他们更多地将编写的先进理念带到了自己的教学与科研工作之中。从某种意义上而言,中学教师虽"直接受益",但大学老师学到的良方也颇多,这对于在中学和大学英语教育之间构建起一座桥梁产生了深远的影响。

2.1 筑"中""大"之桥,让中学教材理念反哺大学教育

通过协同合作,中学教材和配套资源的这些理念在真正意义上反哺了大学教育。这在项目化学习和思辨能力培养上得到了充分的体现。以下试举一例。

由于部分大学生带着高中的思维惯性进入大学课堂,因此在接受高等教育时仍存在仅接受教师所教授知识的现象,造成自身知识体系不完备,导致无法融会贯通的局面。编写组中的大学教师早已意识到这点,但对如何有效改变大学生的这个顽疾仍束手无策。而在练习部分中大量存在的项目化学习和培养思辨思维的练习实为解

决这一问题的良方。以必修第一册第四单元 Customs and Traditions 的词汇练习为例,学生在完成有关词汇练习后,需要结合语篇有关夏至和冬至的内容,并通过资料收集(library work)来了解其他国家在夏至和冬至时的有关风俗,此时学生要独立开展探究性的项目化学习才能完成任务。又如,选择性必修第三册在整本书阅读的练习中设计了一项长周期任务(Long-term Project),要求学生结合环保话题开展一次社会小调查。除着意培养学生的思辨能力外,练习部分还从一定程度上渗透批判性思维的培养。比如,必修第一册第一单元的读写练习中,学生在完成相关多模态文本的阅读后,需要结合自己的实际情况列举一些原因,说明为何对作者建议参加的社团不感兴趣等等。

大学教师在设计这些任务的过程中学会了以"大任务"的视角来培养学生的综合能力。比如,编者团队中有老师在自己的"综合英语""英语写作"课中设计了需要用整个学期来完成的任务,这不仅让学生在整个学习过程中有一种参与感,也加深了语言学习的厚度。这种进步正是中学教材编写反哺大学教学的实例。

2.2　筑"中""大"之桥,共同构建英语教学研究共同体

练习部分的编写仍在紧锣密鼓地进行,但中学与大学教师之间在教学研究方面已经形成了一种命运共同体。我参加过数次高中英语教研活动,有两个现象给我感触最深。一是高中教师理论水平的提升。通过教材和配套资源的编写和使用,老师们已经将自己"逼成"了学科专家,可从一定的高度从前瞻的视角来看待问题。二是高中教师持续向大学教师虚心请教,希望得到新知识和新理念。在编写修改选择性必修第四册练习部分的过程中,编写人员对如何突破"中译英"这个项目伤透了脑筋。这不仅是因为这是全套练习部分的最后一册,编写人员已有点"黔驴技穷",也是因为如何设定这个项目"天花板"是一大难题。此时,编写组中的大学老师提出建议,可以尝试用视译(sight interpretation)的方法让学生在练习中"换换花样"。由于练习本身涉及视频脚本的视译,这也唤醒了编写组老师的另一个新想法,即将另外一项试题改为配音任务。可见,这种教学研究共同体的智慧是无穷无尽的。

结语

　　练习部分的编写工作或许有"完成时",但中学与大学教师之间的良性互动却只有"进行时",甚至是一种"完成进行时"。新课标和新教材背景下的中学英语教师仍需要面临重重挑战,而大学与中学英语教师共同构建起的教学研究共同体理应成为他们战胜这些挑战的强大支柱。如果下次还有同行"质问"我:"你干吗还去掺和中学教育的事情?"我想这次我的回答可能略有不同:"人类应该打造命运共同体,我们英语教育界也应有共同体,而我理应是其中的一员。"

作者简介:

　　潘鸣威,上海外国语大学教授、博士生导师,上海市英语教育教学研究基地专职研究员,上海市曙光学者。研究领域主要包括语言测试、大规模考试开发等。兼任亚洲语言测试学会常务理事兼中国区代表,全国高等学校英语专业四、八级考试专家组副组长,教育部考试中心研究员,上海市教育考试院高考专家委员会委员等。

　　负责《高中英语》(上外版)练习部分副主编的相关工作。

教材编写与外语教师发展

不惑之年的收获

——《高中英语》（上外版）编写感悟

上海市杨浦高级中学　郑　璨

引言

2020 年我正式步入了人生的第四十个年头。《论语·为政》有云："四十而不惑"。意思是一个人到了四十岁，有了一定的人生阅历，能够对自身进行正确的评估，形成自己的人生观和价值观，也就是一个人真正意义上的"成年"了。回顾这一年多编写工作的点点滴滴，我想如果不是因为参加了《高中英语》（上外版）教材的试教试用、审读，以及教学参考资料和练习部分的编写工作等，我可能还无法对这简单的几个字有如此深切的感悟。

1. 一切必然皆偶然

一切都要追溯到 2019 年 3 月的一天。我像往常一样在学校备课，突然接到了杨浦区教研员王宏年老师的电话，说是需要我们学校英语组承担《高中英语》（上外版）教材必修第一册第一、第二单元试教试用的调研工作。在与分管教务的蒙春荞副校长进行了简短的面谈之后，王老师将这一项目的主持工作正式交到了当时还是副教研组长的我的手中。

虽然早前我也申请过区一般课题，但之前基本是"单打独斗"摸索着做研究，作为项目主持人带领一个七人小组开展工作还是第一次。也许正是靠这股"初生牛犊不怕虎"的精神,我们这个年轻的七人组在当时负责我们分册的王蓓蕾老师和区教研员李蒨、王宏年老师的指导下,顺利完成了试教试用、课堂观察记录、教学录像录制,并且从一线教师实际教学的角度出发,大胆地对教材中的活动设计提出了自己的意见和修改方案。

从开展学生和教师问卷调研到最终撰写项目报告,经历了整个过程的我们方才明白原来教材在被送到学生和一线教师手中正式使用之前,要经历如此漫长的过程:实践论证和反复修改,甚至有的活动设计还会被彻底否定、从头再来。我们开始反思自己过往的工作,重新翻看自己曾经编写过的校本教材——既无清晰的理论支撑,又缺乏严谨的编写框架——我顿感汗颜。然而,当时的我尚不知自己看到的和经历的还只是冰山那微末的一角。

2. 一切偶然皆必然

2019 年 6 月刚结束试教试用后不久,我又分别接到区教研员李蒨老师和王宏年老师的电话,邀我一同参加《高中英语》(上外版)练习部分必修第一册以及教学参考资料必修第一册和选择性必修第一册的编写,我欣然接受了新任务。是因为自己在试教试用调研项目中的表现得到了认可吗? 我不得而知,但至少不能辜负她们对我的这份信任。我很感谢她们给予了我如此宝贵的学习和历练的机会,使得我在为人、处世和治学上都有了一定的成长。

2.1 为人:心怀感恩

寒假期间我抽空又翻看了一遍《傅雷家书》,这次对于"先做人,再成家"又有了切身的体会和感悟。在编写组工作,我一向是抱着"小学生"向"大家"们学习的心态的,且总能从一些不起眼的小事中感受到他们的人格魅力。

为了便于参编人员间就编写工作进行沟通和交流,编写组有过若干次封闭研讨。每次封闭研讨前,我们都会收到一份问卷,统计有多少老师需要带家属。起初,我对于"带家属"感到很困惑:不是去工作吗？又不是度假，为什么要带家属？

第一次参加封闭研讨，我看到有的老师带着还在哺乳期的孩子来参加工作，不禁感叹：为了不耽误工作，这牺牲多大呀！太不容易了！

然而，在一次封闭研讨的最后一天，束定芳教授的一番话使我对于"带家属"又有了新的认识。束教授在那次封闭的最后一顿用餐前致辞道：我们不仅要感谢为《高中英语》(上外版)教材的问世而不分昼夜辛勤工作的教育工作者们，更要感谢默默地支持我们工作的所有的家属们。没有他们为我们做好后勤的保障，我们怎么能够安心全身心地投入自己热爱的工作中？！

彼时，坐在我身旁的沈华老师看着自己身边年迈的父母也频频点头。她告诉我说，她年轻的时候忙于工作，儿子小时候都是父母帮忙一起照顾着的，是父母使自己工作时无后顾之忧。没有他们的支持，自己也不会有现在的成绩。

一个懂得感恩的人，眼中才会有他人，心中才会有理想，脑中才会有大局。

2.2 处世：培养领导力

参加教材编写的一年多时间见证了我从一名普通的高中英语教师成长为英语教研组组长和区学科带头人。专家们的点拨总是如醍醐灌顶，令我茅塞顿开，在专业上有了迅速的发展和提高。更重要的是，在与他们的共事中，我开始渐渐学会了如何与他人沟通，如何鼓舞对方的工作热情和自信，如何规划、协调和管理时间等，这些对于我现在教研组的团队建设是大有裨益的，而这些不是上几节培训班的理论课就能明白的。

2.2.1 "第三种谦虚"

在编写团队中，我总会听到"你觉得呢？"这句话。起初，我感觉自己像是坐在教室后排的学生上课时被老师点到了名，怯生生地发表自己的意见。久而久之，我从被动等待下一步修改指示，变为积极思考我想呈现什么，为什么我会如此设计。

一次偶然的机会，我读到了美国麻省理工大学教授埃德加·沙因(Edgar H. Schein)写的《谦逊的问讯——以提问取代教导的艺术》一书。埃德加·沙因将谦逊分为三种：第一种是"基本的谦逊"，即下级对上级表现出的谦逊；第二种是"有选择的谦逊"，即面对成就更大的人显示出的谦逊；第三种是"当下的谦逊"，即因依赖而产生的谦逊。所谓"第三种谦逊"实质上是向对方表明这不是一个人能做成的事情，而是需要彼此依赖，共同努力才可以达成的。

一句"你觉得呢？"似乎蕴含的潜台词是"你一定知道一些我不知道的或者更好的点子，我很想听听。"这句话打破了原本的上下级的关系，重新建立起了一种良性的合作关系。重复这样一句简单的提问，可以树立对方的自信，启发对方的思考，鼓励对方的表达，改变对方的行为。我就是最好的例子了，因为这句话，我从思想到行动都有了巨大的转变。

2.2.2 打破旁观者效应

旁观者效应也被称为责任分散效应。研究者观察发现，被要求单独完成某一任务的单个个体通常会有强烈的责任感，但当某一群体被要求共同完成这一任务时，该群体中每个个体的责任感就较弱，而且群体中个体人数越多，每个个体的责任感就越弱。

教材编写团队是一个相对庞大的群体，在编写团队工作久了，我发现团队成员有一个共同点：事情多、手脚快、效率高。是什么打破了旁观者效应呢？细细回顾，我终于发现，各分册负责人通常都会以语言或行动开启引领团队其他成员"追随"的模式。例如，他们总会说"这次的任务是……那么，我先……，大家看可以吗？"又例如，我会在接到新的阶段任务的同时，收到一份已经修改好的样本给我做范例进行学习。

是他们的"以身作则"和"勇于承担责任"的精神使我们的编写团队避免了原本可能会出现的旁观者效应，使得整个团队的工作高质、高效。

2.2.3 反思自己的思考过程(Thinking about my thinking)

在编写教材练习部分之初，我们分册全体成员对《普通高中英语课程标准(2017年版2020年修订)》(以下简称"课标")进行了深入的研读,课标提到"学习策略包括元认知策略、认知策略、交际策略、情感策略等,有效选择和使用策略是帮助理解和表达、提高学习效率的手段,是学生形成自主学习和终身学习能力的必备条件"。

为了明确"元认知"的概念,我认真地翻查了相关的资料。元认知(metacognition)是美国心理学家弗拉维尔提出的,意思是对认知的认知,牛津字典解释为awareness and understanding of one's thought process。

在编写工作中,束定芳教授经常会提醒我们要反思自己的工作。我原以为自己是会反思的,但有一次偶然问起一位同行空中课堂录制的情况,她回答我说:"我每一次看自己的教案和视频都觉得还有可以改进的地方。"我突然意识到,她才是在真正地反思,而我一直只是在回顾。然而,束教授一直要求我们做的其实不是回顾我们的工作(reflecting upon our work),而是反思我们的思考过程(thinking about our thought process),运用元认知策略去优化自己的工作。我庆幸自己意识到这一点时还为时不晚。

在编写了选择性必修第一册的文学角(Literature Corner)中一篇培根的文章 Of Studies 之后,我有意识地培养自己为了解决问题而读书,而不要一味凭兴趣读书的习惯。

在思考教研组建设问题时,我曾翻阅了加里·克莱因(Gary Klein)的 Sources of Power。加里·克莱因是最早提出"事前尸检"的心理学家。虽然"事前尸检"听起来略惊悚,但却解决了我心中一个关于"反思"的困惑: thinking about my thinking 是不是只能对将来有借鉴作用? 其实不然。"事前尸检"就是另一种 thinking about my thinking。

举个例子,最近,我们教研组在进行德育与英语学科相融合的探究课题。我们设计好了一堂展示课。在研讨会上,我们假设我们的展示课没有达到预期的效果,也就是"失败了"。我请大家思考一下这堂课失败的原因,再针对大家提出的比较集中的原因进行讨论,找到解决的方法。这种尝试对于老师们来说是一种新的启发,受到了他们的欢迎。

经历了此次的教材编写工作,我对于"领导力"一词有了新的领悟。领导力并非指个人能力,而是带领群体解决问题的能力。作为教研组长,如何维系好整个群体的关系,使之充分发挥出解决问题的能力,是我需要在今后的工作中不断学习、实践和反思的重点所在。

3. 治学:初具跨学科思维意识

"你面前有两个学生:一个是又穷又笨,而另一个是穷但聪明。如果你有一笔钱用于慈善,可以资助其中一个学生,你会把钱给谁呢?"

这是一个很有趣的思考题,不同的人会有不同的回答和相应的理由。有的人会把钱给又穷又笨的学生,觉得他很可怜;而也有人觉得应该把钱给穷但聪明的学生,认为那样成功培养一个可造之才的可能性会更大。

事实上,这是一个与 Charity 相关的问题。这一主题出现在《高中英语》(上外版)选择性必修第二册第三单元。虽然我并不负责这个单元的任何编写工作,但是,自从我开始参与教材编写工作以来,对于主题语境、主题群、主题群内容要求等日益敏感,对教学设计也抱有浓厚的兴趣。

Charity 一词在牛津字典中的定义为: the aim of giving money, food, help, etc. to people who are in need。如果在过去,我可能将自己定义为纯英语老师,在课堂教授单词、词义、词的用法等。但经历了教材编写,我对课标有了更深入的理解和体会。课标中提到"英语教学不仅要发展学生的语言能力,而且要使他们通过语言学习来获得跨学科知识和生活经验。"

在一次偶然的听书中,一位经济学教授指出,从经济学角度来看,慈善,顾名思义就是帮助弱者。因此,他觉得更应该帮助又穷又笨的学生。而将钱给穷但聪明的学生,那叫投资(investment),而非慈善。他的分析从另一个学科领域解释了 Charity 的内涵。我想当我设计 Charity 这个单元的教学活动时,我会利用这个问题来启发学生思考。毕竟,要培养有跨学科思维意识的学生,教师首先应具备这样的思维品质。

结语

在古希腊神话中有一个叫西西弗斯的国王。他妄图绑架死神,让世间没有死亡,却因此触怒了天神宙斯。西西弗斯被罚要将一块巨石从山脚推至山顶。而每当他即将到达山顶之时,巨石又会滚回山脚。于是,他需要一次又一次地将那块巨石推向山顶,永无休止。

这一年多来,我和自己的朋友说得最多的一句话就是"做完这个我就可以歇一下了"。然而每当我快结束一项工作时,好像冥冥中安排好似的,新的任务就无缝衔接上。如果是过去的我,一定会焦躁,会抱怨——为什么总是我。但现在,我学会了像西西弗斯那样——不是在抱怨中将一件事变成痛苦的折磨,而是选择斗志满满地去推动那块巨石。正如尼采认为的,一件事情的价值不是现成在那里等待你发现的,所有的价值都是人主观创造出来的。

我很幸运,在人生中能遇到一群能主动创造价值的人们!

参考文献

[1] Edgar H. Schein. *Humble Inquiry the Gentle Art of Asking Instead of Telling* [M]. San Francisco: San Francisco Berrett-Koehler Publishers, 2013: 10 - 14.

[2] 中华人民共和国教育部. 普通高中英语课程标准(2017 年版 2020 年修订) [M]. 北京: 人民教育出版社,2020.

作者简介:

郑璨,毕业于上海师范大学,现任上海市杨浦高级中学英语教研组组长。曾多次进行市区级教学公开展示课,积极参与并主持科研课题及研究工作。2019 年被授予"杨浦区园丁奖",2020 年被评为"第五届杨浦区骨干教师",2021 年被授予"上海市园丁奖"。

　　参与编写《高中英语》(上外版)教学参考资料必修第一册、选择性必修第一册和《高中英语》(上外版)练习部分必修第一册。

紧扣主题语境 命题形式多样

——我与练习部分的二三事

上海市敬业中学 乔 健

引言

当区教研员金敏老师询问我是否愿意参加《高中英语》(上外版)练习部分必修第二册的编写时,我是既惊喜又忐忑。惊喜的是我居然有机会成为上海市高中英语教材改革的一分子,这是多么值得骄傲的一件事;忐忑的是我不知道自己能否胜任这个任务,能否按时圆满地完成这项艰巨的重任。最终自信战胜了胆怯,我郑重地接受了这份挑战。

1. 练习部分编写三部曲

1.1 明确分工

金敏老师的分工比较有特色,她没有简单地按照单元分工——让每位老师负责一个单元的练习编写,而是根据练习板块来分配任务。每单元主要分为四个板块:听说练习、语法、词汇与翻译、阅读与拓展。考虑到我当时参加了黄浦区金怡英语名师工作室,而工作室的研究课题是高中英语听说教学方向,金敏老师安排我负责该册听说部分的题目编写。具体的任务就是编写听力、朗读、快速应答、情景提问和看图说话的语篇或习题。

我觉得这样的任务分配非常好,能提高工作效率,优点有几个方面。其一,因为不用在各种题型间切换,每位老师能集中精力研究某个类型的题目,迅速掌握这类题型的命题技巧,提高相应的命题能力。其二,由于每个单元都由这些板块组成,这促使我们在编写时了解了每个单元的内容及单元间的联系,不会出现只了解自己编写的单元,而对其他单元内容一无所知的情况,因此在命题时会更好地体现整本书同一题型的命题内容在难度方面的递进性。其三,可避免题型单一、考点重复的现象,因为同时负责四个单元单一板块的内容,很容易发现哪些题目考查的点与其他单元的重复了。

1.2 厚积薄发

分工明确之后,我们并没有马上着手编写题目,而是做了大量的准备工作,所谓工欲善其事必先利其器。我们首先认真研读了学生用书。当时只有课本的电子文档,于是我自己打印、装订了一本简易版的课本。前前后后已经数不清读了几遍了,只知道这本简易课本现在已经皱巴巴的了。我在上面标注了自己的阅读笔记,圈画了重点。除此之外,我还将课本中的听力与视频文本读了个遍,划出重点词汇,并对这些文本的可读性指数与字数进行统计,作为出题时选择听力文本长度与难度的参照。不仅如此,为了更好地把握所选素材的难易度与核心词汇的出现频率,我们团队还仔细研读了必修一的课文。由于我们细致全面的准备工作,之后的选材一直比较顺利,改动比较小。

1.3 千锤百炼

准备工作就绪后,我们进入了最关键的一步,编写与修改过程。整个过程极其漫长,修改稿占据了我电脑不少的内存。第一轮修改采用每个板块编写者和分册主编金敏老师之间的一对一修改模式。第二轮采用分册编写团队成员之间的互相修改模式。在完成一个单元的内容之后,大家各自把修改意见批注在这个单元的整合稿上。第三轮是潘鸣威教授与编辑老师帮我们查找需要改进的地方。第四轮是专家们挑出我们题目或格式中被忽略的问题。第五轮是整册练习部分的体例修订,从字体、标点、拼写、提示语规范等角度,全方位地对文稿进行地毯式"找茬"。本以为第五轮是最后一轮的修改了，但我们还是迎来了第六轮修改：根据必修三册练习部分的整体情况，对一些细节做了微调。如果说练习部分是一把宝剑，那么我们真的是千锤百炼才锻造出了这把利刃，绝对是以匠人精神来铸造这把剑的。

2. 参编中的听力命题技巧收获

对于听力命题，我在编写练习部分之前涉猎不多，所以对于具体的命题原则并没有形成有体系的认识。正是通过参与这次新教材练习部分的编写，在不断地学习、实践、修改、再学习、再实践、再修改的过程中我逐步地"开窍"，提升了听力命题能力。在此期间，金敏老师、潘鸣威教授、编辑老师以及审核练习部分的专家们都给予了我莫大的帮助——开阔我的命题思路，提出中肯的建议与意见，帮助我逐步建立起听力命题的原则体系。其中对我影响较深的是以下两点：

2.1 听力选材的真实性与适切性

【案例分析一】

以必修第二册第二单元的听力语篇练习为例，在语篇中有一句原文为"Simply heading out with the staff on a daily basis to harvest grass, corn, bananas and other treats makes a huge difference in these elephants' lives."，潘教授就此给出了切中要点的意见："这个句子要尝试改写，放在听力里面过长，信息点过于集中。"

就此我查找了资料，发现口语体文本有较多由简单句连接而成的并列句，且用词一般口语化。不难发现原句极为书面化，句子结构以及信息的密集度都不适合作为听力内容。因此为了测试考生在真实交际活动中的语言能力，命题者需要结合这一测试目标和听力文本特征对文本做技术处理，进行改写。我将原句改写为："Every day you head out with the staff to harvest grass, corn, bananas and other treats. It may seem simple to you, but it makes a huge difference in these elephants' lives."。改写后，原来的长句变成了两个短句，句子结构得以简化,信息分布也较为合理,达到了听力材料口语化的标准。

【案例分析二】

另一个例子是必修第二册第一单元听力短对话中的一道题目,原稿如下:

> W: You know what the Wildlife Club needs? We need an advisor, someone who knows a lot about the environment and wildlife protection.
>
> M: There's a new student in the Biology Department, Professor Bell. She seems to be the suitable one. I'll see if she'll be interested.
>
> Q: What will the man probably do?

编辑老师的审读意见是原对话中的内容更适合大学生理解,例如 the Biology Department, Professor Bell 等词都显示出这是一组大学生之间的对话。建议我做将 the Biology Department 改为 the Biology study group 之类的调整。这个建议给我的启示是,在听力练习中影响学生听力的因素不单单是词汇和语法知识,还包括学生的背景知识。因此听力材料的适切度也要把握好,听力内容要符合学生所处的年龄层面的认知水平。

2.2 形式多样活泼,体现交际功能

【案例分析三】

以必修第二册第一单元的听力短对话 1 为例。由于本单元的教学目标之一是让学生能按照空间顺序描述一个场景,因此在听力练习中设置了一题考查学生能否听懂短对话中的方位问题:

> W: Excuse me, can you tell me how to get to the Star University from here?
>
> M: Sure, just go to the end of the block, turn left, go straight for two blocks, then turn right and you would be one block from the university.
>
> Q: How far away is the university from the place the speakers meet?
>
> A. Two blocks. B. One block.
>
> C. Three blocks. D. Four blocks.

金敏老师给我提出了一个建议:可以将此题的四个选项出成图

片的形式。因为从原题的四个选项来看,只是简单的数字的叠加,并不能很好地检测出学生是否听懂了对话中表示方位的关键词。因此,我将题目调整为:

W: Excuse me, can you tell me how to get to the Star University from here?

M: Sure, just go to the end of the block, turn left, go straight for two blocks, then turn right and you would be one block from the university.

Q: Which of the following pictures shows the location of the Star University correctly?

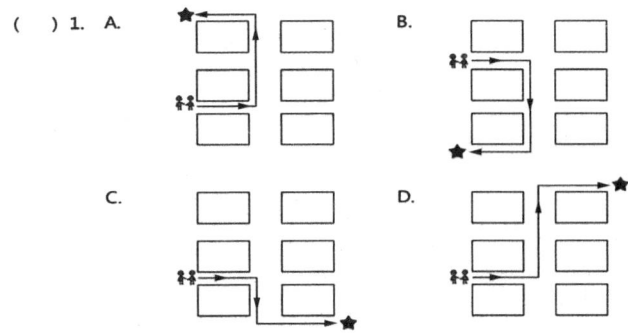

通过图片的方式能清楚地呈现听力对话中的方位与路径,更加精准地检测出学生是否理解了对话内容。同时,也更贴合生活实际,当我们问路时,我们也常会根据他人的指路说明在脑海里自绘一张路线图。因此,图片形式的四个选项更能体现对话的交际功能。

【案例分析四】

必修第二册第二单元的听力长对话练习内容是一段游客在参观动物园时与导游的关于 meerkats(猫鼬)这种动物的讨论。基于对话内容,我的初稿题目如下:

Write *No More Than Three* words for each blank.

Meerkats are a kind of lovely animals living in (1) _____ of Africa. Their main food are (2) _____, spiders and snakes. They are social animals, so in their spare time they like (3) _____. For example, they clean each other and play together a lot. Meerkats usually have about three babies and their average life expectancy in the wild is (4) _____. Because they can survive in the (5) _____ weather in desert areas, they are safe from extinction.

虽然就考点来说该题的设计已经覆盖了 meerkats 的基本信息：动物的栖息地、食物、生活习性、预期寿命及生存现状。如果听力内容是严谨的关于猫鼬的科普描述也可以使用这样的出题模式，但是整体的呈现形式还是略显老套，与听力文本的整体语境和风格相差较大。于是，在金敏老师的提议下，我们抓住了动物园这个语境，将题目进行如下调整：

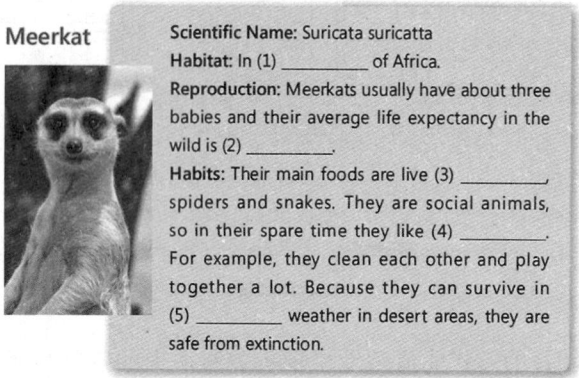

Meerkat

Scientific Name: Suricata suricatta
Habitat: In (1) _____ of Africa.
Reproduction: Meerkats usually have about three babies and their average life expectancy in the wild is (2) _____.
Habits: Their main foods are live (3) _____, spiders and snakes. They are social animals, so in their spare time they like (4) _____. For example, they clean each other and play together a lot. Because they can survive in (5) _____ weather in desert areas, they are safe from extinction.

我将题目调整为动物园中动物介绍牌的样式。瞬间题目就有了生活气息，更加贴合听力文本的主题语境，让学生仿佛身临其境，正在动物园中参观猫鼬。同时也帮助学生更快地根据动物介绍牌的设计形式预测听力内容，提高捕捉关键信息的能力。

3. 参编过程中的教学反思

3.1 深入研读语篇，紧扣主题语境

新教材练习部分的编写促使我更加深入地进行语篇研读，把握课文的语篇类型、语篇内容、语篇结构和主题意义。其中对主题意义的分析尤为重要，因为只有教师真正理解了主题意义才能帮助学生

对其进行深入的探究。学生对主题意义的探究是学生学习语言的最核心内容。通过对主题语境的理解和对主题意义的探究,学生才能把语篇中所呈现的语言知识和文化知识整合起来进行学习,然后通过语言技能和学习策略运用等活动的展开,在分析问题和解决问题的过程中发展语言能力、文化意识、思维品质和学习能力。因此在命题的时候真正把握住文本的主题意义至关重要。

【案例分析五】

在必修第二册第三单元的第一稿中,我的快速应答命题如下:

1. Do you want pudding or ice cream for dessert?

2. You're joining us for dinner tonight, aren't you?

因为该单元的主题为 Food,我想当然地认为只要在命题中使用 food 范畴的词汇就算是符合这个主题语境了。所以在第一题中使用了 pudding、ice cream、dessert,在第二题中使用了 dinner 这些与 food 相关联的词汇。

修改意见——"有没有可能加入一些具有文化冲击故事背景的对话?"——让我幡然醒悟,我重新拿起课文,再次探究文本的主题意义。我发现本单元文本的关注点在于饮食和文化,如果要用一些关键词或概念来总结,就是:世界不同国家和地区的饮食文化和习俗差异,饮食带来的文化冲击、文化理解和包容,食物与文化之间的紧密联系,等等。而我第一稿中的选材更偏于 eating 和 food 层面,与文本的主题意义还是有些错位的。于是我进行了如下修改:

1. What would you like to have for lunch, pizza or sushi?

2. This is my first time to come to a Chinese restaurant. Could you tell me the feature of Cantonese food?

第一题中的 pizza 代表了西方饮食,sushi 代表了东方饮食,两种食物代表了不同饮食文化的冲击。第二题中"This is my first time to come to a Chinese restaurant."表明说话者是一位外国人。"Could you tell me the feature of Cantonese food?"表明这位外国朋友想要了解中国的饮食文化。我的修改使得这两题真正地体现出文本的主题意义,即饮食与文化;更重要的是,修改后的文本更能体现中西文化的对比与交流。

修改过程中我理解了,作为一门外语课程,英语的学习过程应该是学生对中外语言和文化的学习和赏析的过程。在命题中应考虑到这一点,课堂教学中更应如此。在以主题意义为引领的课堂上,教师要通过创设与主题意义密切相关的语境,充分挖掘特定主题所承载的文化信息和发展学生思维品质的关键点,基于对主题意义的探究,以解决问题为目的,整合语言知识和语言技能的学习与发展,在特定主题与学生的生活间建立密切的关联,鼓励学生学习和运用语言开展对语言、意义和文化内涵的探究,特别是通过对不同观点的讨论,提高学生的鉴别和评判能力。同时,教师应通过中西文化的比较,培养学生的逻辑思维和批判性思维,引导学生建构多元文化视角。

3.2 理论结合实践,命题不拘一格

【案例分析六】

以必修第二册第四单元的听力练习 Section B 为例,在初稿的设计中我选取的听力材料是关于 Wilma Rudolph 的励志故事,并根据这则故事编写了四道关于材料主要内容的问答题。题目内容如下:

1. What happened to Wilma when she was four years old?

2. Why was it a medical wonder when Wilma developed a rhythmic step?

3. How many gold medals did Wilma get in the Rome Olympics?

4. What contributed to Wilma's success?

虽然四个提问覆盖了文章的关键信息,但是题目的形式略显老套,没有新意。在金老师的建议下,我尝试着将这个听力练习与本单元的写作练习串联起来,出成综合练习题的形式。

第一步,我将原本的听力问答题转换成了基于时间轴的填空题(见下页图)。

Section B Wilma Rudolph is an international sports star in track and field. Listen to the passage and fill in the blanks with the information you have just heard. The passage will be read twice.

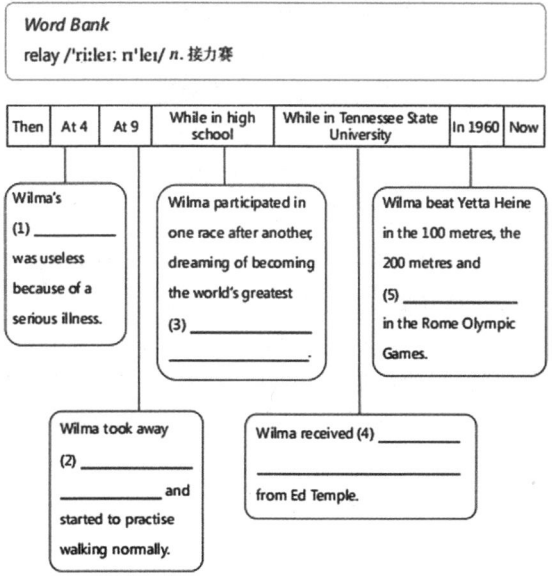

Word Bank
relay /'ri:leɪ; n'leɪ/ *n.* 接力赛

Then	At 4	At 9	While in high school	While in Tennessee State University	In 1960	Now

Wilma's (1) _____ was useless because of a serious illness.

Wilma participated in one race after another, dreaming of becoming the world's greatest (3) _____.

Wilma beat Yetta Heine in the 100 metres, the 200 metres and (5) _____ in the Rome Olympic Games.

Wilma took away (2) _____ and started to practise walking normally.

Wilma received (4) _____ from Ed Temple.

时间轴的设计与学生用书课文中循着时间线描述乔丹对篮球的情感变化异曲同工,不但能帮学生厘清 Wilma Rudolph 的人生轨迹和重要事件,也为后面让他们根据时间线来描写经历做好了铺垫。

第二步,在 Writing 练习中先让学生复听 Wilma Rudolph 的励志故事,并回答四个问题:

1. What's the doctor's diagnosis of Wilma's left leg?
2. How did Wilma's mother encourage Wilma?
3. How did others react to Wilma's failure in her first race?
4. Why did Ed Temple decide to coach Wilma?

这四个问题归为两个大类,问题 1 与问题 3 是 Wilma 所经历的挫折,而问题 2 与问题 4 是 Wilma 克服困难获取成功的因素。这一步的听力问题及其答案从 advantages 与 disadvantages 两个方面为最终的写作部分提供了素材,可帮助他们完成最后的整合环节。

第三步,要求学生基于听力 Section B 的时间线以及 Writing Task 1 中学生的作答,从 Wilma Rudolph 的视角出发完成一篇发言稿,用于在电视节目中播出。这个练习不仅检测了学生按时间顺序来描述经历的能力,还检测了学生是否能描述在体育运动中的收获与挑战;实现了听与写的高度契合,能培养学生的综合能力。

这个命题过程给我两个启示:一是命题也要有单元视角,二是听力的产出活动不应只局限于常规的客观题形式。

就第一个启示来看,当我们在进行单元教学目标设计时我们往往会对单元内容进行纵向与横向的分析。那么当我们在进行单元练习的命题时,也可以进行类似的纵向与横向的关联。

从横向层面看,在必修第二册第四单元的 Reading A(阅读练习)与 Moving Forward(写作练习)部分都出现过时间轴的练习,因此在练习册中再次以时间轴的形式进行听力练习,不仅是对课文教学内容的延伸,同时也与教学目标呼应,有助于学生掌握按时间顺序描述事件的技能。

从纵向层面看,这道综合练习题从听力练习要求学生获取简单的事实信息,到写作任务一要求学生理解听力材料中的主要观点,再到写作任务二让学生按照时间线整合事实信息与主要观点,并以演讲稿的形式呈现;从听的输入到写的输出,帮助学生实现了由单一技能使用到多项技能综合使用的过渡。从理解、运用,再到综合的认知水平进阶,基本符合语言学习和认知规律,体现了由易到难的梯度。从实现单元教学目标来看,这道题目能检测学生是否能理解听力材料中描述的体育精神,是否能论述进行体育活动的得与失,是否能按照时间顺序记叙事件。

就第二个启示来看,常规的听后检测活动以是非题、多项选择题或问答题居多,但是这些听后活动的设计和操练没有让学生以交际为目的去进行听力活动,从而无法引导学生为实现特定的交际目的去使用所听到的内容。因此,我查找了听后活动的定义。*Developing Lessons from Listening Tasks* 一书将听后活动定义为:

> Post-listening activities should be an extension of communicative outcomes and listening materials.

They have several aims which can be achieved concurrently or separately. These aims include helping your students to:

- Practise other language skills (speaking, reading and writing) using the same theme/topic
- Examine and reinforce language points (e.g. grammar, vocabulary, useful expressions)
- Personalise contents of the listening material (e.g. literary texts)
- Acquire further content knowledge related to the theme/topic of the listening material

从听后活动的定义及目标中不难发现,听后活动是对听力材料的延伸,对各种技能的操练,以实现有意义的交际。

根据听后活动的定义及目标,我们再来分析一下这道综合练习题。它以听力形式输入有关 Wilma Rudolph 从事体育运动的经历与精神,在写作练习环节继续沿用这个听力材料的主题,将 Wilma Rudolph 的经历与体育精神落实到书面写作中。体现了"知道—理解—应用"层层递进的设计思路。实现了通过听后活动在同一主题下练习其他语言技能,即写的技能。换言之,这是一个以听促写的过程,达成了设计听后活动的第一个和第二个目标。

综上所述,听力命题可以是多题型的组合,听力产出也是一个综合体。

结束语

拿到崭新的自己参与编写的练习部分时,我迫不及待地打开书本,寻找自己的名字。我相信那一刻的自豪与激动,会永远留在我的记忆之中。虽然编写的过程是痛苦的,但结果是快乐的,收获是满满的。在此对编写过程中给我提出宝贵意见的金敏老师、潘鸣威教授和编辑老师表示深深的感谢!

参考文献

[1] 教育部.普通高中英语课程标准(2017 年版 2020 年修订)[M].北京:人

民教育出版社,2020.

[2] 上海市教育委员会教学研究室.高中英语单元教学设计指南[M].北京:
人民教育出版社,2018.

[3] Goh, C. C. M.语言课堂中的听力教学[M].北京:人民教育出版社,
2007.

作者简介:

乔健,上海市敬业中学外语组教研组长、校骨干教师,中学高级
教师。上海市黄浦区金怡英语名师工作室成员兼工作室秘书,曾获
"上海市黄浦区青年教师教育教学课题研究成果"一等奖、"黄浦区
英语学科作业试卷设计评比"一等奖、"上海市中小学优秀作业、试卷
案例征集评选"三等奖、"第十二届全国高中英语教师教学基本功大
赛暨教学观摩研讨会论文评选"二等奖等。

乔健为《高中英语》(上外版)练习部分必修第二册的核心编者,
承担第一单元至第四单元的 Listening and Speaking 及部分写作练习
的编写工作。

明单元目标，用思维工具，传中国声音

——记《高中英语》(上外版)练习部分必修第三册编写经历

上海市崇明中学　梅　瑛

引言

《高中英语》(上外版)练习部分必修第三册编写组成立于2019年暑期，由姚晟老师担任分册主编，编者包括沈宇丹、沈春泉和我。翻阅编写组的微信群，编写过程历时一年有余，其间的种种经历以蒙太奇的方式一一从眼前闪过。这次编写对于我们一线教师来说无疑是一次难得的经历，不仅提升了我们的编题能力，还提高了我们研读教材、解读课标的能力，同时在单元设计、课堂教学、科研能力方面对我们也有很大的帮助和提升。

1. 参编经历

2020暑期之时，经过三次闭关，不断地改改改，精耕细作，尽求完美，《高中英语》(上外版)练习部分必修第三册终于定稿。编写期间令我感受最深、至今仍然记忆犹新的就是练习部分副主编潘鸣威教授的三句话。

1.1 第一句话:"内容似乎把人带回了七八十年代,缺乏一种时代气息。"

潘鸣威教授一边读着练习部分必修第三册第一单元讨论稿 Vocabulary Focus 中的一道选词填空题,一边作出如上评价。该题文字如下:

1) The manager arranged for me to _____ the invited engineers at the airport, who showed us how to operate the machines successfully.

2) To prevent further damage, the engineer had to _____ the computers in the control room and then worked out the solutions later.

两题考查点分别是 see off 和 switch off。编写这两题时,我只考虑了本题应考查《高中英语》(上外版)必修第三册第一单元 Word Partners:用 verb + off 的动词搭配,以及句意应和单元主题(成功之路)吻合,并未考虑句子呈现的意境。潘教授的评价如魔术棒,指明了编写题目时不能忽略的一个因素——语言运用的大时代和大背景。无论是语篇还是单句,都是鲜活的、生动的,应该与时俱进。这给了我不小启发,在团队的建议下,我给包括上两句在内的九道题加上了一点时代气息,突出了正能量。比如定稿中的最后一句:

6) The manager promised not to _____ the workers. Instead, she encouraged them to work together to get over the difficulty.

看似简单的一句却聚集了团队的智慧,既考查了 lay off 的动词搭配,又能在字里行间传达我们编者想要表达的积极乐观的人生态度,催人奋进。同时也希望学生在掌握语言知识的同时,能汲取语言所承载的正能量。

1.2 第二句话:"内容太多,这篇不要了。"

这是编者不愿意听到的话。《高中英语》(上外版)练习部分必修第三册第一单元讨论稿中有篇阅读文章,因为单元整个篇幅和题量的限制而被删减掉,我当时特别心痛,因为从选篇、命题到编写选项等等,我投入了不少时间和精力。相比这种割舍的痛,编者更不愿意听到的是"嗯,这篇换掉。"听到这句话时,编者脑海里可能最先出现的就是大哭的表情符,因为这不仅意味着已投入的努力付之东流,更重要的是还得从头再来,重新再经历一回。在 Grammar in Use 部分,我一开始选了一篇关于 Warren Buffett 人生经历的文本,进行了语篇语法的编题。但是在参加完《高中英语》(上外版)练习部分必修第三册集体修改之后,我马上意识到了这篇文章可能不合适。当晚我就重新定方向,目标锁定中国名人,最后选了有关曹雪芹人生经历的语篇。改选这个语篇是因为:一能传递正能量,二能适当改编后就可以据以编写分词作补语的语法题。整个命题过程都要求编者全面考虑,尽求多样,覆盖面广一些。最后定稿中设了八个空,考查 -ing 和 -ed 分词的用法,既复习巩固了分词作状语,又聚焦了本单元分词作补语(主补和宾补)的语法知识。这一次的更换语篇让我明白,语篇的选择是命题的重中之重,必须慎重,考虑全面;也让我相信风雨过后总有彩虹,努力之后会有进步和发展。

1.3 第三句话:"题型多样一点,排版活泼一些,要让学生喜欢做我们编写的练习。"

这是潘教授讲的给我印象至深的第三句话,体现了他的良苦用心,提醒我们写稿时不仅要考虑到命题质量,还得关注题目的趣味性。必修第三册练习部分第一单元命题过程中有三大题设计比较新颖。第一,词汇聚焦板块 Section B 是大家都很喜欢的填字游戏,考查课文重点词汇,同时也很有趣;而这些词汇也是 Section C 中语篇填空的选词,两道题相互关联,设计巧妙;在语篇填空之前还设计了一个看图任务,既训练学生的口语表达,又引出语篇的主题,可谓一举多得。第二,视听板块中加入了关于成功原则的视频,首先提供 Word Bank,帮助学生扫清词汇障碍;然后根据视频文本的特点,设计了流程图,考查关键信息,清晰明了;最后继续挖掘视频的内容信息,引导学生进一步思考,运用视频信息,发表个人观点。这个版块命题时,考虑了一篇多用,深度挖掘;同时设计了合适的图表,提炼重要信息,引导学生抓住视频重点,也为后面的思考任务作铺垫。第三,阅读部分 Section A 语篇选择题之前增加了一个读图环节,充分利用语篇以网页形式呈现这一特点,截取其中的重要图示,设计了根据图标猜词的活动;目的在于训练学生的读图能力,同时引导学生关注图示上的重要信息;既有趣味性,又有科学性。

2. 收获与感悟

在整个闭关修改的过程中还有很多让我思考的地方,最大的感悟和体会有两点:传播中国声音和明确单元目标。课标指出普通高中英语课程应在发展学生英语语言运用能力的过程中,帮助他们学习、理解和鉴赏中外优秀文化,培养中国情怀,坚定文化自信,拓展国际视野,增进国际理解,逐步提升跨文化沟通能力、思辨能力、学习能力和创新能力,形成正确的世界观、人生观和价值观。

2.1 传播中国声音,讲好中国故事

在编写《高中英语》(上外版)练习部分必修第三册时,关于选材方面有一个特殊的要求:选择一些能够体现中国特色,甚至是地方特色的语篇。第一单元 Grammar in Use 选择了介绍曹雪芹的语篇,曹雪芹生于繁华,历经家道中落,并未消沉,反而积累素材,创作巨著。这种人生经历是鼓舞人心、催人奋进的。编者也希望通过语篇向学生传递积极的人生态度,同时了解中国的优秀人物,从而传播中国的经典。第二单元 Vocabulary Focus 选取了介绍上海石库门的语篇,包含建筑风格、历史价值、文化意义和修缮保护等内容。石库门作为上海的代表性建筑,承载了太多人的记忆,沉淀了珍贵的历史文化价值。编者希望通过语篇向学生传递这座城市的温度,同时为学生传播中国声音提供素材。

《高中英语》(上外版)必修第一册第四单元 Reading A Growing Worldwide 为报刊类说明文,通过介绍德国、拉美和印度的成人礼活动,表现了不同民族对成年的看法和期待。根据语篇特点可以将文中主要信息整理成表,明确三方面——what、how、why——的内容。随着对单元内容学习的深入,这个表格的内容可以不断得到丰富(见图 1)。在 Word Formation 中简单了解中国的冠礼和髻礼;在 Listening 部分了解韩国的成人礼;在 Culture Link 中可以了解 Vanuatu 特别的成人礼;甚至在 Moving Forward 部分的写作范例中也呈现了 Inuit(因纽

特人)和 Senufo(塞努福人)的成人礼。学生对于世界各地成人礼有了非常鲜明的了解,更明白各国成人礼仪式虽不尽相同,但是全世界人成人之后所要承担的责任和义务是相同的。正因为有了前面大量的内容和主题词汇的输入与铺垫,最后在进行写作输出介绍中国的成人礼时,难度大大降低,可谓水到渠成。再加上结合利用教学参考资料上的漫画(见图2),学生写作就有了内容,更有了热情,有了温

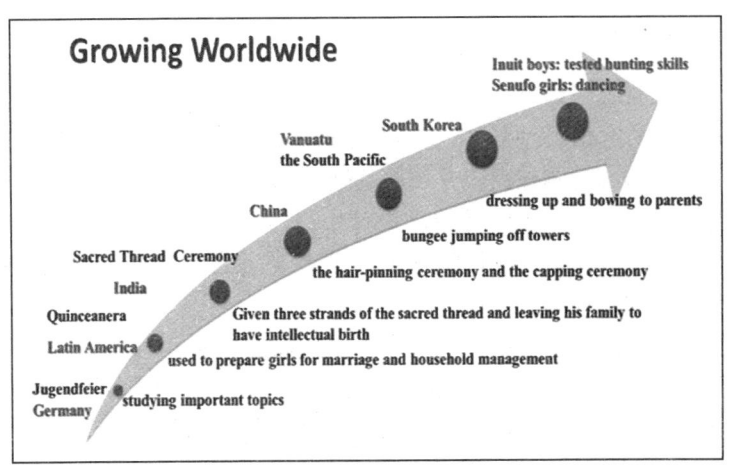

图 1

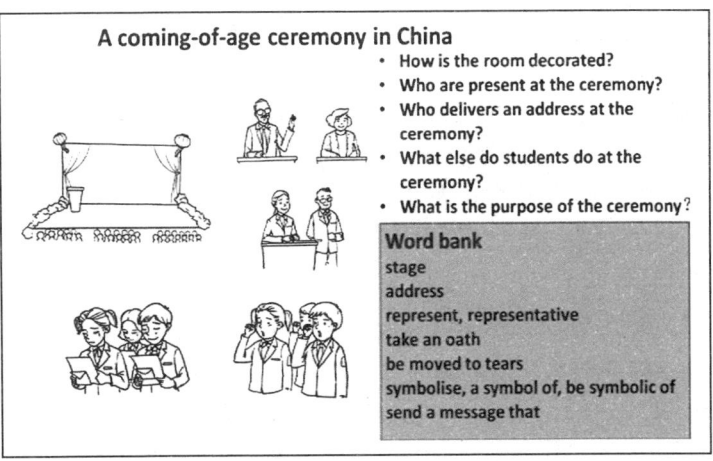

图 2

度;也便于他们举一反三,迁移创新,说身边事,写中国故事。

细读课标,英语学科的核心素养最终都指向学生文化意识的提升,要求他们从跨文化视角观察和认识世界,增强国家认同和家国情怀,坚定文化自信,树立人类命运共同体意识,学会做人做事,成长为有文明素养和社会责任感的人。我们编写时牢牢记住了这些,并通过诸如上述案例将之融入作品。

2.2 明确单元目标,开展学习活动

在编写练习部分必修第三册第一单元的时候,首要任务就是熟悉单元的所有语料,明确关键词汇、重点语法、听说读写的技能策略以及思辨活动的侧重点。并在此基础上,明确单元目标,从而设计相关的练习。同样在平时的教学设计中,过程和方法也是一样的。熟悉单元语篇以及语言知识的重难点,明确单元目标,然后设计能够实现单元目标的各项活动任务。

正如课标所要求的:教师应在以主题意义为引领的课堂上,以多模态语篇为依托,以解决问题为目的,将特定主题与学生的生活密切联系在一起,创设丰富多样的语境,激发学生学习和体验语言的兴趣,以使学生能够在语言实践活动中反思和再现个人的生活和经历,表达个人的情感和观点,在发展语言技能的同时,提高分析问题和解决问题、批判与创新的能力。

我们在明确单元目标之后,有责任根据目标设计真实的活动任务,创设可操作、有坡度、与学生学习和生活密切相关的活动任务,且使所有活动任务形成共享同一主题的活动任务链。

比如:在进行《高中英语》(上外版)必修第三册第二单元教学设计的时候,首先必须根据目标定位设计基于整个单元的任务链:

1)阅读板块:Write a short paragraph, appreciating one of Qi Baishi's paintings。利用 Reading A 以及 Grammar in Use 的内容,引导学生巩固与艺术相关的词汇语义网,学会欣赏画作,实现单元目标:能发掘艺术作品中隐含的象征意义和传递的文化信息。

2)说写融合板块:Introduce an artist for an art exhibition。在第

一个任务的基础上,提高要求,不仅要介绍画作,更要涉及艺术家的其他方面,包括社会影响力、性格品质等等,实现单元目标:能讨论并分享一些艺术家以及他们的艺术作品;同时能在写作中运用总—分结构。

3)思辨板块:Compare and contrast two artists mentioned in the unit with supporting details。引导学生选取单元中所涉及的两位艺术家,谈论他们的相似及不同之处,并用具体细节进行说明,这个环节不仅能进一步帮助学生深化对这些艺术家及其作品的了解,而且对本单元重点学习的总—分型的语篇模式也是一个很好的巩固和运用,同时还可以培养学生的高阶思维能力,实现单元目标:能从艺术作品中分析和比较艺术家的社会影响。

4)探究板块:Write a field trip report on a local art museum。运用已有的以及本单元新学的与艺术有关的知识和主题词汇,汇报参观艺术博物馆的经历和收获,重点就自己最喜欢的艺术作品发表观点、说明理由。本任务旨在提升学生的综合语言能力和评价能力。

从描述一幅画、介绍一位艺术家,到比较两位艺术家的异同,再到最后的调查报告,这样的设计化整为零,层层递进,形成了一个任务链,大大提高了教学效率和质量。

3. 教学与科研

这次难得的编写经历和体会,在不知不觉中慢慢地影响着我,我的专业知识、语言能力、教研能力等都得到了一定的提升,对我完成平时的教学和科研任务大有帮助。

《高中英语》(上外版)练习部分必修第三册第一单元,多处使用可视化思维工具,既是为了清晰地呈现语篇的重点内容,又是为了引导学生以最快的速度抓住语篇的要点和关键。比如在 Listening and Viewing 板块的 Section B 设计了流程图,明确引导学生在视听的过程中抓住视频中的关键信息,呼应了教材第一册第四单元的视听策略,提升学生获取信息的思维能力。同时在 Listening and Viewing 板块的 Section A 和 Extended Reading 部分都设计了表格,前者帮助学生在听的过程中关注并记录重点信息,后者帮助学生在课外阅读过程中归纳重点信息,同时口头介绍一位名人的失败和成就,体现了思维品质的三级水平:根据所获得的综合信息,归纳、概括规律,建构新概念,并用于解决新问题,从多个视角认识世界。

《普通高中英语课程标准(2017 年版 2020 年修订)》对语篇知识提出了明确要求,不仅要求学生理解语篇的微观组织结构,而且要理解语篇的宏观组织结构,包括语篇类型、结构、语言特征、写作目的、语篇衔接等。比如在梳理议论文的时候,可以尝试用列表工具,这一形式尤其适合含正反两方观点的语篇。《高中英语》(上外版)必修第二册第二单元 Zoos: Cruel or Caring? 语篇中列举了人们关于动物园的正反两种观点,罗列事实,讲述道理,最后阐明作者自己的观点。图 3 清晰地展示了正反两方的观点以及各自的论据。《高中英语》(上外版)必修第一册第一单元的阅读语篇 A Writing Assignment 是围绕 Jimmy 中学时期的一次写作作业展开的一个小故事,可以用流程图(图 4)清晰地展示故事的起承转合。无独有偶,《高中英语》(上外版)练习部分必修第一册第一单元中有一篇父亲给儿子的一封信。父亲在信中描述了自己经历过的退却、挣扎、战胜困难的故事和丰富的人生阅历,并建议儿子勇于尝试新事物。语篇的谋篇布局和 A Writing Assignment 很相似,完全可以照搬流程图(图 5)。

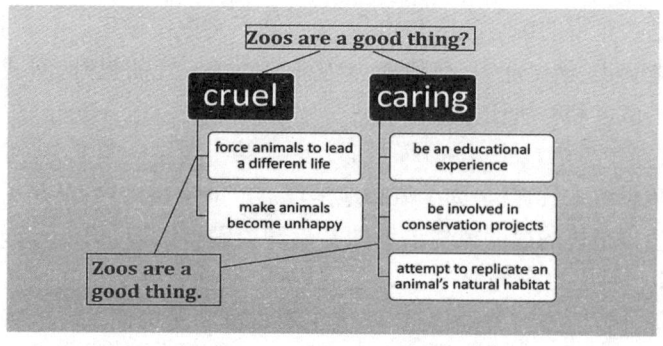

图 3

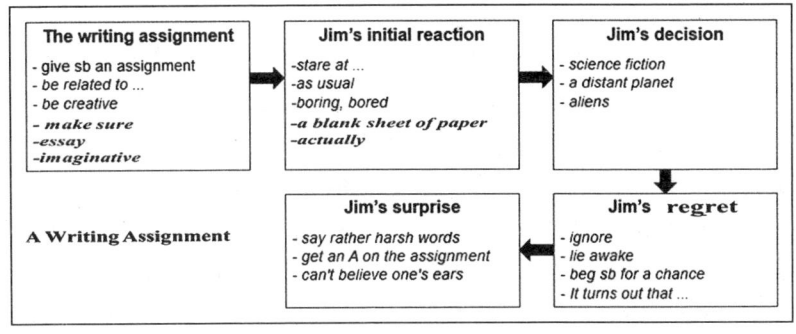

图 4

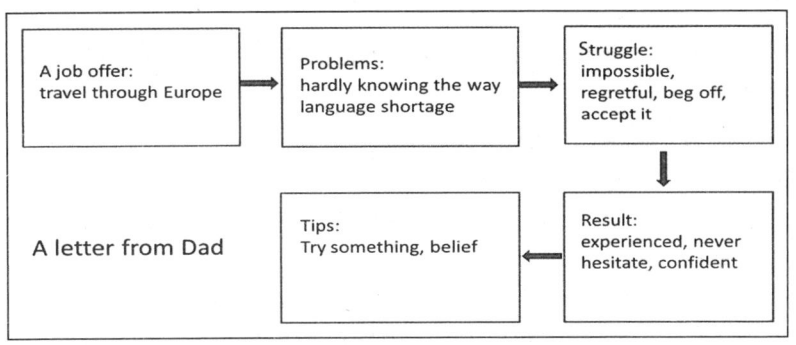

图 5

《普通高中英语课程标准(2017 年版 2020 年修订)》指出：教师要善于利用多种工具和手段,如思维导图或信息结构图,引导学生通过自主与合作相结合的方式,完成对信息的获取与梳理、概括与整合、内化与运用,教会学生在零散的信息和新旧知识之间建立关联,归纳和提炼基于主题的新知识结构。关于核心素养提到：学习能力的培养有助于学生做好英语学习的自我管理,养成良好的习惯,多渠道获取学习资源,自主、高效地开展学习。关于学习策略提出：元认知策略是根据学习内容和学习重点,计划和安排预习和复习;经常对所学内容进行整理和归纳;认知策略是利用笔记、图表、思维导图等收集、整理信息。关于语篇知识提出：不仅要理解语篇的微观组织结构,还要理解语篇的宏观组织结构,包括语篇类型、格式、语篇中段与段的关系以及语篇各部分与语篇主题之间的关系等。以上种种目标的实现都可借助可视化思维工具。

可视化思维（Thinking Visualization）是指运用系列图示或图示组合把本来不可见的思考路径及思考方法呈现出来,使其清晰可见的过程,这是种高效工作和学习的策略。具有代表性的可视化思维工具为思维导图和思维地图。思维导图（Mind Map）由英国人 Tony Buzan 发明,是一种记忆性的工具。对于中高年级的学生来说,可利用其来记录笔记,帮助记忆事物。思维地图（Thinking Map）是美国人 David Hyerle 开发的一种帮助学习的可视化语言工具,可用来进行构建知识,发散思维,提高学习能力。Thinking Map 使用八种图形,近年来慢慢引介到其他国家,作为教育改革策略之一;美国有接近 4,000 个学校使用 Thinking Map 进行教学,包括从幼儿园到大学。

借助思维工具,提高思维品质。进行单元教学设计时,依托单元主题语境,有意识地探究恰当的可视化思维工具,将其贯穿使用到各种课型和各个课时中,融入听、说、读、看、写等技能训练中。帮助学生掌握和运用可视化思维工具,可提高学习效率,增强学习的趣味性和学生的主动性,进而提升高中英语教学的科学性、可操作性、可复制性和有效性。有了可视化的思维工具,英语阅读、词汇、语法、视听说写、思辨、项目探究等教学和学习就有了更多的选择。

结语

无论是编写练习部分、命制试卷,还是设计课堂教学、进行科研,这些都要求教师与语篇进行对话,确定"教什么"和"怎么教",更要挖掘教材的内涵。教师可以从学习内涵、文化内涵和育人内涵方面进行挖掘;细化为挖掘文本的语言知识、语言技能、文化渗透、思维品质、情感态度等。利用思维工具,分析语篇,提升思维品质;明确单元目标,确定单元大任务,设计相应的活动链和问题链;传播中国声音,讲好中国故事。

参考文献

［1］中华人民共和国教育部.普通高中英语课程标准(2017年版2020年修订)［S］.北京：人民教育出版社,2018.

［2］上海市教育委员会教学研究室.上海市高中英语学科教学基本要求(试验本)［M］.上海：上海教育出版社,2016.

［3］束定芳.普通高中教科书英语必修第一册［M］.上海：上海外语教育出版社,2020.

［4］束定芳.普通高中教科书英语必修第二册［M］.上海：上海外语教育出版社,2020.

［5］束定芳.普通高中教科书英语必修第三册［M］.上海：上海外语教育出版社,2021.

作者简介

梅瑛,上海市崇明中学英语高级教师,崇明区高中英语兼职教研员、区高中英语中心组成员、区学科带头人。曾获"上海市英语新教材青年教师教学展评"高中组一等奖、"上海市中小学中青年教师教学评选"三等奖、"上海市英语学科教育教学论文评选"二等奖;曾参与编写《中学新世纪英语写作教学活动设计》《研究 实践 反思 提升》《中学英语"主动有效"课堂教学案例集》等。近两年再度获得"新教材课堂展示"市级一等奖和区级一等奖,完成区级立项《核心素养视阈下高中英语单元教学设计优化的实践研究》并结题,完成《高中英语》(上外版)必修第三册第二单元第一到四课时的空中课堂拍摄,主持市级项目《在核心素养视阈下可视化思维工具在高中英语教学中的运用》并结项。

《高中英语》(上外版)练习部分必修第三册编写组核心成员。

磨练促成长，反思再前行

——《高中英语》(上外版)练习部分编写体会

上海市川沙中学　金慧璟

引言

　　曾经一直觉得教材编写及配套练习的编写工作是高不可及的，是一群专业的"大神"老师们的智慧结晶，不曾想自己非常幸运，能在工作的第十年加入到《高中英语》(上外版)练习部分的编写团队，为上海的新教材编写工作贡献一点力量。还清晰记得 2019 年 7 月刚接到任务时自己的惊讶及诚惶诚恐，甚至质疑自己是否够格来完成这一重要的任务。在经历了"研读教材—初稿打磨—专家审读—综合修稿—集中封闭磨稿—文字润色"等反复循环的过程后，终于在2021 年收获了来之不易的成果——选择性必修第一册练习部分编写工作顺利完成。回想那段时光，每个艰辛的时刻依然历历在目，所有的酸甜苦辣也都记忆犹新，如果非要给那段经历贴上一些标签，我能找到最贴切的词便是"磨练""反思"与"成长"。

1. "磨"出深情谊

　　我所在的编写团队由分册主编，浦东新区教研员、正高级教师沈冬梅老师带领，组员共 6 人，年龄段跨越七零后、八零后、九零后，地域跨越三区，学段跨越初高中，既有一线教师，也有教研员。我们所负责的是选择性必修第一册的配套练习部分。虽然只是 4 个单元的配套练习,但也足以让我们焦头烂额,整个编写过程可以用"磨人"一词来形容。最初我们面临的可以说是"三无"困境:无样张、无体例、无明确要求,再加上教材还处于不断被修改与完善的过程中,这些都无疑给我们的编写工作带来了巨大困难。不过,众人拾柴火焰高,在"三无"的情况下,我们起先两两配对,各自完成几个题型的设计编写,再分组交叉审读磨稿,最终确定一个单元的样张,随后再根据样张分组编写剩余单元的练习。已记不清有多少个日日夜夜,我们相互分享交流语料素材;记不清多少次在深夜甚至凌晨的微信群中,我们还在传阅题稿、磨语篇、磨题目、磨语言、磨设计、磨呈现形式等等;更记不清我们下载过多少个压缩文件包、修改过多少次题稿、多少次"终稿"被"最终稿""最最终稿"所替代。但我依然清晰记得,在每个编写阶段中,即便任务再繁重、时间再紧迫,整个团队始终凝成一股绳,齐心协力、互帮互助、配合默契,攻克了一个又一个的难关。

印象最深刻的是 2020 年 8 月的一次集中封闭培训,培训内容主要是继续打磨及完善必修第三册及选择性必修第一册练习部分的试题。白天,我们与负责必修第三册的老师们一起相互审稿,提出修改意见;晚上,我们则立马对相关题目进行修改。虽然那时的我们在经历了一整天的会议后已经疲惫不堪,但没有人就此停下敲击键盘和不断滚动鼠标的手。大家挤在一个房间内,一起讨论,一起磨题,一起加油打气。记得在打磨一篇旅行题材的阅读语篇及习题时,因为某个题目的逻辑性不强,我们为如何修改而"争论不休"。我们从语篇改到题干,从题干再改到选项,甚至为了使询问旅行费用的题目更具有真实性,还顶真地去搜索各大旅行网站的报价,对着语篇提供的线索核算了一遍又一遍。那个夜晚,我们"七嘴八舌",不断提出自己的想法和意见;我们齐心合力,对习题进行一次次的"精雕细琢",直到完美为止。待到让我们最满意的"作品"出现时已是凌晨,但那时的我们已经忘记了疲惫,剩下的只有兴奋与喜悦。这样的兴奋与喜悦不光是因为熬夜奋战后最终攻克了难关,更是因为我们感受到了彼此间的距离被"磨"得越来越近,我们之间的默契被"磨"得越来越强,我们之间的情谊更是被"磨"得越来越深!

2."练"就硬本领

练习部分编写方案中强调"教材配套的练习册是落实教育方针和目标、学科课程方案和能力标准的重要手段,亦是夯实教材学习目标,延伸课堂教学内容以及拓展课外学习,并提升自学能力的有效载体"。因此为了使新版的教材配套练习区别于传统的配套练习,不再是一本练习单一、内容枯燥的习题集,而是成为一个内容充实、形式多样、功能齐全的课外学习资源包,我们每个人都经历着一次次的磨练,但也正因为这些磨练,我们在无形中更新了教学观念,提高了语言能力,教学能力也有所提升,练就了硬本领,让自己成为了更好的自己。

2.1 对新课标、新教材的理解更为深刻

新课标、新教材是教材配套练习部分编写的重要依据。若违背了课标、脱离了教材,教材配套练习部分无疑也就失去了其存在的应有意义和效能。因为此次编写工作,我再次认真研读了新课标和新教材的内容,深入理解了课标精神,也对教材编写的意图和教学目标有了更进一步的认识。《普通高中英语课程标准》(2017 年版 2020年修订)中的关键词是"立德树人",原本我以为这只要在教材和课堂教学中体现就可以了,但后来发现这恰恰也是编写教材配套练习的基本原则之一。因此在编写过程中,我们始终牢记以"立德树人、学科育人"为中心,强化英语作为人文学科的育人功能,在语料选取、情境创设及问题设计中时刻关注人文精神、聚焦时代发展特点和渗透传统文化,让学生在巩固语言知识、提高语言技能的同时,增强家国情怀,养成良好的道德品质,树立正确的人生观、价值观和世界观。

以选择性必修第一册第一单元 Learning for Life 为例。语法部分选用了题为 Never too Late to Learn 的语篇,引导学生树立终身学习的意识;词汇练习中选用的语篇为 Benefits of Cooperative Learning,让学生了解合作学习的种种好处,从而激发学生参与合作学习的兴趣;拓展阅读部分则选用屠呦呦的经历作为语料,并在写作练习中鼓

励学生介绍另外一位中国科学家,旨在引导学生学习时代楷模胸怀祖国、敢于担当、执着探索的优秀品质。这些都在无形中将立德树人的育人目标融入了习题,让教材的配套练习部分不再是复习单元知识与操练技能的习题集,而是立足于学生学习和生活实际,通过活动的设计、语篇的输入、拓展知识的积累等,帮助学生进一步掌握语言知识与技能的同时,学习并弘扬中华传统文化以及中国人民的美好品质,启迪创造性思维,用英语讲好中国故事,树立正确的价值导向。

2.2　学会"量体裁衣"

一名优秀的裁缝若要设计出美观别致的衣服,势必要在做衣服之前选择合适的布料、思考穿衣场合,还需要考虑顾客的身高、体型、年龄、性格等。编写练习部分亦需要"量体裁衣"。通过此次编写,我体会到所谓"量体裁衣"便是不但要充分考虑到学生的语言能力和知识水平,以及需要培养学生什么样的素养等,还要考虑教材的教学目标和知识技能重点,这样才能精准"裁衣"。因此,练习部分既要有基础题帮助学生夯实基础,也要有提高题和拓展阅读,让每一位学生都能在精心设计、形式多样的任务中得以巩固课堂所学,提高并拓展语言知识及能力,真正做到"夯实基础,有效拓展、分层卓越"。

1) 立足学生实际情况,实现册与册的无缝衔接

我们所负责的配套练习部分,虽然是针对高一第二学期的学生,但在设计练习时我们充分考虑到学生从必修第三册到选择性必修第一册的过渡与衔接,因此在题量、内容和呈现形式等方面尽力做到螺旋式上升的分布和重现,在练习的设计上也有所分层,遵循外语学习与发展循序渐进的基本规律。以词汇板块为例,在必修第三册配套练习中,学生所接触的词汇题型是猜词游戏(crosswords),学生主要通过一个个独立的核心词汇的基本词义来完成单词的拼写。到了选择性必修第一册,为了使册与册之间自然过渡衔接,也考虑到不能让学生学习选择性必修第一册时因为题型的变化以及题目的难度而失去学习的兴趣和信心,我们在设计第一单元词汇练习时仍采用必修第三册中的猜词游戏,从第二单元起才以语篇的形式出现。如第二单元的题型为在语篇中根据近义词或者意思相近的短语填出核心词

汇,第三单元的题型为在语篇中根据首字母和词义填出核心词汇,第四单元则在语篇中根据括号中的词义提示来填出核心词汇,由易到难,循序渐进,不仅能有效达成核心词汇的复习,更能让刚进入高一下学期的学生们从单句的训练开始适应语篇的训练,养成从语篇中认知词汇、正确使用词汇的意识。

2)巧妙剪裁,实现素材的有效利用

在阅读语篇的处理上,我们也费尽心思,对阅读素材"量体裁衣"。例如"减"——篇幅较长、逻辑关联不大、重复或不设题的部分做删减的处理;"增"——若语篇是节选片断,为了帮助学生熟悉话题、了解背景,则会添加必要的背景信息;"调"——语句中语法不够精准或者删减后文章不够连贯时,则会调整语法、添加一些连词或者调整语序、添加一些句子等;"换"——用学生熟悉的认知词汇或本教材中的核心词汇来替换原文中的超纲词汇,从而降低学生的阅读难度。

其实,除了此次教材配套练习外,"量体裁衣"方法也适用于我们平时的教学工作,在设计教学内容时,我们可以有智慧地选取教学材料,合理改编材料,创造性地利用材料,从而满足不同学生的需求,使能力各异的学生都能在语言知识及能力上得到最大化的锻炼与提升。

2.3 英语学习活动观的意识得到进一步强化

在之前的教学中我发现,学生对于教材配套练习的兴趣总是提不起来,缺乏主动学习的积极性。为了改变这一现状,我们也试图在新版配套练习中找到一个突破口,让学生找到学习的乐趣,不再"为做而做"。在最初讨论样张时,沈冬梅老师的一番鼓励点醒了我们。她让我们不用刻意去遵循传统的习题模式,可以创新,因为我们的最终目的不是让学生练习,而是引导学生从"被动用"转化为"主动用"练习部分。如何去实现学生"主动用"的目标呢?我们苦思冥想,终于想到了课标中所提出的英语学习活动观。活动不就是架在习题与学生兴趣之间最好的桥梁嘛。于是在编写习题时我们有意识地赋予指令语主题情景、创设任务情境、设计系列化的活动等,培养学生学习语言的活动观,让学生在活动中可以自主地"学"、自如地"用"!

1) 指令主题化

与传统的指令语不同,在固定的指令模式之前,我们基于与本单元话题密切相关的语篇话题设计了一些针对学生个人经历或者观点的问题,如第二单元语篇题型的指令中会先提问"Do you have any volunteering experience of taking care of homeless animals? What kind of training do you think is required to be an animal care volunteer?"指令语围绕主题 Volunteering 设计,旨在引发学生对于"如何成为animal care volunteer"进行思考,给枯燥的指令赋予鲜活的主题情景,激发学生做题的兴趣。

2) 任务情境化

语言的交流活动离不开语言情境,学生只有在贴近生活、学习的真实情境中才能产生学习兴趣,激活思维。因此在设计习题时,我们寻思着去创设贴近学生生活的情境,如第二单元写作板块中,创设了如下情境:"社区正招募以下三类志愿者:动物流浪所的志愿者、暑托班的志愿者以及垃圾分类志愿者,学生选择其中一种,并叙说理由。"这样的设计,旨在通过创设学生熟悉的情境,让他们在写作练习中有带入感,对写作的话题有话可说,激发其写作兴趣,提高学习积极性和主动性。

3) 活动系列化

我们力求找到活动与活动之间的内在联系,使前一个活动为后一个活动所用,形成一个系列,为学生搭建足够的语言支撑,从而让学生在活动中能充分"用英语做事,用英语思考"。例如,学生在阅读或听力的基础上写作,或是在阅读和听力两类输入的基础上进行书面或口头的产出,使得学生在使用语言的过程中感受语言的力量,提高语感。以第二单元拓展阅读练习为例,学生先完成关于"志愿者面试技巧"的语篇阅读,在语篇理解后进入语言的实践,即根据语篇内容及个人经历进一步思考如何在志愿者面试中脱颖而出的技巧,并与同学进行分享,再形成小组的汇报。每个活动环环相扣,相辅相成,不仅延伸了话题,让学生学以致用,还可通过小组活动来激发学生主动学习的内驱力,体验到学习的乐趣和成功的快乐。

3. "思"促新成长

"锋自磨砺出,玉乃雕琢成。"每一次挑灯夜战查找语料素材,每一次与习题死磕到底,每一次看完专家修改意见后的失落与焦虑,每一次绞尽脑汁思考某个活动,每一次苦苦纠结某个完美的版式等等,都是我在这次编写过程中所经历的种种磨练,也正是这些磨练让我收获满满,在专业发展上提升了一个新的台阶。在编写工作之后,我参与了区高二期末考试的阅读命题工作。得益于教材练习部分的编写经历,在查找语料时,我开始关注语料与教材单元主题的关联性、语料的内容是否积极正面;在改编语料时,我将编写配套练习部分时所掌握的"减""增""调""换"方法应用其中,让语料更具有逻辑性,也更符合高二学生的语言知识水平;在设计题目时,我也学会了要考虑题目的侧重点是否有所不同、选项是否经得起推敲、文中是否能找到明确的线索等。回想那时,更觉每一天与其他老师们的思想碰撞、每一次看似鸡蛋里挑骨头的磨题、每一条专业详细的修改意见和批注都是一个个宝贵的学习机会。所有种种不仅拓展了我的视野,打开了我的设计思路,更增强了我的专业知识和技能,而这些都已融入我平时的教学工作实践,使我的能力得到了更进一步的发展!

古人云"吾日三省吾身"。反思即成长,唯有经常反思,才能发现自己的问题与不足,才能使自己不断进步与成长。在编写过程中,我也发现了自己的不足,如在教学理论上缺乏主动的学习与钻研,在专业知识上还不够扎实严谨等。世界在不断发展,时代在日益变化,教材、课程标准也在随之发生着变革。作为这个时代的英语教师,我需要更加清晰地了解新时代、新课改、新教材赋予我们英语教师的新使命、新要求。人常说"要给学生一杯水,教师必须有一桶水",身为教师,我需要借助此次编写教材配套练习部分的力,尽快补足自己的短板,不断学习、自我充电,努力提高语言素养,不断更新教学理念,强化教学实践能力,让自己的专业能力尽快提升,以期能够紧跟时代发展的步伐,越走越远,越走越稳!

结语

感恩这次"磨练",让我收获了同伴间深厚的情谊,深刻理解了新课标、新教材"立德树人"的育人目标,更收获了专业的成长与进步。未来我会把此次经历作为我进一步前进的动力,保持这次编写工作中对待教学的严谨态度、对待育人的敬畏之心,不忘初心,继续前行,为教育事业继续奉献自己的力量!

作者简介:

金慧璟,上海市川沙中学英语教师,毕业于华东师范大学外国语学院,浦东新区沈冬梅英语学科工作坊成员。曾于2019年参加《高中英语》(上外版)教材调研项目,于2020年参加"《高中英语》(上外版)语法教学课例解析微视频"录制、高中英语单元视角下语法学习活动设计与实施项目等,曾获"2017年浦东新区园丁奖"等荣誉称号。

《高中英语》(上外版)练习部分选择性必修第一册核心作者。

赋能于师，注新于教

——《高中英语》(上外版)练习部分编写的若干思考

上海师范大学附属中学　徐伟贻

引言

从 2019 年 6 月到 2020 年 8 月，在分册主编沈冬梅老师的带领下，我和俞连、金慧璟、宋飞、潘程露、朱思天五位老师一起合编了《高中英语》(上外版)练习部分选择性必修第一册。在经历了命题—审题—磨题—审稿—再磨题的多轮循环往复后，本书的编写工作终于圆满结束。这 14 个月的编写工作让我拥有了更多新技能，使我对日常教学有了更多新感悟。它是我人生中最珍贵的一次经历，是最令人惊喜的一次成长，更是一次最深远的延伸。

1. 最珍贵的一次经历

《高中英语》(上外版)练习部分的编写是一个比想象中要艰难很多倍的大工程，这个工程历时 14 个月。如今翻阅一直没有舍得删掉的群聊记录，仿佛打开了记忆的闸门，记忆的河水涓涓流淌。一切都似乎发生在昨天，那么清晰，那么完整。

在一开始的选材命题阶段，组员们各显神通，从各个渠道搜索符合单元主题语境的语篇展开命题，这充分保证了组员独立思考的习惯和空间。组内和组间互审环节，使我们能够从其他组员的视角看问题,从多方面规避错误的风险。全体组员现场磨题时,更是汇聚了各路"英雄"的点子,大家畅所欲言,毫无保留地分享自己的意见。我们一起探讨语篇是否合理,类型是否丰富,难度是否恰当,翻译题的中文是否地道,选择题的选项设置是否有漏洞,思维导图的逻辑是否严谨等等。我们像啄木鸟,相互检查拼写、空格和字体;我们像福尔摩斯探案,耐心又细致地推敲着已经出好的每一道题目。我们一起头脑风暴,感受彼此的工作激情,捕捉对方的思想火花。平时,不管谁有了选材或者命题的灵感,都会第一时间在群里分享。从来没有哪个工作群如此温暖,如此有凝聚力。忘不了磨题时一杯又一杯飘香的咖啡,忘不了腰酸背疼时大家一起跳的健康操,忘不了封闭时挤在一个房间里奋战的夜晚。我们播下春的希望种子,付出夏的汗水培育,收获秋的金黄硕果。

《高中英语》(上外版)练习部分选择性必修第一册终于在 2019年 8 月 19 日定稿,大家一起努力了无数个日夜的辛苦终于画上了圆满的句号。14 个月在人的一生中可能很不起眼,但这 14 个月的经历却是如此珍贵,成长的脚印悄然留下。

2. 最惊喜的一次成长

大学毕业从教 20 年了,期间参加过无数次市(区)教研活动,参与过很多次各类教学比赛,编写过校本教材和练习册。我作为区中心组成员,也命制过高三一模、二模卷,唯有这一次《高中英语》(上外版)练习部分的编写历时最长最"磨人",但是带给我的成长也最令人惊喜。

2.1 深入领会新课标

《高中英语》(上外版)练习部分编写需要彰显社会主义核心价值观,落实立德树人的根本目标。不论是英语学科核心素养、六要素整合的英语课程内容,还是以主题意义为引领的英语学习活动观等,都指导着我们编制练习部分。参编《高中英语》(上外版)练习部分帮助我进一步领悟了新课标的精神实质,认识到新课标所提出的学科目标是每一位学科教师必须努力追求和力争实现的目标。

实践新课标的成败关键在于教师。首先,作为教师,要树立终身学习的理念,强化教师自我发展的终身化意识,时刻做好学习和接受新知识的准备,不断提高专业素质,不断更新知识体系,以适应现代英语课程的需求。学生在变,教材在变,教师也要不断求知、求新,储备各种能量,迎接挑战。其次,必须及时转变教育理念,树立新的学生观,重新认识师生关系,以学生为主体,尊重学生的情感、个性、需要和发展的愿望。因此在新课标的实施过程中,要鼓励学生的创新精神,采用有利于他们发挥主体作用的教学方法,在每个环节上充分考虑学生的需求;同时,要尊重学生的个体差异,尽可能满足不同学生的学习需要。另外,英语教学的实质是教学生学会交际,是通过活动表现的。活动是开创英语教学新局面的一个重要支撑点,是转变学习方式的关键。课堂教学中主体作用的发挥更是通过以学生为主体的活动实现的,因此教师要精心设计活动,创造各种合作学习的活动,提高教学效果,真正把课堂还给学生,促进学生互帮互助,体验成就感,使它成为学生学习知识和自我展示的平台。

2.2 基于主题语境的选材

《高中英语》(上外版)练习部分是学生接触和学习英语语言的重要材料之一。练习部分的编写要体现新课标的教学理念,引导学生优化学习方式,帮助学生巩固单元知识、夯实语言技能,拓展单元主题,延伸主题深度。因此,基于主题语境的选材尤为重要。这次参编练习部分的经历,提高了我在主题语境下搜索、选择、改编素材的能力,开始注重所选素材的体裁多样性以及健康积极的思想导向。

2.2.1 选材原则

选材是练习部分编写的基础。练习部分所选择的素材应是各种交际活动中使用的真实、地道、得体的语言,应体现正确的世界观、人生观和价值观。主题语境,不仅规约着语言知识和文化知识的学习范围,还为语言学习提供意义语境,并有机渗透情感、态度和价值观。因此,各单元练习应围绕主题语境精选语篇,关注语言风格的多样性和语言的鲜活性,启发学生用英语主动参与活动和积极思考。练习素材应尽量选用经典、规范的素材,并根据学生的实际水平做适当修改。在可能的情况下,注明所选文章的出处,方便教师查阅原文。

2.2.2　选材分析

　　《高中英语》(上外版)练习部分选择性必修第一册的编写遵循根据主题语境选材的原则,紧紧围绕学生用书四个单元的主题语境 Learning for Life、Volunteering、Adventuring 和 Future Living 选择命题素材。我们既要把握素材的容量,也要协调素材的难度;既要把控基础知识,又要体现分层卓越。

　　在第一单元 Learning for Life(主题语境:人与自我)的练习部分,我们的素材聚焦于合作学习、活到老学到老、学习的最佳时间等话题,最后在 Extended Reading 里还介绍了大家非常熟悉的诺贝尔奖获得者屠呦呦。这些选材涵盖的知识都具有时代性,能激发学习兴趣,符合高中学生的认知发展水平,同时又注重吸收和弘扬中华传统优秀文化。第二单元 Volunteering(主题语境:人与社会)的练习部分的素材侧重于介绍志愿者经历,如何成功面试成为志愿者,如何参与志愿活动去保护小动物、保护地球,如何通过志愿活动让爱无国界,在语篇中传递至善至美的永恒主题,关注人类命运共同体。这些选材能让学生了解世界、了解社会,形成正确的价值观念,培养积极的情感态度。而在第四单元 Future Living(主题语境:人与社会)的练习里,我们挑选了很多涉及未来生活各方面的素材,如 5G、智能家庭、电子设备、机器人等,让学生关注社会发展和科技进步。最后练习部分的 Revision 的选材也以本册书中各单元主题语境为基础,旨在通过练习,拓展学生的知识。第三单元 Adventuring 的主题语境是人与自然,下表1是该单元练习部分的素材信息汇总。

表1　选择性必修第一册第三单元练习素材信息汇总

题号/板块	话　　题	出　　处
Grammar in Use/ Section A	青少年户外探险培训	https://www.soadventure.org

题号/板块	话　题	出　　处
Grammar in Use/ Section B	失落的世界	http://www.softschools.com
Vocabulary Focus/ Section A	轮船消失之谜	https://www.rd.com
Vocabulary Focus/ Section B	探险求生	https://www.rd.com
Listening and Viewing/ Section A	/	自编
Listening and Viewing/ Section B	探险家简介	http://famous-explorers.org
Listening and Viewing/ Section C	探险活动和探险家介绍	https://video.nationalgeographic.com
Reading and Viewing/ Section A	征服珠穆朗玛峰	https://www.nationalgeographic.com
Reading and Viewing/ Section B	滑雪经历	https://www.newyorker.com
Reading and Viewing/ Section C	哥伦比亚航海	https://www.thoughtco.com
Integrated Task	泰坦尼克号的故事	https://www.thoughtco.com
Extended Reading	西部掘金	https://www.thoughtco.com

　　如表 1 所示,本单元练习部分除听力部分 Section A 的听短对话回答问题外,共涉及 11 个语篇素材,均来源于外文网站、杂志或图书,语言地道、原汁原味。倒装句、非谓语句、省略句、定语从句等频频出现,语篇中的长难句式、熟词生义,以及词性活用等现象十分普遍,有些句子内涵丰富,韵味悠长。编写老师根据实际需要"量体裁衣",进行改编,使之符合学生的实际能力。这 11 个语篇素材都是根据该单元的主题语境精挑细选的,范围涉及海陆空,学生在完成这些练习的同时,也认识了古今探险家,了解了探险求生技能,懂得了坚

持才能征服自然的道理。这些素材是该单元教科书知识的延伸,有利于学生增长探险方面的知识,开阔视野,建构新概念,丰富生活体验和思维方式,获得更多的人生启迪。

3. 指向核心素养的命题

命题是教学常规工作的重要组成部分,是教学活动的一项重要内容,是教师业务上相互交流、相互学习的重要途径。此次参编练习部分,让我有机会更深刻地领悟了指向核心素养的命题理念。

3.1 提升语言能力

语言能力指在社会情境中,以听、说、读、看、写等方式理解和表达意义的能力,以及在学习和使用语言的过程中形成的语言意识和语感,构成英语学科核心素养的基础要素。英语语言能力的提高蕴含文化意识、思维品质和学习能力的提升,有助于学生拓展国际视野和思维方式,开展跨文化交流。

《高中英语》(上外版)练习部分选择性必修第一册主题语境突出,题型丰富,可全方位提升学生的语言能力。以第三单元听力部分练习的5个短对话为例,这部分选材遵循主题语境原则,要求考生听懂有关日常生活中他们所熟悉的话题的对话,如:对旅行的评价、山洞探险、尝试极限运动、环游世界的梦想等。其中的对话或叙述形式,均遵循语言的交际性原则,语言交际魅力被彰显得淋漓尽致。

在编写本册练习部分时,我们将提升学生的语言能力作为编写的核心目标之一,无论语音知识、语用知识、语法知识、词汇知识或语篇知识,均渗透语言能力相关内容。为考查学生语言能力,练习部分命题中也在填空题中设置时态题、词汇题等考查学生语用知识,而在完形填空命题中,则更注重文章完整逻辑和整体语境的凸显,命题原则是要求学生"在特定语境中合理选择词语",考查他们的语言知识掌握情况。

3.2 关注思维品质

　　思维品质是英语学科核心素养的一个方面。它指的是思维在逻辑性、批判性、创新性等方面所表现的能力和水平。思维品质体现英语学科核心素养的心智特征。思维品质的发展有助于提升学生分析和解决问题的能力，使他们能够从不同的视角观察和认识世界，对事物作出正确的价值判断。

　　例1：Write an email of 80 - 100 words to the editor of the website to recommend another great Chinese scientist.

　　例2：Suppose your community is recruiting（招募）volunteers. Three voluntary posts are offered：volunteers at an animal shelter, volunteers at a summer camp for kids and garbage-sorting volunteers. Choose one post and write a letter of self-recommendation in about 100 words. Use "the quotation sandwich" pattern to organise your letter. You can use the quotation(s) mentioned in Section B or other proper ones.

　　例3：Although the writer believes paper money won't disappear in the future, some people may think the opposite. List some reasons. Write a passage in about 100 words to present your arguments against the writer's opinion. Use the reasons listed above to frame your writing.

　　例题说明：例1要求学生梳理已有的知识，用所学的英语介绍一位伟大的科学家。例2考查学生通过比较，从错综复杂的信息中，识别关键问题，作出正确选择，形成自己的观点，避免盲目接受。例3鼓励学生提出合理质疑，通过辨析和判断作出正确的评价，对纸币何去何从这个问题形成自己的独立思考。

　　参编本册练习部分不仅让我深刻领悟了新课标的精神，也提升了我的选材和命题能力。这样的赋能对像我这样工作了20年、时常挣扎在瓶颈期的教师而言是弥足珍贵的。这14个月的练习部分编写让我经历了一次最惊喜的成长，更意外的是，这样的成长不经意间延伸到了日常教学中。

4. 最深远的一次延伸

体现英语学习活动观的练习部分的编写积极推动着我的日常教学实践。以下将以讲评课和视频课为例,进一步阐述编写工作如何促使我的日常教学向着创新性与实践性的方向发展,进而提高课堂教学的有效性。

4.1　优化讲评课

一节成功的讲评课可以弥补学生平时学习中在知识方面的欠缺,激发学生的求知欲,全面提高教学质量。在参编练习部分后,我的讲评课在以下两方面有了改进:

第一,紧扣命题思路。解题时,如果学生能正确揣摩出命题人的考查意图,能够一眼看穿出题人想考查的知识点,往往一击即中。因此,讲评时我会针对试卷考点,将知识的布局思路、分配比例及出题人往往从什么角度来考查每个知识点等逐一给学生讲清楚,从命题者角度深入剖析题目,厘清命题逻辑,从而更有效地帮助学生解题,同时也让学生认清自己学习中的不足,以便查漏补缺,确定今后的学习目标和努力方向。

第二,改变讲评课方式。通常,老师讲—学生听的讲评方式,很容易让学生失去兴趣,让老师疲惫,讲评效果事倍功半。现在我的讲评课的形式变得多样,有时让学生讲评某一题型,有时采用同伴讲评的方法,这样就能把学生的积极性充分调动起来,突出学生的主体地位。我把"主动参与、乐于探究、交流合作"引入讲评课,让学生自己讲评,让他们以批判的眼光来审阅自己的作品,帮他们拓展思维,树立信心。这样,教师自己的负担减轻了,学生对讲评课的兴趣浓了,从而达到事半功倍的效果。

4.2　探索视频教学

在编写开始前,我关注到新教材的一个亮点:视频教学。新课标中的语言技能包括听、说、读、看、写等方面。语言技能中的"看"

（viewing）是指理解多模态语篇的技能,如文字、图形、表格、动画、符号以及视频。从形式上说,视频比传统听力更活泼,更容易吸引学生的学习兴趣;从内容上说,短片的作用不单单是语言上的输入,它还能很好地补充课本内容,对培养学习者的跨文化交流意识有很大的帮助;从效果上说,视频素材给学生带来的冲击力比文字素材更大。所以,在教学中科学地将视频和语言学习相结合,能发挥更多的优势。

　　如何让视频在课堂教学中最大限度地发挥优势,是一个值得尝试的探索。教材提供的视频难度适宜且与本单元主题语境匹配,能让学生从不同的角度巩固和拓展本单元的学习。我自己在尝试的过程中也经历了以下四个阶段。第一阶段,当周末回家作业布置。理想很丰满,现实很骨感。高一的学生还没有完全适应高中英语学习,我对新教材也不是很熟悉,所以课堂教学进度很慢,原本想象中要很具体地落实所有环节的梦想破灭了,于是视频教学就被留作周末回家作业,自对自批。第二阶段,挤出课堂时间一起观看。在教学进度宽松的时候,我会利用课堂时间全班一起观看有字幕的视频,然后完成视频作业。学生观看视频时,专注度极高,这坚定了我要坚持视频教学的决心。第三阶段,从有字幕到无字幕的切换。从原来看两遍有字幕视频完成视频作业,逐渐过渡到两遍都无字幕。我发现就算抽掉了字幕这根拐杖,学生们也能看明白视频。第四阶段,从被动看到主动看的跨越。有一天英语早自习课路过教室时,我听见教室里学生在开心地笑。课代表告诉我,当天的英语视频课新增了对视频内容发表个人意见的环节,大家怕到时候说不出来,所以想利用早自习先看一遍预习一下。我的内心被轻轻地震动了。现在,我有时还会要求学生观看无字幕版本时听写部分段落,或者记录下没听懂的音,课上大家一起帮着猜单词。有时视频课和口语课结合,有时和写作课结合,我和学生们一起为了视频课忙得不亦乐乎。

　　从最初关注到视频这个亮点,到现在能协调好课时进度,高质量地完成每个单元的视频课教学,编写工作的收获不经意间延伸到了视频教学中,这样的延伸意义深远。视频教学能促进学生对不同文化的理解,培养他们的跨文化交流技巧,提高他们的语言能力和口头交际能力,培养他们的多元的兴趣和态度,同时也给他们提供更多与目标语言接触的机会。

结语

转眼间,《高中英语》(上外版)练习部分选择性必修第一册的编写工作已画上了圆满的句号。在这一年多吐故纳新、砥砺思想的时间里,我们团队的老师们紧密合作,不仅顺利完成了编写任务,同时也建立起了深厚的情谊,像一个温暖的大家庭。我们一起成长,一起蜕变。14个月匆匆而过,言有尽,意无穷。路虽远,行则将至;事虽难,做则必成。我的消化与吸收,感悟与反思还在不断进行,不断延伸!

作者简介:

徐伟贻,中学英语高级教师,任教于上海师范大学附属中学,浦东新区英语学科带头人和中心组成员。曾获"上海市高中英语优质课比赛"一等奖、"徐汇区育人奖"、"徐汇区新长征突击手"。曾在核心刊物发表《探究初高中衔接阶段的英语学习》《生成式高中英语写作讲评之探索》《充分利用"教学语境",巧妙创设"自然语境"——词汇教学案例和反思》等多篇论文。

《高中英语》(上外版)练习部分选择性必修第一册核心作者。

以多维度、多层次、多方式命题促思维之广、深、活

——《高中英语》（上外版）练习部分编写之"三招鲜"

上海市甘泉外国语中学　宫佩芬

引言

不知不觉，近两年的《高中英语》（上外版）练习部分选择性必修第三册的编写工作已接近尾声。回顾整个编写过程，才发现收获远远超出了我的付出。在副主编潘鸣威教授和分册主编杨云校长的带领下，我们勤于思考、研讨、争论，甚至经常推翻重编，其间我收获满满，成长多多。而在整个编写过程和学习历程中，以上两位老师帮助我们打开了练习编写和试题命制的神秘大门，让我得以从一个全新的视角领略其中的精深微妙，也让我跳出了曾经为自己设置的思维牢笼，在教学中不断尝试我在编写练习部分时所学所悟的点滴收获，并与我的学生们一起甘之若饴。现将这两年来的编之所感、研之所悟分享给大家。

1. 跳出课时框架，多维度设计练习，培养思维广度

在立德树人总目标的引领下，在以核心素养为基本的导向下，在培养学生创新思维能力、问题解决能力和思辨能力的目标驱动下，在以单元为单位进行整体教学设计的大背景下，我们跳出课时框架，以

单元主题为轴,以真实问题和现实情境为载体,将练习的目标、任务、情境和内容整合成具有综合性、实践性、成长性和整体性的大任务或者大项目,并不断融入开放式的问题如"为什么?""难道这样不可以吗?""还有其他途径和方法吗?",引导学生多思考,建立一种既发散又独立的思维模式。因此,在练习的设计中,我们需要基于已知,通过活动和练习的设计,帮助学生获取新知,进行梳理概括、整合应用,最后达成知识的迁移和创新。

练习部分的选择性必修四册均有 Integrated Tasks 板块。这一板块充分体现了任务之间以及不同课时内容之间的相互融合和拓展。以 Cherishing Friendship 单元为例,有一篇阅读语篇是几个外国人就"师生网络中的友谊是否有助于学生的教育"这一话题展开的讨论,我们围绕该话题进行了阅读练习的设计。在后面的翻译题中,在两位老师的指点之下,我们将语篇翻译设计成中国学者对此话题的讨论,再进行翻译练习,将两种题型有机融合。随后的口语练习,又设计了开放性的问答题,"Do you think online teacher-student friendship can benefit education? Give your reasons. "。通过不同语篇和练习中外国人、中国学者、学生对此话题进行的讨论,逐步打开学生的思路。基于以上的设计,我们在写作板块设计了对观点比较异同的练习,这样也就给学生提供了足够的支架,学生的有效输出自然也就水到渠成。

在练习部分的设计中,还有一个思路是我之前从未用过的,即"查阅资料"(Library Work)。查阅网络资料或者图书资料确实是在作业过程中真实发生的,也是拓宽学生思路和知识面的有效途径,将作业的主动权交予学生,让他们去寻找更为广阔的课外发展空间,这正是作业的价值体现,也是作业回归本源的重要抓手。以 Exploring the Unknown 单元为例,有一个词汇练习的语篇是关于太空网如何收集太空垃圾。考虑到学生通常对这类话题知之甚少,我们设计了查阅资料的作业:"Do library work and explore more solutions to reducing or removing space debris. ",帮助他们拓宽知识面,提升探究性学习能力。

这种多维度的命题思路与时下流行的单元作业设计高度契合。

单元整合了时间、目标、内容、情境、任务、活动、评价等要素,代表了课程的最小单位,是落实学科核心素养,实现学科育人的重要途径和基本单位。单元作业设计是以一个大问题或大任务来组织目标。因此,练习的设计可融合整个单元的板块,将整个单元看成是一个"微课程"。我们在学习和使用必修第二册练习部分时,就发现《高中英语》(上外版)练习部分的这一特点。该册 Food 单元的作业设计就将各板块作业进行了衔接和融合。首先,在总体阅读课中,设计的作业为:(1)用思维导图厘清文章结构和主要内容;(2)提炼描述经历的核心词汇和表达;(3)利用思维导图整理出时间、地点、人物、场合、事件作为主线,结合提炼的核心词汇,对作者在法国的经历进行复述。这属于比较基础和浅层次的作业设计。其次,在深度阅读课中,设计的作业为:(1)归纳整合课堂中所讨论的 Culture Shock 的成因和解决办法或建议;(2)周末上网查阅并记录更多关于 Culture Shock 的成因和解决办法或建议的资料;(3)提炼文中关于 Culture Shock 的相关词汇和表达;(4)段落写作,"Give some tips for overcoming culture shock based on your analysis of its causes.",这需要结合对文章的深层理解,并对查阅的资料进行整合梳理,难度有所提升,思维也有所拓展。随后,在 Listening and Viewing 学习之后,结合该部分的内容,设计了口头练习,并将本单元的 Speaking Strategy 融入其中,要求学生 Tell a culture shock story concerning food of another country,并进行分层作业设计。基础较薄弱的学生,可在听力部分的内容中选取一个国家,进行故事叙述,这样可用文中的语言和内容作为支撑。而基础较好的学生,需要根据自身已有的知识或者查阅的资料,选取听力和阅读中没有提及的国家进行故事叙述,以拓展自己和同伴的知识面。接着,在 Reading B 的学习之后,设计的作业为:让学生绘制思维导图,分析食物与文化的关系,并结合本单元对说明文的写作要求,学会写 Topic Sentence 和 Supporting Sentences。如 Topic Sentences 可以结合 Reading B 和 Viewing 中的内容,从 4 个方面写:"Food is important to humans in terms of nutrition.""Food may carry childhood memories.""Food reminds us of our cultural roots.""Food reflects a country's history, lifestyle, values and beliefs. ";也可再进行分层作业设计,如:程度较薄弱的学生在写 supporting sentences 的时候,可直接参考 Viewing 和 Reading B 中的例子;而程度较好的学生可进一步思考食物与文化的关系,并提供除课本内容以外的例子作为 Supporting Sentences。至此,整个单元的作业便围绕 Food and Culture 这一主题,顺着"作者有关食物文化冲突的经历"—"对文化冲突的理解和处理"—"对不同国家的饮食文化的了解"—"饮食与文化关系的思考"这一主线,结合听说技能、写作技能、所学词汇和语法知识,将整个单元统一起来了。这也符合《普通高中英语课程标准(2017 年版 2020 年修订)》中提出的,围绕某一个具体的主题语境,基于不同类型的语篇,在解决问题的过程中,运用语言技能获取、梳理、整合语言知识和文化知识,深化对语言的理解,重视对语篇的赏析,比较和探究文化内涵,汲取文化精华;同时,尝试运用所学语言创造性地表达个人意图、观点和态度,并通过运用各种学习策略,提高理解和表达的效果。

此外,练习的设计也可以跳出单元的框架,将不同单元进行串联。在编写过程中,潘老师也不断地提醒我们,要和邻近分册的编写小组进行充分沟通,形成分册之间的关联与呼应。这也给了我一定的启示。以必修第二册第三单元 Sports 为例,有一项作业是听一段有关运动员 Wilma 身残志坚的故事,并以所听内容为基础,写一篇演讲稿分享 Wilma 的经历和感受。我将这一练习与后一册,即必修第三册第一单元 Reading A 的语篇 Stay Hungry Stay Foolish 结合起来。在让学生充分学习 Steve Jobs 的演讲稿,了解演讲稿的基本结构、语言特征和行文特色后,再结合前一单元的内容,撰写演讲稿。这样,学生最终的作品就可以更好地传达思想和情感。

最后,练习设计还可以跳出书本材料的框架,结合同一语境下不同的材料,进行多个文本或者非连续性文本的阅读。我们在编写第三单元 Exploring the Unknown 的练习时,考虑到学生比较熟悉阅读语篇"AI: Kill Us All or Help Us Out?"中的话题,阅读障碍相对较少,我们又补充设计了有关 AI 的另一语篇,要求学生在读懂的基础上缩写该语篇,再将其作为一个案例放回主阅读文本中,使补充语篇与阅读语篇之间形成一定的逻辑关联。这正体现了英语阅读教学中的群文阅读理念,通过进行多个文本或者非连续性文本的阅读,来提升学生获取信息、阐释信息、评判信息以及比较分析异同的能力,最后提升信息整合能力和多元思维能力。在参加此次编写工作后,我在平时教学中也尝试在学生对课文内容有了一定掌握后,进一步给学生提供补充阅读,并结合课内知识,设计相应的关联性练习,形成对课本内容的拓展和巩固。比如在教《高中英语》(上外版)必修第二册第四单元 Sports 的 Reading A Open Love Letter to Basketball 这篇课文时,在完成对课文理解的教学后,我又补充了一篇和主题相关的文章,My Dear Friend Football, Thank You。这是由前英格兰女足国脚爱尼奥拉退役前写给足球的一封信。我要求学生对这两封信进行比较阅读,从作者与篮/足球之间的关系、所遇到的困难、篮/足球带给他们的益处以及对未来的打算等维度,以及相同点和不同点两大方面进行解读,然后以思维导图或者表格的形式呈现,最终进行小组汇报,形成练习部分所倡导的从输入到输出的闭环操作。又如,在完成《高中英语》(上外版)必修第三册第二单元 Art and Artists 的 Reading A People's Artist 教学后,学生对齐白石先生有了一定了解,我也补充了一篇有关徐悲鸿的阅读材料 Xu Beihong: Innovator and Patriot。由学生以小组方式自己讨论比较的维度,如:从背景、影响力、品质、艺术形式、艺术风格等方面对两位艺术家进行分析,用表格或思维导图的形式进行记录,最后进行小组汇报。这种方式可以更好地帮助学生理解课内文章的线索和内容,也可以帮助学生理解和提炼运动员和艺术家所共有的品质,更好地帮助学生理解运动员的体育精神和艺术家的艺术价值。

2. 跳出语篇框架,多层次设计练习,挖掘思维深度

学生在语言能力培养的过程中,需要经历从感知积累、到习得建构、再到表达交流的过程;在思维品质的发展过程中,需要经历观察辨析,归纳推断,批判创新;在学习能力的培养过程中,要经历乐学善学,选择调整,最后能进行合作与探究;在学生文化意识的培养过程中,也是要经过最初的比较判断,到调适沟通,再到最终感悟内化。

所有核心素养的发展都需要经过内化、迁移、重构的过程。因此多层次的练习设计是培养和挖掘学生思维深度的最优方式。在练习部分的编写中,我也深深感受到好语篇来之不易,需要经过精挑细选,再进行合理改编,打磨推敲,最后才能根据该语篇设置题目。如果每一个语篇都只进行一次任务的设计,肯定无法充分挖掘出这个语篇的内涵,也无法达到培养学生多元思维的目的。为此,在编写过程中,我采用了设计任务链的方式,也体会到了任务链设计的优点和作用。从基于语篇到深入语篇,再到超越语篇,从表层认知到强化理解,从知识内化到拓展升华,这符合科学的认知理解过程,也是编题者编题时需要考虑的因素。比如,在编写 Fighting Stress 单元的词汇练习时,我将本单元的重点词汇挑选出来,并据此挑选了一篇与主题契合的语篇,设计了"小猫钓鱼"的词汇练习。但设计这个题型的根本目的是什么? 难道仅仅是让学生知道这些词汇的意思吗? 当然不止。我们不但要让学生在理解这个语篇的基础上掌握词汇的意义,还要让他们最终可以运用这些词汇。于是,在专家老师们的指导下,我将其设计成了任务链:"Task 1. Complete the passage by using the words or phrases in the box.""Task 2. Oral practice:Among the four tips in the passage, which one do you think most suitable for you to reduce stress and give reasons. Try to use the words and phrases you have learned in the text and above passage."。这样的设计可以将词汇练习与语篇理解相结合,并达到让学生运用词汇的目的。又比如在编写 Protecting the Environment 这一单元的词汇练习时,考虑到文章是关于一个玩具公司如何进行环保的,学生对其中很多具体的做法可能不是很了解,所以我也设计了任务链的形式。第一个任务为选词填空,让学生了解文章的大概意思。第二个任务为完成思维导图,帮助学生深入了解文章核心内容,同时也有帮助学生准确选择词汇。第三个任务为对于鼓励小孩参与玩具公司的环保项目提出自己的建议,这是对学生进行思维拓展的训练。这样的设计思路帮助我跳出语篇的框架,打破了思维定势,让我在编写中不断"精益求精",体会了无穷无尽的乐趣。

我还积极地将任务链的活动设计运用到了平时的作业设计中,

对旧题的二度开发有了进一步的思考。比如在学生用书必修第一册第四单元 Customs and Traditions 的教学中，在学生学习了解了不同国家的成人礼之后，我补充了一篇阅读材料，关于 Stephen、Bill 和 Anonymous 三位不同职业的人士对于"长大"这一概念不同的理解。这篇文章是对课文内容深层含义的挖掘，可激发学生对成长意义的思考。因此，我将这篇补充阅读的练习设计成了一个任务链：第一个任务是针对文章比较难理解的两处文本信息设计问题，旨在帮助学生理解文章，为后面理解全篇扫除障碍；第二个任务是填写表格，按照姓名、职业、成长契机以及原因等进行信息梳理和整合，旨在帮助学生更好地理解"长大"的意义；第三个任务是让学生回忆并记录在哪个瞬间突然觉得自己长大了，引领学生回顾并思考自己成长的轨迹，以及令其明确自己要承担的家庭和社会的责任，旨在培养学生的正确价值观和人生观，提升其思维品质。有的学生写道："当我每天早起上学，家人还在安睡，我为了不吵醒家人，每天早上蹑手蹑脚洗漱、吃饭，那个时候我觉得自己长大了"，有的写道："当父母向我询问如何使用手机，当老师向我请教电脑技术的时候，我觉得自己长大了"。从中，我不仅看到了学生在英语能力上的进步，也看到了他们的成长。不需要学生讲空洞的大道理，只需要他们回顾这些小小的瞬间，就能让他们体会成长的意义，长大的责任，达到情感的升华。

3. 跳出形式框架，多方式设计练习，培养思维灵活度

在教学方式已发生根本转变的今天，教育家们不断倡导指向学科核心素养发展的英语学习活动观，倡导自主学习、合作学习、探究学习等多模式学习方式，练习也因此需要具有综合性、关联性和实践性。经历了无数次专家老师们的指点、组员之间面红耳赤的讨论之后，我们编写的练习从一开始的形式单一、一成不变到后来的活泼多样、百花齐放，习题的设计形式越来越多样，越来越有趣味。我们基于自主学习、集体讨论、探究拓展以及项目合作的不同学习方式设计相应的练习模式，坚信编题者灵活的设计也一定能带来学生思维的

活跃与拓展。在语法练习的编写中,我们从传统的语篇填空到情境下的补全对话,再到句子转化,根据不同语篇和不同需求进行了不同形式的设计。词汇练习也不仅仅局限于选词填空,根据词汇的难易度,我们还设置了根据定义来填词、同义词转化等形式。在阅读练习的设计中,我们大大降低了选择题的比例,更多地利用思维导图、回答问题、填写表格等形式帮助学生处理信息,并在不同的支架基础上再次重构信息。我们设计的 Long-term Project 活动,更是让我对项目化学习有了更深的理解。基于一个项目方案,引导学生提出问题;利用多种工具手段,如思维导图、结构图,引导学生通过自主与合作相结合的方式,完成对信息的获取、梳理、概括、整合、内化和运用;指导学生在零散的信息之间以及新旧知识之间建立关联,最终来解决问题,并进行评价反思。这些基于六要素整合的英语学习活动观设计的练习充分体现了启发式、互动式和探究式学习等的特点。

多种命题方式也打开了我的思路,让我学会在平时的作业设计中突破条条框框,大胆地根据不同的目标、不同的语篇设计不同形式的练习。比如:

(1)关于"不同观点"和"比较阅读"的文章,我一般设计基于表格的练习,帮助学生梳理文章信息等;而对于程度较好的学生,我会请他们自己设计表格。如在让学生阅读补充材料 Globalization Matters 这篇文章时,我首先通过设计表格帮助学生厘清不同领域的企业家对全球化的不同看法,再让学生从自身的角度发表对于全球化的看法。

Entrepreneurs	Field	Challenges	Opportunities

在另一篇补充阅读"Whether Chinese can replace English as the global language?"中,我设计了一个任务链:先填写表格梳理信息以理解语篇内容;再模仿并表达自己观点和理由以学习使用连贯的语

言表达观点,并展开深层思考。

Task 1: Complete the table based on the passage.

	Opinions	Reasons
Woodrow		1. 2.
Linda		1.
Mark		1. 2.
Monica		

Task 2: Write a paragraph about your opinions on this topic and give your reasons.

又如在学生阅读乔丹写给篮球的信和前英格兰女足爱尼奥拉写给足球的一封信后,我设计了以下表格帮助他们进一步理解体育人对事业的热爱及其身上体现的体育精神:

	Similarities	Differences
Relationship with balls		
The difficulties they met		
The benefits the ball brought to them		
The plan for the future		
The purpose of the letters		

(2)关于"现象分析"类的文章,我一般会设计任务链,让学生先概括段意,再绘制思维导图,最后进行概要写作来理解文章。现在学生已经了解了现象类的文章特点,可以自己从 Problem/Phenomenon、Analysis of Causes、Influences、Suggestions/Methods(Proposed in the Passage and by Yourself)等方面去概括和思考。对于所有"问题解

决"类文章的阅读,都要求学生提出自己的可行性建议,以促进其思考。如对于"全国教材浪费"问题,学生们从国家、学校、学生个人以及书商的不同角度提出了建议;在阅读到"高空抛物全楼担责"的文章时,学生又从眼前的情况和长远的角度提出了不同的建议;在阅读Lions Simply Don't Belong in Zoos 这篇文章时,学生们学会了站在不同利益群体的角度去给出建议,这些建议都在一定程度上激发了他们的深层思考,增加了他们思维的灵活性。

(3)还有一些学生感兴趣的材料也可用来设计相对活泼的题型,如编写对话、与作者对话、为文章配图文说明等等,这些对培养学生思维都有积极的作用。

结语

在整个编写过程中,我们都在思考练习的探究性、实践性和综合性,探讨如何将知识与技能融合,如何培养批判性思维、创造性思维、合作探究能力。在大家的群策群力下,在组内同伴的相互"争吵"中,我不断汲取着宝贵的养料,积累着教学中无法获得的宝贵经验,并积极地运用在日常的教学和反思中。最终,我从一个只会不断寻找布料进行裁剪的"裁缝",慢慢成长为有了一定想法,希望将布料根据不同人群、不同体型进行美化设计的"设计师"。在今后的日子中,我将从大家给我的反馈中,进一步改进和完善我的设计,继续研究如何赋予它不同的功能,不辜负这两年痛并快乐着的磨炼,努力从"设计师"成长为"设计大师"。

作者简介:

宫佩芬,上海市甘泉外国语中学高级教师,高中部英语教研组长。曾是董亚男名师工作室学员,进行了为期三年的项目研究:《高中英语教师年段教学目标意识与命题能力培养》。论文《如何通过整合重组教材提高英语课堂教学》获得"全国示范校多学科新课程探索研讨会论文评比"一等奖,并发表于《现代教学》杂志中。论文《语篇模式分析在英语教学中的尝试》获得"第18届全国外语教学科研论文评比"一等奖。

《高中英语》(上外版)练习部分选择性必修第三册编写组核心成员。

不记来时路

上海市华东师范大学第二附属中学　张　薇

引言

　　2021年5月9日,立夏的阳光给母亲节增添了几分热力,我坐在寂静的书房中敲打着电脑键盘,厚实的房门隔绝了外界的喧嚣,一旁的手机却源源不断地提示着朋友圈的新分享又来了,不用说,又一位骄傲的母亲在分享她和孩子的爱心互动了。而我,一边暗自期待着自家孩子们给我准备的惊喜,一边迫切地准备迎接另一个孕育已久的成果的诞生——《高中英语》(上外版)练习部分选择性必修第四册。

　　两年前,我有幸收到《高中英语》(上外版)练习部分的副主编潘鸣威教授的邀请,加入编写团队,和上海市晋元高级中学的张蓉老师共同担任选择性必修第四分册的主编。刚接到任务时,我曾想象着在不久的将来手捧自编的练习,和团队的老师庆祝劳动成果的诞生。可是时至今日,我们的团队还在一轮轮地修改,打开两年前亲手建立的文件夹,看见"初稿、第一轮修改、第二轮修改……第七轮修改"的子文件夹,然后我放弃了计数,改为"某月某日修改稿",只能轻叹一声"烟水茫茫,千里斜阳暮。山无数,乱红如雨,不记来时路"。

　　《高中英语》(上外版)练习部分面向全上海市高中的高年级学生,每个单元都是一个交际和学习活动相结合的有机整体,为保证练习部分能给学生提供各种提高语言实践能力的机会,我们的编写团队力图兼顾以下三个方面:结构严谨、设计新颖、内容丰富。

翻开初稿,当时的设计思路历历在目,内容却已焕然一新,仿佛经历了无数次的整容手术,在煎熬中努力提升自己的颜值,虽然终稿会以什么样的面貌呈现在广大师生面前尚未可知,但我在专业领域方面的知识和能力却已经有了明显的提升。下面,让我细数一下编写练习部分的感悟和收获。

1. 立足学生学情,兼顾学生个性化需求,反思英语教学与育人之间的关系

1.1 立足学生学情,直面三重挑战

在第二次练习部分编写工作会议上,副主编潘老师反复强调练习部分的定位,即"巩固单元知识、夯实语言技能;拓展单元主题、延伸主题深度;把握练习容量、协调难易程度;把控基础知识、体现分层卓越"。当时,我已经开始动笔设计第四单元的听力练习,题目完全参照高考的形式,个别题目的难度甚至超过了高考,希望帮助学生熟悉高考题型,挑战高难度的题目。但是,经过会后反思,我发现自己的设计脱离了上海市学生的整体水平,形式单一的选择题并不能有效地拓展单元主题或充分挖掘听力文本的深度。因此,我和团队老师对编写的思路进行了调整,准备从研究学生的学情入手编写。此时,我们发现自己面临三重挑战。

随着高中英语新课标的实施,我们面对的高中生在英语语言能力方面面临的要求已发生了很大变化。新课标实施前,我国的英语课程大纲规定的高中英语词汇量是 2,000 词,而新课标的词汇量要求是 3,000 词左右,作为英语教育教学研究前沿阵地的上海,这里的学生英语水平更是超前一步。不过,上海市的高中种类繁多,各类学校学生的学习目的、能力千差万别,有些学生的目标止于通过合格考试,有些学生希望在高考中取得理想成绩,还有些学生决意报考外语类专业。因此,如何编制练习部分的习题以满足不同类别学生的不同需要,是编写组面临的第一个挑战。不论学生有什么个性化需求,在选材编制的过程中如何挖掘课程的"育人"功能,培养具有中国情怀、国际视野和跨文化沟通能力的人构成了第二个挑战。此外,学生

的兴趣爱好各有不同,因此如何选择文本,使其话题在最大程度上贴近学生的兴趣和知识储备,同时为学生汲取世界文化精华创造条件成为第三个挑战。

1.2 聚焦教材文本,进行跨学科教研,拓展练习部分的思维空间

为了应对接踵而至的挑战,编写组利用一切机会前往各类学校听课,观察学生的上课反应,挖掘拓展性知识领域,设计练习部分习题,使之与教材成为相辅相成的有机整体。例如,我的团队在设计选择性必修第四册第四单元的习题过程中,就充分实施了这一理念。首先,本单元课文《老人与海》的节选出现在上海市高二年级的语文教材和部分学校高一年级不同版本的英语教材中,虽然文本内容与上外版《高中英语》选择性必修第四册第四单元的文本内容只有部分重合,但团队成员还是多方出击,听了数节在完中和市、区示范性学校开设的语文和英语公开课,记录分析了教师的教学设计和学生的课堂表现,得出结论如下:阅读文本的过程中,师生多聚焦故事的背景、情节的梳理分析,侧重分析人物性格和提炼故事寓意;读后活动以故事续写居多。基于上述分析,我再次研读教材的文本,思考如何在练习中进一步挖掘新的理解角度,培养学生的批判性思维。于是,在设计习题时,我将学生的注意力导向海明威出色的语言驾驭能力,探究其简洁写作风格的成因和对写作新手的启示意义;我还对文本材料的语言进行适度改写,对编制好的习题进行试测,修改难度过高且区分度较低的习题以适应上海高中学生的英语平均水平;此外,我还推荐了更多的经典短篇小说供学生欣赏。这种精细化的练习编写方式对我的日常教学工作又起到了反拨作用,使我在筛选并分析文本、编制阶段测试习题的过程中慎之又慎,把学生的实际水平和需求放在首位,适度拓展学生的思维空间。

例如,在第四单元的 Listening and Viewing 板块,我选择了一篇课堂演讲文稿,介绍了海明威的生活、工作经历,让学生了解海明威早年的记者生涯如何为他的极简主义写作风格奠定了基础,并帮助学生理解"冰山理论"在写作中的运用。在 Vocabulary Focus 板块,张蓉老师参照课文文本的难度,为学生补充了《老人与海》的另一节

选语篇,不仅提高了教材文本词汇的复现率,还为学生进一步深入探究主人公,老渔夫圣地亚哥,坚定的追求、烦躁迷惘和自信希望交织的内心世界搭建平台,体会海明威与故事主人公在精神上的共鸣,重温美国"迷惘的一代"作家的社会背景。在单元练习中,我选择一篇资深作家撰写的文本,强调在对话描写中运用最简单基本的引述动词的重要性,教学生如何在写作中缩短作品与读者之间的距离,侧面印证了海明威的冰山理论,并鼓励学生回归教材中《老人与海》的节选文本,细读对话,感受海明威在人物对话描写上表现出的深厚功力。

1.3 精选中外文化的精华,在英语学科教学中育人

为激发学生阅读经典作品的兴趣、丰富知识储备,我们团队还在Grammar Focus 和 Reading and Viewing 板块补充了更多经典文学作品的节选和大文豪的生平介绍,如欧·亨利的《畅销品》、海伦·凯勒的《假如给我三天光明》、托马斯·哈代的《德伯家的苔丝》、查尔斯·狄更斯和威廉·华兹华斯的生平介绍等等,为学生汲取世界文化精华创造条件。其中,威廉·华兹华斯的生平介绍贴合了第四单元的 Culture Link 板块内容,加深了学生对诗人所处的时代背景的理解;为向学生展示中外文化的精华,我做了一个更为大胆的尝试,在Integrated Tasks 板块设计了我国宋词英译与英语诗歌的汉译,让学生体验宋代文豪王安石笔下纯净脱俗的春日美景,对比华兹华斯热情浪漫笔触下生机勃勃的阳春三月,培养学生通过英语语言学习传播优秀中华文化、汲取外国文化精华的意识。经过多轮修改,我对教材的育人价值也有了更深刻的理解,所谓"育人",并非要求教师设计教案、描述教学目标时生搬硬套一个大道理,而是在教学活动中潜移默化地传递积极的人生观、价值观,而练习部分就是一个很好的载体。

2. 抛弃碎片化的思维模式,将单元教学设计观落实到教学实践中

2.1 围绕单元主题,在练习部分拓展该主题的时空界限

高中英语新课标指出:"单元是承载主题意义的基本单位,单元

教学目标是总体目标的有机组成部分"。单元教学承载了完整的课程内容六要素,承载着学科核心素养培养的具体而有所侧重的目标任务,是通过英语课程学习促进学生成长比较完整的过程周期。练习部分作为课堂教学的课外延伸,设计之初就必须以教材的单元目标为目标,兼顾灵活性和针对性,体现开放性和选择性。在练习部分选择性必修第四单元设计之初,我设计习题时不时会偏离单元主题,追根究底,是当时自己过于注重语言知识的细节,走了不少弯路。随着编写会议的推进和团队讨论的深入,我所在的编写团队逐渐明确了大方向,老师们开始遵循以下原则选择文本材料:围绕主题"文学经典"展开,拓展教材主题单元的时空界限,不仅要让学生"走近经典",明晰文学经典的概念,还要通过引导学生深入理解、比较和分析文学经典作品,搭建中外经典作品之间的桥梁,也要让学生能运用本单元所学的语言技能,模仿经典创作自己的文学作品。

根据以上原则,团队教师所选文本来源越发丰富,写作风格包罗万象,中外作家兼而有之,作品的年代跨越千年,从宋朝到当代,体裁多样,从小说散文到诗词歌赋。本单元的语法部分讲解了虚拟语气的运用,张蓉老师巧妙地把海伦·凯勒的散文节选《假如给我三天光明》中丰富的语言素材设计成语法填空题,引导学生用虚拟语气表达作者对光明的渴望和对生活的热爱。Reading B 的语篇是一首经典英文诗,为了加深学生对英文诗歌的了解,我选了一篇介绍威尔士格律诗的文章作为诗歌赏析板块的补充阅读材料,学生因而对诗歌的行数规定和音节韵格有了进一步的了解。此外,我设计的练习还要求学生尝试结合教材文本《老人与海》节选的主要情节,补全一首以小说中的"鲨鱼"为主题的威尔士诗歌作品,再从中国的十二生肖中选择一种动物,创作一首英文诗歌,在诗歌创作的过程中实现学习资料的语用价值。在 Integrated Tasks 板块,所有练习围绕经典诗歌展开,用英译汉、汉译英的练习形式帮助学生体会中英文诗词的语言、意境之美,并通过一个听力练习将英国诗人威廉·华兹华斯所代表的"浪漫主义"的时代背景呈现出来。本单元练习部分的 Listening and Viewing 板块恰巧呈现了海明威代表的"迷惘的一代"的时代背景,两个板块都利用多模态语篇介绍知名文学家所处的时代背景和人生经历,前后呼应,拓展文学欣赏的深度和广度。本单元练习部分的最后一部分是 Extended Reading。起初,我选择了一篇介绍查尔斯·狄更斯生平的传记类文章,但是这个选文视角有明显的缺陷——过于狭隘,和前面练习中呈现的海明威、华兹华斯生平介绍属于同一体裁,太过单调。经过主编潘老师的启发,我删除了这篇传记,更换成一篇说明文:《文学界定:是什么让一本书成为经典?》。该文介绍了文学经典的四个标准:艺术性、感染力、生命力和影响力。本文作为整个单元的总结,回归单元主题,让学生进一步思考什么样的作品才有资格跨入文学经典的殿堂,并要求他们根据"经典文学"的标准推荐一篇经典文学作品,培养他们的批判性思维,提升他们的审美能力。

2.2 精心设计 Long-term Project,与单元主题前后呼应

练习部分第四册第四单元的最后附加了一个版块——Long-term Project,指导学生用 10—12 周的时间阅读一部经典文学作品,完成一篇书评写作。编写团队的老师们在设计这个任务时,心中疑虑重重,原因如下:其一,没有先例。在各位老师使用过的教材和练习册中,文本都短小精悍,适合学生当天读完并完成课后练习,大家从未想过要让学生完成一个为期数月的任务并密切跟踪学生进度。其二,参考资料有限。英语原版经典文学作品的"整本阅读"在中学阶段是一个比较新鲜的事物,虽然一些国内出版社推出过分级读物,但适合高中英语教材配套练习部分编制形式的"整本阅读"书籍不多。其三,大家对 Long-term Project 的目标达成度缺乏自信。副主编潘老师初步提出这一板块的设想时,大家都暗自揣测学生会不会认真对待这个练习,怀疑编写团队的设计能否和教材的单元内容匹配,甚至对设计该板块的目的感到茫然。尽管困难重重,大家始终没有放弃,经过了大大小小的多轮讨论,潘老师带着各位编者反复研读教材、审读编制中的练习部分,将设计纲要一改再改,终于确定该版块的主题为"阅读经典",任务则从最初的构想"创办读书角"到最终的"为经典文学作品撰写书评"。本项目作为选择性必修第四册教材的衍生和拓展,并和练习部分第四单元 Extended Reading 板块的文

章《文学界定：是什么让一本书成为经典？》呼应，鼓励学生根据此文提出的标准选择一部经典的文学作品，在日常学习时合理安排时间，安静地阅读、赏析、评价文学作品。最终 Long-term Project 成稿的那一刻，整个团队才感觉到这样的设计能作为教材文本有限空间的延伸和补充，学生心中那本"虚无缥缈"的文学经典作品终于在这个板块中落到实处。这一安排完整地体现了单元教学设计观，给本册教材和练习部分画上了一个圆满的句号。

结语

以上两点感悟只是漫漫长路中的点滴收获，回首过去两年多的时光，练习部分的编制过程中种种艰辛和取舍已在记忆中渐渐模糊，来路已经淡忘，但可以清晰地察觉到自己对英语学科教育科研有了更深的认识，目标还在前方，整理一下思绪，向未来出发……

作者简介：

张薇，上海市华东师范大学第二附属中学英语高级教师、英语教研组组长，上海市浦东新区英语学科中心组成员，浦东新区英语学科带头人。曾获"上海市英语学科教育教学论文评选"一等奖、"全国教学比赛"一等奖、"上海市青年教师牛津英语教学展评"和"上海市中青年教师教学评选"奖项若干、"上海市中小学优秀作业、试卷案例征集评选"二等奖、"北京大学中学生国际辩论邀请赛'优秀指导教师'"；曾担任"21 世纪杯演讲比赛"评委，"华东师范大学基础教育学科教研联盟英语学科实践"导师，"华东师范大学孟宪承书院'三全育人'"校外导师，华东师范大学外语学院外语教学研究中心理事、导师团成员；现参与市级课题《高考题库建设背景下的区本题库建设实践研究》，任子课题项目负责人；曾被评为"华东师范大学三八红旗手""浦东新区优秀园丁"。

《高中英语》（上外版）练习部分选择性必修第四册分册主编。

风雨兼程　一路同行　开拓创新
——《高中英语》(上外版)教材编辑感悟

上海外语教育出版社　陆轶晖

引言

　　随着《普通高中英语课程标准(2017版)》(以下简称"课标")的颁布,我国基础教育阶段的课程改革进入了一个新时期,课标提出"英语教材的编写要以本课程标准规定的课程目标、课程内容和学业质量标准为依据,全面落实英语学科核心素养的培养目标",对新教材的编制和出版提出了更高的要求。教材是国家意志的体现,应严格以课标为依据,从课程性质、课程理念、学科核心素养、课程目标等方面全方位地体现课标精神;同时,教材还是组织与实施教学活动的重要依据,是具体落实学科核心素养的重要手段和载体,是连接教学理念和学习效果的重要纽带。根据上海市教委的要求和部署,上海市英语教育教学研究基地(以下简称"基地")组织编写了《高中英语》(上外版)教材,由上海外语教育出版社(以下简称"外教社")出版。从研读课标开始,教材编辑团队就跟教材编写组并肩作战,商讨编制方案,打磨教材样章,反复优化教材初稿,经过两轮试用试教、无数次教材研讨,在多轮修改—否定—再修改中不断完善教材,最终迎来全套《高中英语》(上外版)于2020年6月通过了教育部审定这一好消息。前后三年的教材编制过程凝聚了教材主编和编写团队、国内外专家、教研人员、一线教师、出版社领导与编辑团队的艰辛,凝聚了所有参与者在同甘共苦的无数个日日夜夜中所挥洒的汗水。这是一套承载着许多人的责任和梦想的教材。在这过程中编辑的职责已经从"为他人做嫁衣"转变为课标和教材编制的研究者、教材编写的参与者、教材推广者和教材使用的维护者,这也是新时期对教材编辑提出的更高要求。

1. 课标和教材编制的研究者

在课标颁布前,上海市英语教育教学研究基地(以下简称"基地")就已经开展基础教育阶段英语课程标准国别研究,并将研究成果编写成《基础教育阶段英语课程国别研究报告》一书,由外教社出版。本书放眼世界,横向对比不同国家和地区的英语课标,为借鉴其他国家和地区的优秀经验,对接我国新标准,探索具有中国特色的外语教材编写之路提供了宝贵的资料。课标颁布后,基地举办一系列的课标解读讲座,邀请梅德明、王蔷、王守仁等教授进行有关新课标解读的主题讲座,帮助编写团队、编辑团队和教师了解新课标,为新教材的编制和使用做好引领作用。有了这样的理论基础,编写团队方能从上至下,从外至内,精准领会课标精神,以教材为载体,全面落实课标提出的英语教学基本理念和英语学科核心素养,确定课程目标和课程结构,制定《高中英语》(上外版)教材的编制方案。

2018 年 6 月 26 日,上海市教委召开"上海市基础教育课程改革领导小组会议暨高中教材编制工作推进会",正式启动上海市高中非统编教材的编写工作。编写组和编辑团队精诚合作,在充分调研国内外外语教学发展趋势和教材使用现状的基础上,结合新时期人才培养的目标和规划,经反复研讨并征询国内外专家和一线教师意见,制定编写方案,力求教材在结构体系和课程内容上体现出科学性、系统性和层级性,确定"基于国家标准,体现新课标要求;把握国际趋势,展现国际水平;立足本国实际,突出本地区特色"的编写原则和"落实立德树人根本任务、培育社会主义核心价值观、发展学生英语学科核心素养"的编制目标,以此来统领整套教材的编写理念。

2. 教材编写的参与者

为了使课标要求精准落地，编写团队和编辑团队三年来精诚合作，从编写方案的编制、教材样章的打磨、各类语篇的遴选到教材初稿的完成，做了无数次的论证、否定、修改和完善，最终得以使教材体现"国家标准、国际水平、上海特色"。新教材博采众长，总主编束定芳教授根据英语学科的课程目标，精准诠释教材特点为"搭语言之桥，扬思维之帆，载文化之道，育全面发展之人"。

2.1 双重审查制度下的高标准要求

本次教材根据上海市教委的要求和部署进行编写，经上海市中小学教材审查委员会审查通过后再接受教育部审查。双重审查制度对教材编写和编辑都提出了更高的要求。在一次市教委教材例会上，复旦大学教授李大潜院士曾讲到："教材编写是一项艰巨的任务，稍有不慎就会被钉在历史的耻辱柱上。"他的这番话时刻警醒着我们，无论时间多紧，每轮审查提交前我们都会加班加点进行反复通读、修改，不放过任何一个细微的差错。

作为语言学科的教材，编写团队与编辑团队对语言之美的追求一直孜孜不倦。就拿教材最重要的选文为例，前后历经五轮大规模的遴选，每一轮遴选过程中，编辑都会与编者一起通读每一篇选文，从语言、文化、思维等不同角度对选文进行海选、细选、精选，再到重选、改编、打磨。编写组除和编辑进行反复推敲外，还要听取专家、一线老师的意见，甚至征求学生的意见。每一次意见征询后，编者都会对每一条意见进行归纳整理，采取分册组内、编写组内部和研讨会等形式进行集体讨论，因为大家深知语篇在教材中承担的分量，是支撑教材的最重要因素。除了对高质量语篇孜孜以求外，教材编辑还要具有高度的政治觉悟，外语教材尤其如此。英语教材讲究原汁原味的语言，但如何甄别语言中所传达的文化或隐含意义，是否有利于培养学生对中华优秀传统文化、革命文化和社会主义先进文化的认识，坚定文化自信，增强国家意识，需要编辑以专业的眼光来判断，审稿中时刻保持审慎的态度和职业敏感性。

课标的落实并不是教条、刻板的知识和观念的传输,而应是潜移默化、润物细无声地通过丰富的语言、多样的活动、启发性的思辨设计将知识和观念渗透到教材的每一个语篇、每一段文字、每一个活动中。大到话题选取、语法呈现、活动设计,小到学习策略的介绍、指示语的编写和图片的选择等,都要考虑英语语言学习和英语教学的需求。

新形势下的编辑已从传统意义上的文字编辑转型为具有组织、沟通、管理等综合能力的多面手。编辑和编者共同参与教材编写全过程,感受其中的酸甜苦辣,有争执,有妥协,更多的是共同进步。编辑既要尊重编者,又要勇于从专业角度提出自己的看法和建议,与编者形成良好的合作关系。一套教材往往要反复修改很多次才能最终定稿,在这过程中要跟主编、副主编、分册主编和板块负责人多次沟通,不厌其烦地进行修改、设计、校对。《高中英语》(上外版)教材样章前后经历了 18 次修改,而全套教材的大修改多达 20 多轮,这个过程是编者与编辑团队不断自我否定、寻找新思路、再次完善肯定的过程。同时,由于时间紧张,编辑还要合理统筹进度,除了与编写组协调,还要与美编和排版人员沟通,以便在时间紧、任务重的双重压力下,保质保量地完成任务。

2.2　编写方式的改变拓展了编辑参与的广度和深度

此次教材编写中,主编、副主编、分册主编和编者都是由极富经验且责任心极强的教授和老师担任,大家各司其职,除了纵向各册主编负责制之外,还实行横向板块负责人制,如热身、阅读、词汇、语法、视听、综合运用、思辨、探究、文化、写作和自评板块都有专门负责人来统领其知识分布、难度递升和前后衔接等问题。编写方式的转变决定编辑在整个过程中需要面对的是一个个小团队,要与不同的编者沟通,听取每位编者的意见,甄别、处理并综合大家的意见,再进行梳理、优化,提出自己的处理方式,确保教材的编写符合编制要求,符合教学需求,遵循语言学习规律。通过一轮轮的讨论、修改、润色,教材的质量得以不断提升。

本轮教材编写还凝聚了全国乃至全世界专家、教研人员和一线教师的集体智慧。在教材编写的不同阶段,编写组组织多位外国专家开展教材研讨和审校,有二语习得、外语教材理论方面的知名学者,也有经验丰富的外语教材编写者,还有外语作家和国外中学教师等。他们从不同角度对教材框架、语篇、活动设计、指令语、版式编排甚至图片选取等提出建议,并对教材的语言进行全面审校。在初稿形成后对样课进行试教试用反馈,让授课教师从单元视角、语篇可读性、活动可操作性等方面对样课进行深度研究,集中讨论教师在使用教材中的困惑和疑虑,以及调整教师解读教材中的偏差等问题,为进一步修改和完善教材提供第一手资料。2019 年初稿完善后对整套教材进行全市范围内两轮试教试用,一方面可了解教师和学生对教材的要求,及时做出调整,另一方面可让老师理解教材编写意图,把教材的工具性最大限度地体现出来。在这过程中,除了编写组孜孜不倦的努力,编辑们良好的沟通能力也起到了桥梁作用,编辑们收集并整理不同的意见,把最新教学理念和一线教学实践更好地结合起来。

虽然编写组和出版社有着不同的分工,但更多的是交集,每项任务都是共进退、同甘苦地完成。新时期的教材编辑肩负新的使命,面临诸多新挑战,只有不断提高自己,积极探索教材出版的新技术、新方法,努力适应发展的要求,才能把教材出版工作做得扎实、稳固,打造出精品。

3. 教材理念推广者

俗话说"酒香不怕巷子深",但在各种信息爆炸的新时代,积极推广教材理念,却是让教材能够主动走进课堂、走近师生的必要方法。特别是随着新课标新课程的推出,双新理念对于很多老师来说还比较陌生。教材是国家教育思想、教育目标和教育内容的集中体现,也是教师进行课堂教学活动,全面落实课标精神、实现英语学科核心素养目标的重要依据,是教学中不可或缺的重要工具,是课标和教学之间的桥梁。要让教材编写理念落实到实际教学中,需要让老师们熟悉并理解教材编写理念,各板块定位和功能,如何运用辅助资源来进行教学活动等。

在市教委组织下,编写组和编辑于 2020 年暑假一起为老师们提供了两轮新教材市级培训和一次新教材答疑活动,还在各区教育学院的邀请下,深入到上海各区进行教材理念的宣讲,跟老师面对面交流,为他们答疑解惑。同时,外教社出版了由上海市英语教育教学研究基地主持编写的《英语教育与教学研究》第四辑,其中收录有关该套教材的指导思想、编写原则、结构、内容以及特色的介绍和分析,涵盖各板块的设计理念、编写特色和使用建议,可为使用教材的教师提供有益参考。

新教材的编写与其说是一套书的编写,不如说是一套英语学习方案的策划和编写。外教社充分利用现代教育技术为教学提供支持和服务,为广大师生提供立体化教材配套资源。教材内容是有限的,但教材外的支持是无限的。根据我社大学英语的成功经验,把 TOP 课件也应用到高中教材中,给老师提供即点即用的课件,为老师制作个性化教案提供支持,老师可以根据学情和自己的教学需求,添加个性化内容,形成自己的专属教案。这样既为老师备课节省了时间,又为老师提供了优质平台。外教社还为老师搭建了线上教材资源平台,利用 K12 中小学外语教学网站持续为老师提供教材总览、分册介绍、板块介绍、教学资源、教师培训等最新资料,让老师在使用教材时有理可循,有据可依;同时还能促进教师自我发展,能更好使用教材,促进教学方式的变革,提升教学水平。

4. 教材使用的维护者

"十年磨一剑"是教材编制和使用的真实写照。编辑在教材使用中也要进行有序策划和组织,一套成熟的教材只有在使用中才能不断完善。教材出版并不是终点,而是另一个起点,编辑在新教材的使用中,要承担教材维护者的角色。

在学期使用时,配合教委教研室进行一月一研的活动,提供服务与支持,通过专家讲座、一线老师分享教学实践和教学成果、展现教学课堂等模式,深入了解教学需求,跟踪教研成果。配合市师资培训中心进行寒暑假的集中培训工作,为下学期教材使用做好准备。为进一步推动高中英语教师专业发展和教学能力的提升,搭建教师教学经验交流和教学风采展示的平台,外教社在教材投入使用之初就举办新教材微课大赛,借此活动推广新的教学理念和教学手段,努力帮助教师创新课堂教学模式,提升课堂教学实效。编辑部每学期进行教材使用调研,通过问卷和表格的形式收集教师和学生在教材使用过程中遇到的问题,分析收到的每一条意见,做出积极的反馈,确保师生充分高效使用教材。

新教材使用虽然只有短短一年时间,但围绕教材的教研活动持续不断,从全市范围的活动,到区级联动,再到校级联动等,研讨的热点和难点聚焦教学中的痛点。所有的教研活动都从教学出发,寻求教研重点,最终服务课堂教学,回归教材使用。

结语

编辑职能的转变更说明了这次教材编写所面临的巨大挑战,而挑战与机遇是并存的,编辑要顺时顺势调整自己的定位和工作方式。众人划桨齐开船,本次教材编写的所有参与者,在总舵手束定芳教授的带领下,每个人都做好螺丝钉的角色,坚守自己的岗位,履行自己的职责;遇到紧急任务时,大家能齐心协力,克服重重困难,迎难而上。这是一场持久战,也是一场速决战,结果证明我们胜利完成了任务。经历三年的浸入式编写,七位教材编辑对教材的编写理念、框架结构等都了如指掌,从而在新教材宣传环节更是游刃有余。每位编辑既陪伴教材从无到有,又为新教材理念顺利落地保驾护航,还为教材资源建设添砖加瓦。

教材出版后,教材育人之旅才真正起航,后面的路还很长,需要编者、编辑、专家、教师和读者去爱护、扶持并壮大。我们的工作还是一如既往在团结协作中进行,配合教委教研室的总体规划,结合出版社多年来的教材培训经验,考虑每个学校特殊的学情,提供更多丰富的资源,给老师从理论到实践,线上线下多方位支持,给学生课前课后自主学习提供支撑。从教材编写之初,我们就一直在路上,也希望这条路越走越宽,同路人越来越多。

教材虽然只是薄薄的几本书,却是编写组和编辑们共同努力的结晶,承载着沉甸甸的思想和无限大的世界。在教材编制中我们要有坐冷板凳的耐心,接受专家、教师意见时要虚心,宣传推广时要热心,教材使用追踪服务与培训时更要有恒心,这应该成为每一位教材编辑的职业追求和目标。

作者简介:

陆轶晖,上海外语教育出版社编辑,从业十余年,参与编辑的《义务教育教科书》于2013年通过教育部审定,担任多套英语教材的项目负责人,如《朗文国际英语教程 增强版》《新国标英语核心教程》,策划国内首套自主编写的英语分级读物《新国标英语分级阅读》,参与改编多套畅销读物,如《新理念英语阅读》《黑布林英语阅读》《黑猫英语分级读物》等。